SUPER COURSES
THE FUTURE OF TEACHING AND LEARNING

超级课程

教育与学习的未来

〔美〕肯·贝恩　　玛莎·马歇尔·贝恩　著
　（Ken Bain）　（Marsha Marshall Bain）

褚颖　高宏　译

机械工业出版社
CHINA MACHINE PRESS

本书详细论述了引导教学革命的新形态——超级课程，认为超级课程从本质上改变了学生的在校体验，改变了传统的教学方式。本书主要探讨了教师在鼓励学生进行深度学习的同时，如何拓宽学生学习的广度；如何激发学生的潜力，改变自身的教学评估方式；如何营造一种学生能自主学习的环境；如何利用对人类学习的洞见来实现自己的创新，等等。通过大量有关超级课程案例的精彩描述，努力促进教师对新教学法的认识，从而转变教学方式、提高教学质量，最终实现教育的变革。本书认为超级课程已然成为未来教育的蓝图，对线下教学、线上教学和社区教育的意义非凡。

Super Courses: The Future of Teaching and Learning by Ken Bain and Marsha Marshall Bain, published in English by Princeton University Press.

Copyright© 2021 by Ken Bain. All Rights Reserved.

This title is published in China by China Machine Press with license from Princeton University Press. This edition is authorized for sale in China only, excluding Hong Kong SAR, Macao SAR and Taiwan. Unauthorized export of this edition is a violation of the Copyright Act. Violation of this Law is subject to Civil and Criminal Penalties.

本书由 Princeton University Press 授权机械工业出版社在中华人民共和国境内（不包括香港、澳门特别行政区及台湾地区）出版与发行。未经许可的出口，视为违反著作权法，将受法律制裁。

北京市版权局著作权合同登记　图字：01-2021-1672号。

图书在版编目（CIP）数据

超级课程：教育与学习的未来 /（美）肯·贝恩（Ken Bain），（美）玛莎·马歇尔·贝恩（Marsha Marshall Bain）著；褚颖，高宏译. —北京：机械工业出版社，2021.10

书名原文：Super Courses: The Future of Teaching and Learning

ISBN 978-7-111-69087-0

Ⅰ.①超… Ⅱ.①肯… ②玛… ③褚… ④高… Ⅲ.①教学方式-教学研究 Ⅳ.①G424

中国版本图书馆CIP数据核字（2021）第184349号

机械工业出版社（北京市百万庄大街22号　邮政编码100037）
策划编辑：坚喜斌　　责任编辑：坚喜斌　戴思杨
责任校对：梁　倩　　责任印制：郜　敏
三河市宏达印刷有限公司印刷

2021年10月第1版　第1次印刷
170mm×240mm · 16.75 印张 · 1 插页 · 227 千字
标准书号：ISBN 978-7-111-69087-0
定价：69.00元

电话服务　　　　　　　　网络服务
客服电话：010-88361066　　机　工　官　网：www.cmpbook.com
　　　　　010-88379833　　机　工　官　博：weibo.com/cmp1952
　　　　　010-68326294　　金　书　网：www.golden-book.com
封底无防伪标均为盗版　　　机工教育服务网：www.cmpedu.com

献给亚当、内森和俊辉

推荐序
关于大学与梦想的故事

2014年,作为从教近20年、刚刚走上教学管理岗位的大学老师,我给贝恩教授写了一封邮件,讲述了我与很多老师的困惑:为何学生取得的进步,与我们的期待与付出相比,有那么大的差距?

此前,我与贝恩教授素未相识。只看过他的两本书,《如何成为卓越的大学教师》和《如何成为卓越的大学生》。特别是前一本,展示了一个在我的充满挫折与孤独感的教学旅程中从未到达过的神奇而美妙的世界。比如,我第一次意识到,课程考核是为了帮助学生更好地学习,而不是把他们分成三六九等;再比如,如果我们能激发学生的好奇心,他们就会充满热情地去学习。

贝恩教授回信说,尽管他的日程已排到两年后,但他会尽快安排到我所在的学校访问,希望能够对我们有所帮助。2015年10月,贝恩教授来访并在我所在的学校做了14场报告,其中对老师们讲得最多的,就是如何开展以学生为中心的教学,特别是如何引导学生脱离浅层和策略性学习,进入深度学习。老师们的热情反响超出了预期。

正如本书中提到的，学校的峨眉校区，坐落在那座有着红色寺庙和成群野猴的佛教圣山——峨眉山脚下。2017 年在那里举行的学生座谈会上，依然还能听到学生回忆贝恩教授在报告时说的话，每个人心里都沉睡着一个五岁的孩子，我们要做的是把他唤醒。

这是拥有历史学科背景的贝恩教授与夫人玛莎第一次访问中国。在四川广汉鸭子河畔的三星堆，诞生了璀璨的古蜀文明。而岷江上游的都江堰，两千年来滋养着近两万平方公里的成都平原。陪同贝恩夫妇在这些历史与现实的交汇处漫步，他们对于教育的热忱，对于教与学的洞察力，让我们收益颇丰。如何撰写邀请性的教学大纲，如何看待学生的评教结果，如何用问题促使学生进行深度学习，如何通过教学奖励带动更多教师进行教学创新，这些内容慢慢渗透到学校后续一系列的教学改革工作当中。

即便如此，我当时依然心怀疑虑。贝恩教授的书与报告中提到的那样的课程、那样的老师和学生，真的有可能出现在我们身边吗？从应试教育走过来，习惯了策略性学习的学生，他们的好奇心真的能够被唤醒吗？他们真的有可能成为积极主动的深度学习者吗？承担了繁重教学科研任务的教师，真的愿意改变早已驾轻就熟的教学模式，去尝试创新吗？这样的创新，真的能够成功吗？

其实，教学创新的种子已经萌芽。2015 年 4 月，西南交通大学首届"青年教师教学能力提升研修班"开班，主管教学的副校长冯晓云教授担任班主任，邀请当时还在厦门大学教育研究院任教的范怡红教授开设了首期教学工作坊。工作坊向老师们提出了"老师，你升级了吗"这样直抵人心的问题，并通过分享全人教育在教学中实施的理念、策略、路径和方法，指出教师的角色需要转变，从关注知识传输，转向对人的全面发展与成长的关注，激发学生潜力的发挥和创造力的提升。一天的工作坊结束，我们学习了挪威科技大学基于项目的跨学科团队的创新教学案例，来自不同学科的教师通过团队研讨碰撞出7门跨学科课程的火花。

就在贝恩教授来访前后，已到学校教师发展中心任职的范怡红老师与教务处商量，是否有可能把这些在首期工作坊中搭起课程框架的跨学科课程开发出来？2015年10月23日，我们在机场送别了贝恩夫妇。11月3日，我们就举行了第一期围绕跨学科课程建设的午间教学沙龙。2016年3月，第一批7门跨学科课程正式开课，本书所选的中国大学唯一案例的课程"运动、科技与智慧人生"，就是其中之一。不过这门课的开发也非一帆风顺。因为最初课程名不吸引人，初次选课人数不到10人。记得在某次午间沙龙上，我们还专门讨论了如何改名。换名后的课程很快被选满，大家都笑说原来学生都是"标题党"。

跨学科课程建设的午间沙龙，在随后的两个学期里就举办了9期。从最初的7门课程开始，通过不断研讨、迭代，目前学校已开发了60余门跨学科课程，深受学生喜爱，也引起很多兄弟院校的关注。在我们的观察中，修习过这些课程的很多学生，会表现出一些特质，比如更关注可持续发展、更看重学习的意义。来自"'微'可持续校园设计与建造"课程的一位材料专业的学生说，会在未来工作中提醒自己更关注材料对环境的污染。在一次研讨会上，当一位学生被问到为什么学习时，她的回答是："为了生活得更好"。正当老师们思考这样的目标是否过于功利时，她又补充道："我说的不是为了自己生活得更好。'思考学习'这门课告诉我，学习是'为天地立心，为生民立命，为往圣继绝学，为万世开太平'，所以我学习，是为了让所有的人都生活得更好。"

跨学科课程并非新鲜事物，也并非所有的课程都能够成功。在我们的观察中，能够取得成功的跨学科课程，都体现了本书中所谈论的那些超级课程的特征，比如提出引人入胜的问题，让学生能够掌控自己的学习，推动团队合作，向学生提出挑战并提供支持，对他们抱有信心并尊重他们的多样性等。

特别是，帮助学生们相信他们的智力和能力是可发展的，只要他们愿意努力，他们就会成功。

欧林工程学院的理查德·米勒院长在接受访谈时说："我们在高等教育中创造了各种标签，然后学生用一生去努力摆脱这些标签。那么，假如我们从一开始就剔除了这些标签呢？"

"运动、科技与智慧人生"课程里有一位来自中文专业的学生，给我留下了深刻印象。从最初参与科创活动的忐忑，到融入团队完成作品后的欣喜，她说："当机器人第一次动起来时，'虚伪'的我假装淡定，其实我的心里已经放起了小礼花。这种体验是不能从我喜爱的鲁迅、沈从文、老舍的文章中得到的，这种体验独属于'运动、科技与智慧人生'课程。"

我相信，当那些小礼花绽放时，那些有关女孩子、文科生不适合科创的标签都消失不见了，留下的，只有心中的梦想和眼里的光芒。

2018年的4月，贝恩夫妇再次来访。当我们把这些跨学科课程作为他们上次访问的成果，呈现给他们时，他们惊叹于西南交通大学在短短两年多时间里，竟然建设了这么多激发学生多元学习、团队成长的跨学科课程，感到很是欣慰。在交流中，贝恩教授说他正在为普林斯顿大学出版社写一本讲述"超级课程"的书，"超级课程"的特点在于围绕着问题构建"批判性的、自然的学习环境"（critical natural learning environment），以目标为驱动，通过跨学科的方式提出具体问题，学生被给予多次机会去尝试回答问题，老师与学生共同获得进步。他认为西南交通大学的跨学科课程，具有这样的特征，他会进行持续的研究，一定会向该书编委会建议收入西南交通大学的一门跨学科课程作为中国大学教学改革的成功案例。

书中提到的宋爱玲老师，每次在校内外做教学工作坊时，都会请老师问自己一个问题："在我的班上有很多心怀梦想的学生，我希望我的学生在体验了这门课程四五年之后成为什么样的人？"

在一次校内课程研讨会上，一位来自跨学科课程的学生分享了她的感悟——"肯·贝恩在书里说：'你所创造的一切都源于你的内心，所以你必须了解你自己。'所以，这是一个关于大学、关于梦想的故事。"

作为老师的我们，就是要给学生们这样一条信仰之路，让他们怀揣着梦想，走向他们未来辽阔而美好的人生。

西南交通大学高等教育研究院　郝　莉

2021 年 8 月

目 录

推荐序　关于大学与梦想的故事

第 1 部分　教学理念　　　　　　　　　　　　　　　　　　/ 001

闲话开场　　　　　　　　　　　　　　　　　　　　　　　/ 003

第 1 章　将希望寄托在机器上　　　　　　　　　　　　　/ 007
　　　城市中的魔鬼　　　　　　　　　　　　　　　　　　/ 010
　　　人类是如何学习的　　　　　　　　　　　　　　　　/ 013
　　　重要的不是鞋子　　　　　　　　　　　　　　　　　/ 015

第 2 章　我们是如何学习的　　　　　　　　　　　　　　/ 017
　　　江河日下　　　　　　　　　　　　　　　　　　　　/ 023
　　　刻板印象之祸　　　　　　　　　　　　　　　　　　/ 025

第 2 部分　课程实例　　　　　　　　　　　　　　　　　　/ 027

说在前面　　　　　　　　　　　　　　　　　　　　　　　/ 029

第 3 章　新型大学　　　　　　　　　　　　　　　　　　/ 033
　　　欧林经验　　　　　　　　　　　　　　　　　　　　/ 034
　　　动机陷阱　　　　　　　　　　　　　　　　　　　　/ 036
　　　老师的信念很重要　　　　　　　　　　　　　　　　/ 040
　　　重新回到欧林　　　　　　　　　　　　　　　　　　/ 041
　　　最终的项目　　　　　　　　　　　　　　　　　　　/ 045

第 4 章　监狱里的书　　　　　　　　　　　　　　　　　/ 046
　　　千呼万唤的教育革命　　　　　　　　　　　　　　　/ 047

邀请学生来学习	/ 049
利他主义的力量	/ 050
不止精神层面	/ 051
意义超出课程本身	/ 053

第 5 章　多样化的课堂　/ 054

上课时做什么	/ 055
准备进入监狱	/ 056
课堂里做什么	/ 057
在少管所里做什么？之后呢	/ 059
邀请式课程纲要	/ 059
让学生决定学习目标	/ 062
创造合适的环境	/ 063
改变评分方式	/ 064
人文学科与贫困人口	/ 066

第 6 章　从夏洛茨维尔到新加坡，再到更多地方：寻找超级课程　/ 069

一种新的教育方式	/ 070
打开新途径	/ 071
基于团队的学习	/ 073
操练，操练，再操练	/ 076
团队的扩大	/ 077
答案就在提问中	/ 078

第 7 章　自主学习，胸怀天下：从 DIY 女孩到卡特里娜飓风　/ 079

是什么赋予失败价值	/ 081
激情引领的学习	/ 082

第 8 章　同伴辅导，以及接下来会发生什么　/ 084

答题器不是决定因素	/ 085
不只是哈佛大学这块招牌	/ 088
对教授也有效的教学法，用不着答题器	/ 089
永无止境	/ 090
足够还不够	/ 092

第 9 章　重建超级课程　/ 093

用利他精神激励学生	/ 094
哈佛大学本科生能提供什么帮助	/ 095

	疯狂的激励机制	/ 096
	学会阅读，翻转课堂	/ 097
	课堂上的主动学习	/ 099
	评分	/ 100
	新冠肺炎疫情来袭	/ 101
第 10 章	跨学科学习	/ 103
	新英格兰的跨学科课程：让学生掌控	/ 108
	重新定义学习目标	/ 109
第 11 章	能力整合	/ 114
	爱因斯坦与创造力	/ 117
	内视	/ 117
	成长契机	/ 120
	五个练习	/ 123
第 12 章	培养成长型思维	/ 127
	内在生命之旅	/ 132
	贝克和勒曼式的反馈	/ 134
	意义	/ 135
第 13 章	超级课程系	/ 137
	创新始于打破常见规则和模式	/ 137
	酷酷的一步和基于问题的教学法(PBL)	/ 139
	佐治亚理工学院的 PBL	/ 140
	用于探索 PBL 的特殊教室	/ 143
	动机很重要	/ 147
	PBL 如何变成走过场，如何使其重新焕发活力	/ 148
	孵化器	/ 149
	混乱的问题	/ 152
	在其他学科中使用 PSS	/ 154
第 14 章	迈向超级课程的个人历程	/ 157
	为何学历史	/ 158
	先掌握事实	/ 160
	点燃学习火种	/ 161
	用艺术来提问	/ 162
	角色扮演	/ 163

	来，开个派对	/166
	高效利用课堂时间	/168
	授之以渔	/169
	学习优秀写作的意义	/170
	项目	/171
	新玩法	/172
	下一步干什么	/175
第15章	**一切知识皆相关**	/177
	赋予学生更多自由	/179
	学习者制订课程计划	/180
	了解学生	/181
	用提问来设置规范	/182
	哪些环节可能出问题	/185
	教授面临的挑战	/186
	老师主导的讨论	/189
	巩固专业知识	/190
	保持小班教学，保持亲密联系	/192
第16章	**走出教室去教学**	/194
	城市学期（CITYterm），当地景观用起来	/196
	好学生与好的学习者	/197
	刚开始的感受和信任的建立	/199
	多多走出教室去	/201
	建立牢固的纽带	/203
	秘制配方	/203
第17章	**成 绩**	/207
	让评估更精确……更无意义	/212
	我们并不总是那么准确	/213
	成绩膨胀与良好教学的问题	/214
	挥之不去的分数	/216
结 语		/222
附 录		/228
致 谢		/255

第 1 部分

教学理念

闲话开场

我们身处教学革命的风暴中心，扑面而来的是我们称之为"超级课程"的新形态，无论是在人文学科、社会科学、自然科学，还是艺术领域，乃至各种职业教育领域里都曾出现，各类学校都在进行新的尝试，当然，本科院校里变化最大。

新的课程正从本质上改变着学生的在校体验。它们在鼓励学生深度学习的同时，也拓宽了他们学习的广度，重新定义了什么叫"接受教育"，也重新定义了"最有可能让人受到教育的条件"。2004年，我们的著作《如何成为卓越的大学教师》由哈佛大学出版社出版；2012年，另一本著作《如何成为卓越的大学生》也经由哈佛大学出版社出版。早在那时，教学革命的轮廓就已经相当清晰了，这些年的持续发展更给人焕然一新之感，整个教育行业都因此有了翻天覆地的变化。

踏平坎坷成大道

近几十年，很多教育者关注的不过是找到超强大脑并帮助他们成才，灌输事实让学生消化，这是老师心目中的最佳教学方式。然而眼下，种种创新教学法表明，绝大部分时候，传统课堂根本没怎么激发大部分学生的潜力，更别提那些最拔尖的学生了。而且我们一直没有恰当的方法来评估学习效果，人在学习时大脑有什么发展变化，是非常难以探测和评估的。有些时候，学生会得到表扬，但多半都是空洞的夸夸之词。当他们真正进步惊人时，我们却对过时的评估方式浑然不觉。

在传统课堂中，老师也许会重视学生的理解能力、批判性思考能力、创造力，以及解决问题的能力的培养，但考试往往还是在考察学生的记忆力。只有对评估有了新的理解，老师们——从小学到大学的老师们——才能有意识地关注学生的深度学习和变通性的专业技能，后者是指一个人学习某些知识后，能运用于各种不同的情景中的能力，有时候所学知识和所用环境迥然不同，我们又可称之为"远距离迁移"。只有到那时候，我们才能体会到，追寻自己的信念，走到传统观念的边缘，不断探索可能面临的问题有多么重要。

新科技当然会带来变化，但却并不是很多观察家认为的推动力量，对教育革命产生的最大影响来自对人类学习的研究。没错，我们常常将希望寄托在机器上，有了各种新技术，改变学习环境轻而易举。如果不能更好地理解和评价学习及其动机，只依靠精密仪器，学校并不会变得更好。其实，很多事情一开始的方向就错了，很多教学走进了死胡同，都是因为误把科技当成了教育的救星。即便是在2020年的春天，疫情迫使众多课程上线，决定教学成败的也是对大脑运作方式的洞悉程度，而非计算机或者互联网。

大脑的运作复杂且神秘，但学习艺术和学习科学的系列研究带来了启示。因此，我们逐渐认识到，学习远不止死记硬背，老师必须自己精通才能教得好，但这些还不够。教授可以成为生物、历史或任何其他学科的专家，但却永远不知道他人如何才能达到类似水平。专业能力出众者很难接受这一点，但是我们对此必须有清醒的认知，才能从新的超级课程中受益。

一边是宏伟愿景，一边是危机感，学校教育在这样一个时代中经历着巨变。许多评论家对正规教育失去了信心,甚至有人敦促学生——尤其是大学生——效仿盖茨和乔布斯辍学,通过创业积累财富。然而,新兴的超级课程可以解决长期困扰中小学和高等教育机构的许多问题,机会如此之多,未来可期,除非中途生变,否则结果一定是光明而富有成效的,最起码会改变有关学校和学习的争论。

超级课程的未来有几个威胁因素。尽管其成绩斐然,但仍有太多的教育者坚持用过时的思维和实践,他们多半对已有的成果一无所知。知道一点的人也不过是知道一些令人困惑、招人厌烦的术语而已,比如"翻转课堂""团队学习""游戏化学习""角色扮演"等。另外还有人试图投身教育变革,却往往因为"只见树木,不见森林",弄错了进步背后的推动力。

为了保持并推进这一飞跃性进展,我们必须弄清楚超级课程成功的原因。教师如何复制这些教育成就?或者,更重要的是,教师如何利用他们对人类学习的洞见来实现自己的创新?在后面的内容中,我们将深入讨论这些非凡创造和实例背后的原理。希望我们的研究能激发教学改革进一步向前。

本书不仅针对专业教育者,普通读者也可以将超级课程与自己的学习经历进行比较。父母和学生应当关注,从幼儿园到研究生院,他们要选择接受什么样的学校教育;要选择大学的高中生应该了解这场变革,好据此评估自己的考察对象;纳税人和政治领袖在质疑教育对公众的价值时,他们也必须考虑这些创新。讨论的方向已经变了。

有两个要点要记住。首先,书中提到的具体课程相对较少,但并不意味着只能这样上课,它们甚至不一定算得上全世界"最好的"大学课程或高中课程。我们无意排名,也不打算提供名次。我们的观点本可换用其他例子来阐述,但书中所举之例确确实实反映了各学校和学科的某些重要趋势和丰富构想。

其次,这些课程都不完美。的确,随着新研究和新想法的出现,课程设计者们敏锐地发现了持续改进的机会。我们将选择一些来钻研,以找到更好的方法,创造我们心目中的批判性的、自然的学习环境。

敢问路在何方

2020年疫情暴发，教学转移到线上，暴露了传统教学的老问题，教育变革有了更多的转变和新的形式。从未尝试过"超级课程"的教师往往只有一个问题：如何录课并发到网上？就好像回到汽车时代之初，问"如何把老驽马套到新车上"。如果教师们只是简单地在Zoom上沿用旧方法上课，教学效果不可能会好。老师的魅力在线上散发不出来，讲课讲得再好效果也要打折扣，线上教学会放大传统教学的不足，所以学生和父母都开始抗议了。

只要你不是这样的教师，那么危机对你而言就是革新的机会。本书探讨的模式已然成为未来学校教育的蓝图和启示，对线下教学、线上教学和社区教育来说都是如此，而且这些只是起步，不是终点。

第1章
将希望寄托在机器上

1999年的某天,在新德里卡尔卡吉的街上,一群孩子在玩耍时,发现围墙上装了一台计算机,围墙这边是他们的穷苦社区,围墙那边是富裕的商业办公区。对于这些家庭条件欠佳的孩子来说,计算机可是稀罕物品,然而不过几个小时的工夫,他们就基本会操作了,还开始上网。在围墙上装这台计算机的,是教育工程师苏伽特·米特拉(Sugata Mitra)。他后来写了很多网络文章,进行了很多场TED演讲,他告诉全世界:"这里的孩子仅用六个月就学会了所有鼠标操作,会开关程序,会在线下载游戏、音乐和视频"。米特拉认为,孩子们学会使用"魔法机",正好证明了他所崇尚的教育理论:只要让好奇心引导孩子去动手、探索并互相学习,他们自然就能学到东西。

米特拉称之为"微创教育"。印度教授米特拉于2007年、2010年和2013年,三次上电视介绍这个"穿墙洞"实验,吸引了七百多万人下载并观看。讲的人激情四射,看的人心潮澎湃。还有一个故事,是关于一群讲泰米尔语的贫困儿童如何在几个月内学会英语和DNA复制的。教授在树下放一台计算机,孩子们围着玩,一位年轻女性站在他们后面,从他们的肩膀上看过去,偶尔轻轻感叹一声:"哇,怎么搞定的"(照米特拉的说法,就像溺爱孩子的"老祖母"似的)。这些穷孩子几乎不具备任何优势,连个正经老师都没有,但他们的表现却优于传统学校里有钱人家的孩子。

  米特拉的 TED 演讲也提到了这个实验,台下的现场观众听后赞不绝口,不时爆发出欢笑声和鼓掌声,而全球各地的线上听众则不停猜测,对计算机的好奇和痴迷究竟是如何创造出奇迹的呢?其中一位听众来自遥远的墨西哥北部,他是一所传统学校的老师,他所在的学校紧邻当地臭气熏天的垃圾场,位于塔毛利帕斯州的马塔莫罗斯,就在得克萨斯州的布朗斯维尔南面。

  塞尔吉奥·华雷斯·科雷亚(Sergio Juárez Correa),31 岁,老师,从小生活在类似的环境中。有一天,他偶然看到了米特拉的视频,生活从此发生了改变。但是,人们完全误判了奇迹产生的原因,即使《连线》(*Wired*)杂志的编辑和作者也不例外,哪怕是他们让更多人知道了科雷亚和他的学生们。但人们显然没有正确理解米特拉和科雷亚,完全不知道计算机对教学能产生什么影响、不能产生什么影响。与此同时,评论家也不清楚,新兴的超级课程与传统课程在本质上有什么不同。

  科雷亚看完米特拉的演讲之后,决定亲自动手,完成一个属于自己的实验版本,而他的故事为"计算机让世界更美好"的传奇增添了新的实例。这是一个巨大的挑战,对 12 岁的女孩帕洛玛·诺尤拉·布埃诺(Paloma Noyola Bueno)来说,也是展示"非凡能力"的机会,一位小天才即将就此崭露头角。帕洛玛有一头黑色长发,身形瘦削。她生活在恶臭的环境中,教室的水泥墙外总飘来难闻的气味。她的父亲靠捡破烂,来换取少得可怜的生活必需品。她家的房子里电力时断时续,计算机算不上计算机,家里的网络也很有限,还经常吃不饱。沿着帕洛玛的上学路,有一条污水横流的阴沟,她和同学每天都沿着阴沟往返,有时在路上还能看到尸体,那可能是前一天晚上死于毒品枪击战的人。姑娘们没遇到慷慨大方又富于创新的米特拉,也没遇到能为她们安装"魔法机"的资助者。

2011年的秋天,在开学的第一天,科雷亚让学生们围成一圈坐下,他告诉学生们,他们的潜力无穷,不比任何人差。科雷亚诚邀学生们进入一个全新的世界,那里可以"制造机器人和飞机",可以"创作交响曲"。年轻的教育工作者掷地有声地问:"你们想学什么呀?"变革来得如此彻底,科雷亚不按学校规定的大纲授课,他才不要讲那些课,传统课程往往还保持着19世纪公共教育刚出现时的糟糕样子。学生们的奇思妙想也好,认真提问也罢,以后他们想学什么这位老师就教什么。没错,他就是如此操作的。

实验结果令人震惊。2012年6月,科雷亚的学生参加了国家标准化考试(墨西哥据此掌握学校和学生的教学状况),帕洛玛的数学得了全国最高分,甚至比大城市精英私立学校的富家子弟还要高。其他一些同学也考出了优异的成绩。数学排在前百分之一的有10人,西班牙语排在前百分之一的有3人。接下来几周,电视台和杂志社的记者纷纷前来采访帕洛玛。

一个广受欢迎的电视节目组送去了各式各样的礼物,《连线》在第二年发行的刊物上称她为"下一个乔布斯",还把年轻女孩的照片印上了封面。要知道,《连线》杂志倡导技术进步,是技术界的宠儿。其实乔布斯在数学方面并无重大贡献,杂志理应称她为"下一个爱因斯坦",或者"下一个埃米·诺特(Emmy Noether)"。不过,将帕洛玛和苹果公司的创始人相提并论,更符合《连线》的宣传理念:高速处理器带来了变化。

然而,事情真是这样吗?

我们读完故事后,很容易赞同这个判断,连米特拉也未能幸免。他曾一度宣称:"只要给孩子配备一台计算机,成年人别以任何形式干涉,他就会用计算机尽情学习,就像蜜蜂会围着花朵采蜜一样。"照理说,米特拉不应该如此不明智,所以我们怀疑他其实心里清楚。不管怎么说,这位南亚权威也不是第一个将希望寄托在机器上的人,虽然基于计算机的教学改革发展也并不顺利。约书亚·戴维斯(Joshua Davis)发表于《连线》上的文章使全世界都知道了帕洛玛,虽然文中的很多说法都是对的,但太多有关计算机和技术进步的内容夹杂其中,游离于主题之外,整篇报道没能集中讨论我们理解和促进学习的方式有何变化。

城市中的魔鬼

我们来把刚才那些故事和下面这个故事对比一下。20世纪80年代,杰弗里·霍金斯(Jeffrey Hawkins)开始琢磨把计算机装到人们的口袋里。他曾说:"计算机小到一定程度,其成本就会低到每个人都买得起,这样,世界上的每个人都可以拥有'全世界'[一]。"他的愿景无疑也是米特拉的愿景。微型计算机出现于21世纪初期,人们称之为智能手机,霍金斯的Treo公司是最早的生产者之一,如今,苹果、三星等公司的智能手机营业额已经高达数十亿美元。

然而智能手机并非一定会对学习起到促进作用。教育工作者开始担心,它们其实是小恶魔,不仅不能让孩子们集中注意力,反而会让他们走神。研究发现,只要放一台手机在餐桌上,家人之间的交流质量就会降低,学习效率也一样。如果再拿起手机使用一会儿,干扰效果还会加剧。一项最新研究发现,手机不仅会影响使用者的学习效果,还会干扰同一空间里其他人的长时专注度。詹姆斯·朗(James Lang)在《高等教育纪事报》(*The Chronicle of Higher Education*)中指出,针对学生和工人的研究中发现,人们被手机铃声打断后,平均需要将近30分钟,才能重新集中注意力,回到工作当中。

微型计算机的潜在破坏力不止于此。加利福尼亚的两位脑科学家研发了一种有效的方式来了解它是如何妨碍学习的。神经学家亚当·格萨雷(Adam

---

[一] 本书中记录了作者与各领域的老师及专业人士的交流情况,这些交流贯穿他们多年的教学及研究,有些交流以电子邮件的形式进行,有些交流则是面对面完成的。

Gazzaley）和心理学家拉里·罗森（Larry Rosen）解释说，人类作为动物，好奇心特别强，我们对知识的渴望写在古老的 DNA 中，对此我们无能为力。你也许认为，智能手机和互联网能满足求知渴望是好事。且慢，新机器速度太快，反而导致出现了前所未有的问题。

脑科学家饲养野生动物来进行科研，以便了解这些问题。他们认为，野兽觅食和人类搜索信息是同样的模式。举个例子，松鼠发现某棵树上挂满了坚果，它们会停留在这棵树上，采食上面的坚果，直至所剩无几。它们什么时候会离开这棵树，去寻找新的食物来源呢？这取决于两个因素——原来的食物还剩多少和下一棵树离得有多远。如果附近就有其他坚果树，那么，哪怕这棵树上尚有果子，松鼠也会很快弃之而去，因为跳一跳就有更丰富的供给。但如果另一棵树远在河对岸的草地上，那它们会把这棵树上的果子都吃完才离开。

这与人类求知的模式完全相同。如果新信息很容易获取，我们就会跑去关注新信息，哪怕原有信息还没有完全消化掉。只要手里有一台智能手机，我们就可以迅速从一条信息跳到另一条信息，但频繁接受新信息很容易让人晕头转向，如果收到的都是宏大、骇人、喧嚣乃至暴力的信息，就更加容易失控了。于是，我们沉迷在发现新知的狂热中，不断从一个网页跳到另一个网页，不再充分利用手中的资源。

古老的生活方式逐渐演变成新的生活方式，数百万年以来，动物觅食般的求知倾向代代相传，如今已经成为人类的基本行为模式，但研究人员认为，强化这种模式的，却是智能手机、社交媒体和互联网。

频繁切换迅速在我们的大脑中扎下根来，20 世纪心理学家伯尔赫斯·弗雷德里克·斯金纳（Burrhus Frederic Skinner）将其称为"陆续强化的过程"。电子邮件或脸书推送的信息不一定全部都有趣或有益处，正因为如此，我们才总是不断退出上一条并打开下一条，和不确定性对抗。慢慢地，我们就养成了到处点、到处看的坏习惯。所谓"陆续强化"，就是我们不清楚下次会点到什么,有时点开的内容确实有用,于是就继续尝试。在无法预判内容的情况下,尤其容易"陆续强化",因为我们担心错失良机,就总是点击新内容,远远超出内容可预判时的程度,整个人就像上瘾似的无法自控。

人们使用智能手机和计算机的方式很能说明问题,以对斯坦福大学的学生所做的研究为例,研究人员发现,学生们"每分钟切换屏幕约5次",更惊人的是,测评选在学生学习的时间段内。其他科研人员也有类似发现:社交媒体用户深陷不耐烦和焦虑之中,躁动不安、不断寻找新的乐趣,生怕与好戏失之交臂。大多数学生很难坚持并享受一件事情,手上的工作总被打断。他们经常感觉无聊,因为他们习惯了不断有新的刺激——这就叫"上瘾"。许多研究发现,学生的学习质量下降了,沉迷于iPad和智能手机的学生知识面窄,理解能力也差。

社会的运行节奏如此之快,我们为了赶工,往往一心二用,可远古时期形成的大脑构造并不能让我们在看电子邮件的同时学化学,多线处理任务只是异想天开。最近有学生抱怨说,同时处理多个任务好难。这哪是难不难的事情,压根就不可能。人不可能一心二用,大脑充其量能在多个任务之间来回快速切换,在这种情况下,它对每件事的处理效果都达不到单独处理一件事时的效果。我们可以比较以下两种书写方式:第一种是分别书写,从字母A写到Z,从数字1写到26;然后再试试第二种"多线处理任务",写好A1之后写B2,以此类推,一直写到Z26。你会发现,第二种书写方式慢得多,而且容易出错。人们过于担心错过信息,逐渐变得焦虑,这就是抑郁和焦虑水平近年在大、中、小学生群体中急剧上升的原因。

产生这种现象,一来可能是因为感觉生活失控的中学生和大学生数量上升。早在乔布斯研发iPhone时,就有这种苗头了。技术进步,学生们日益强烈的失控感——这两件事先后发生,如果你把它们放到一起,就会发现其中的联系:双重打击就像心理"莫洛托夫鸡尾酒"一样,随时可能毁掉数以百万计的人。中国台湾学者曾在一项研究中发现,人们感觉失控感时,更容易对智能手机上瘾,并受制于"技术压力",这又反过来让他们更加焦虑,越发离不开手机,拼命让自己不要陷入绝望、内疚及沮丧之中。格萨雷和罗森还总结道:"干扰和诱惑在生活中不断出现,分散我们的注意力,面对川流不息的信息,大脑一刻不停地运转着。"

人类是如何学习的

一边是格萨雷和罗森的研究成果,一边是帕洛玛和她的同学们的成功,还有那些用了墙上计算机的孩子们,我们能找到一个合理的原因来解释这些看似互逆的现象吗?要回答这个问题,先得从本质上理解超级课程,不然我们可能会拜错菩萨烧错香。

尽管米特拉坚持"蜜罐理论",即因为计算机有意思,才吸引了孩子们来学习,但起决定性作用的并非计算机。我们不妨将"魔法机"比作琳琅满目的杂货铺,人们想吃什么,可以去杂货铺里买,学生对什么好奇,也可以通过计算机查找。但吸引顾客的是杂货铺里的食物,吸引学生的是计算机里的知识,与载体无关,并且在帕洛玛案例中,她根本没有计算机。

让帕洛玛和她的同学们大开眼界的,是她们的各种机会,可以自由探索和提问,可以充分掌控自己的学习,有机会聆听老师提出的问题和质疑,有机会尝试解决与自己相关的问题。科雷亚在学生们面前晃动着可口小食,让他们闻到味道,听到声音,看到色泽,邀请他们一起享用。他挑选出优质内容,分配好恰当的分量,在最佳时机拿出来,却并不强迫学生接受,因为尝试的机会很多。若格萨雷和罗森没说错,那么帕洛玛之所以出色,正是因为她没有计算机或手机。

科雷亚把问题抛出来,让学生们去思考,他只坐等学生们自行想办法解决。我们发现孩子们很乐意动脑筋,其他课程也让我们看到了同样的情况。在教育方面,科雷亚视米特拉为偶像,但偶像督促学校让学生使用计算机,粉丝却无法做到。在他们的学校里，除了老师，没有人家里有计算机。若是科雷亚不懂孩子们问的问题，他就晚上回家到网上搜索之后，第二天再告诉他们答案。实践证明，这样操作虽然速度比较慢，但孩子们盼着老师第二天答复，其实也挺好的。

你仔细去了解米特拉、科雷亚及微创教育者之后，便会发现他们的教学实验更像划着独木舟顺流而下，而不是任凭小船在陌生的海域漂泊，自己傻乎乎地袖手旁观。科雷亚偶尔会向同一个方向划桨，以保持正确的航向，远离危险的浅滩，但桨终归一直掌握在他的手中。孩子们讨论时，他会参与引导，而不是任由他们发散。他经常会提出一些有趣的问题，学生们毕竟还是太年轻了，可能永远问不出这种问题。

比如有一天，科雷亚布置了一个很有挑战性的任务，学生们要用最快的速度把数字从1加到100。帕洛玛很快发现，首尾两个数相加，1加100，接着2加99，以此类推，能够得到50组101，总计5050，于是她把自己的思路告诉了同学。这件事让科雷亚开始思考"同伴助学"的力量。之后，他还采用趣味智力游戏吸引学生爱上课堂。在不同的超级课程里，老师有不同的领航方式。

米特拉并非让那些孩子们在充斥着情色、低俗和愚昧的信息网络中盲目浏览，恰恰相反，他将"网上关于DNA复制的各种信息"上传到电脑里，里面仅有他希望孩子们关注的知识。而且他还给孩子们设置了任务，提出问题，并设计了游戏。除了这个实验之外，米特拉还给一些讲泰卢固语的印度孩子提供了一台可以进行语音识别的计算机，但能识别的语音仅限英国标准音。他帮助孩子们调试好设备，确保计算机能接收孩子们的语音指令，然后他就离开了，任由孩子们带着自己的好奇心和创造力去"捣鼓"机器。两个月之后，这些孩子说话的方式大变，全都像纽卡斯尔大学的英文教授一样了。

米特拉本人也承认，"为了播下探索的种子"，有时"不得不人为干预"，比如他跟学生这样说："你知道计算机能播放音乐吗？来，我放一首歌给你听"。类似这种做法，我们称之为"搭脚手架"，即为学生铺路搭桥，有时甚至直接提供指导，以便他们探索新世界。我们必须认真思考这个问题：众多其他学科能否采用类似的方法，比如历史、化学、心理学、机械工程学、哲学等。（本书后面还会继续讨论"脚手架"的搭建艺术。）

重要的不是鞋子

亚当（Adam）3岁时就迷上了妈妈的iMac，并且无师自通，很快学会了如何上网。他发现了一个网站，名叫Starfall，通过自然拼读法帮小孩子学习看书。短短几周之后，这个小男孩就借助朗朗上口的歌曲和色彩丰富的图形，飞一般地完成了"学会认字"阶段的全部课程。等到他3岁半时，已经开始看书了。他还参与了诗歌创作，写了一首关于芝士通心粉起源的诗歌（诗歌标题是《芝士通心粉是在树上生长的吗》）。亚当读幼儿园时，常常当老师的小助手，大声朗读作品给小朋友们听，上了学前班仍然如此。亚当的进步完全超越了他的年龄，但他自己和他的朋友都认为这是正常的。7岁那年，亚当表达了对弟弟的关心，他跟爸爸说："弟弟今年4岁了，还一个字都不认识，我好担心他呀。"上了八年级之后，当亚当碰到数学、科学和历史等学科里比较难的内容时，就会调用之前积累的阅读技巧来应对，读长篇小说和短篇小说时也是如此。

内森没用过Starfall，他6岁那年识字，很快就开始疯狂阅读，一本书接一本书地读。10岁时，他的阅读水平甩开同龄孩子一大截，整天泡在长篇小说、短篇小说和非虚构类作品中。他念四年级时喜欢上萨克斯管，每天放学回家后，都看着YouTube上的教学视频学习。在计算机辅助教学的帮助下，内特进步神速，很快就能演奏好多曲子了，还当上了校乐队首席，他家总是响着查理·帕克（Charlie Parker）演奏的音乐。等到五年级时，他开始写插图小说，故事非常有意思。他还投入大量精力学画画，给自己的小说配上了精美的手绘图片，当然这也要感谢网络上找到的课程。

俊辉（Junhui）从中国来到美国时，才十多个月大。很快他就迷上了YouTube上的拖拉机和推土机视频。他在父母的沙发上看到一台iPad，于是这台iPad便成了他最喜爱的玩具。他在大人的腿上一坐就会很久，目不转睛地盯着大大的屏幕，看拖拉机和推土机如何一点点地改变建筑工地。尽管俊辉不久之后就转移了兴趣，但他因此开始的英语学习却持续了下去，水平不断提高。俊辉对建筑材料也很痴迷。他6岁时，已经能像老木匠一样把锤子、钻子和螺丝刀玩得溜溜转。他有一套属于自己的先进工具，还有一张工作长凳，他坐在工作凳上，可以用木头制作出长长的一排玩具。俊辉家所在的老社区正在翻新，新建筑从刚挖出的地基洞中冒出来，而老建筑里则堆满新的零部件，用以取代那些腐朽的木材、破损的窗户和缺失的砖头。街区里有些排屋要盖第三层，油漆色彩丰富得像调色盘似的。变化如此之多，俊辉的想象力和好奇心都被激发了出来。他睁大眼睛仔细观察，不放过任何细节，连错综复杂的连接件和托梁，他都可以说得头头是道。

俊辉的父母会限制俊辉的"iPad时间"，但他们会用其他方式来满足孩子的好奇心。他们每年为俊辉的生日安排一个特别的派对。第一年请了养蛇人来秀各种爬行动物，第二年是"科学即魔术"秀，展示自然奇观，让邻居小伙伴们兴奋不已。

学习通常来自于资源丰富的环境，智能手机、iPad或计算机能创造这样的环境，但决定不了教育的成败，就像不能以迈克尔·乔丹（Michael Jordan）的鞋子来解释他非凡的跳跃能力一样。超级课程的形成则更加微妙、更加复杂。在过去的20年里，我们研究的教学改革实例非常精彩，反复验证着一整套操作方法和实施条件，我们已将其命名为"批判性的、自然的学习环境"。超级课程是新事物，若要理解并复制其成功，我们必须研究和了解这个教育生态系统。

第 2 章
我们是如何学习的

欲知批判性的、自然的学习环境有多强大，我们必须先深入了解人类是如何学习的，以及哪些地方可能出错。我们通常将学习等同于记知识和背观点，可事实上没那么简单。学习是复杂工程，即使我们研究了在各种条件下的学习情况，也仍不敢夸口说领悟了其要领。研究者对大脑及其功能的研究可谓大胆，还在此基础上提出了新见解，但机器还没有测出深度学习的意义。在过去的一百多年中，人们对学习的已有认知渐成体系，达到如今的状态。我们一起看一下这些主要发现，就会理解超级课程的力量。这些课程正在改变高等教育，甚至也在某些方面重塑着中小学教育。

我们先看看学习是如何发生的。人一出生，光线、声音、触感、气味便扑面而来，让五官应接不暇，这是我们在婴儿时期与外部世界联系的途径。我们拼命接收信息，努力消化它们，在此过程中，我们会观察现实中的各种模式，并将它们储藏到大脑中。之后感官再接收任何新的刺激，我们都会套用这些模式去理解。

举个例子，有人走进房间里，一种被称作"光"的电磁波开始刺激他的视网膜，我们将这种感觉称为"看见"，但是电磁波本身并不提供任何信息。其实人们接收到感觉信号后，会将其归入已有模式，之前构建的认知引导着他们认识眼前的这个房间。早在光线到达眼球之前，那个人就已经有了桌椅、地毯和墙壁的概念。学生听讲座、看书、理解影音作品时，都是根据现有模式比对新信息与已"知"信息。我们的记忆决定了我们的所见、所闻和所学。

人们依据之前的经验来了解当下，这是一种有益的能力和习惯，哪怕身处陌生环境，我们依旧能找到"北"。但实践证明，仅凭经验对师生双方来说都极具挑战性。为什么呢？因为我们通常希望学生能不断重新认识现实，或者至少有能力质疑现有认知，这一点对深度学习尤其重要。人文学界普遍认为，受过良好教育的人认识到自己所面临的问题时，往往是在衡量要不要接受某种观点的时候。科学界的朋友们有时更激进一些，他们鼓励学生放弃某些旧认知（譬如地球是宇宙中心），树立新观念。无论是哪种情况，其实都是强人所难。萨姆·温伯格（Sam Wineburg）在他的专著《历史思维与其他非自然行为》中提到了这种现象。尽管历史学科要求用历史的证据来诠释过往，但许多人还是依赖自己固有的思维模式。

等学生们上了中学或大学，他们积累的认知模式可能有数以万计了，无论教授们上课讲什么，学生们都会受已有认知模式的影响。他们学新知识时，会调动大脑中的已有内容，用比对的方式找出其中的异同。

然而，即使当前的想法不对，人们仍然难以舍弃原有的观念来建立新认知。因为未知有点可怕，任何改变都暗含着"起初不够好"的意味。但标准化考试不一定能反映出学习者的这些困扰。《如何成为卓越的大学教师》在第二章开头有一个故事，说明了这个问题。

20世纪80年代中期，亚利桑那州立大学的两位物理学家提出了一个重要问题：我们开设的入门课是否会改变学生对运动的理解？如果答案是否定的，那么有两种可能，要么他们上这门课之前就已经理解了，要么就是这门课没帮到他们。

易卜拉欣·阿布·哈伦（Ibrahim Abou Halloun）和大卫·赫斯延斯（David Hestenes）设计出"力的概念清单"，评估人们对物理学意义的"运动"的了解，帮助他们掌握授课内容。两位教授将清单发到约600名学生手中，他们将要学习物理入门课的四个不同部分。教授们发现，教学实验开始前，大多数学生都持有所谓的常识运动理论。我们姑且把物理学细节放到一边，先做个假设：我们今天若仍以这种方式来理解运动，人造卫星将无法被送入轨道，高速公路的弯道也必定让汽车翻到沟里。以上是开课前的情况。

课程结束后，哈伦和赫斯延斯再次向学生们发放了"力的概念清单"，看看他们对运动的理解有什么变化。你猜怎么样？绝大多数学生几乎还是老样子，即使成绩好的学生也保留着原本的看法。研究人员追问部分学生，结果不少人拒不更新思维模式，而且还与研究者争论，他们的心理波动非常大，害怕挑战固有认知。

这些学生执着于日常经验中建立起的运动观念。其实对旧模式的依恋不仅存在于物理学中，在历史学和其他专业中同样存在。人类总是恋旧的，除非他们反复因为旧观念碰壁，否则很少会对主要观念进行重建。学生只是被告知某个观念不对，这通常无济于事，他们必须自己碰了壁，才会主动关注问题出在哪里。接下来，他们开始反复琢磨刚萌芽的想法，逐渐形成认识世界的新模式。这个过程在过去叫"知识挑战"，现在叫"模式失效"，而新的叫法更精准。大脑通过已有模式进行提前判断，但事情的实际发展往往与预先判断大相径庭。

模式失效的时候太多了，我们根本无法面面俱到，所以，人们很难注意到每一个失效的旧观念，失效需醒目，甚至带点儿刺激，才能引发关注。模式失效理应受到关注，但我们也要注意适度。成功的学习环境通常会让学生产生足够的兴趣，但不会导致他们忧虑、绝望、焦虑或抑郁。教学之微妙，如同小提琴演奏，而非化学实验。好老师的提问具有挑战性，但不会构成威胁，至少不会构成太大的威胁，学生们会为之着迷，全身心投入，他们甚至会从问题本身有所收获。惊喜、爱和神秘，点燃深度学习和认知转变的激情。

但是，许多老师受困于"专家诅咒"，提不出好的问题。大家不妨换个角度来理解。比如你就是专家，现在正在研究自己专业的一些问题，这个问题曾是某个问题引发出来的，你解决了那个问题，因为你更早之前费尽力气解决了另一个问题；依此往前追溯，你的学术之旅其实起源于问父母的第一个问题。

你在专业领域的地底下使劲挖掘，因为你知道，下面有价值可观的知识矿藏，可你的学生还在地面上站着，不明白你为何要往地下钻。专家们要理解学生，必须要回顾来路，然后再想办法激发他们的兴趣，带他们进入深度对话。这不容易做到，但除了提问，别无其他办法可以推动深度学习。

构建新认知，并思考其含义和用途，可谓艰苦卓绝之事，没有十足动力，学生不可能坚持。学生必须相信其所学将带来改变，才能不懈钻研。改变应是有的放矢，或满足心智，或满足情感。人们要回答提问，或者有重要的、吸引人的、美妙的、有趣的问题要解决，就很容易深度学习。利他主义——对他人的关心——能发挥重要的激励作用，让我们对艰苦的工作无怨无悔。

要深度学习，得有深度学习的意愿。人的好奇心是填不满的，但这也很麻烦。我们一旦感觉受人控制，做事的欲望就会降低。迫使学生检验已有认知的一切努力都会适得其反，外在动机（譬如成绩）往往会压抑内心的意愿。人类大概就是这么复杂，既不想失去心理学家所说的自主权，也不肯做没把握的事。而应对办法之一，是将学习动机视作三元素组成的有机整体：学习目标，相信自己能学好的心态，对自行决定学习时间、地点和内容的确信。

让所有学生都理解所学的内容、思考知识的实际应用，并推导各种可能性，这是不可能的。有些学生不愿意尝试；许多人只关心怎么通过考试（"浅层学习者"），或者怎么考高分（"策略性学习者"），这两类人都不可能深度学习。学生会成为哪种类型的学习者取决于环境条件，而非自身个性或智商，也许他们的父母不会在他们一年级生日聚会时邀请养蛇人来表演，也不会每晚念书给他们听，也许是叔叔、阿姨或老师反反复复跟他们提到"聪明"，也许全体老师都强调成绩而不是学习……这种情况随处可见。电影、歌曲、电视、经济压力甚至朋友都会让学生产生浅层或者策略性的学习动机。学生选择哪条路，与基因和能力毫无关系。

出现这样的局面，很大程度上是学校的责任，考试或许会给人留下"学习就是选出正确答案"的印象。过于强调分数，会剥夺学生的学习自主感，弱化他们深度学习的动力。学生若无意深度学习，学习就全靠背正确答案和解题步骤了，这对他们以后的思维、行动和感受几乎产生不了长久、积极和实质性的影响。

即使学生的认知完全没问题，他们也未必能在学习中提升解决问题的能力，因为他们未必能将新学到的信息或观点用到千变万化的真实情境中。医学生背诵了大量与身体相关的信息，甚至能详细解释身体的各项机能，但他不一定能活学活用，因此无法诊断疾病，更无法为疑难杂症设计新颖有效的治疗方案。教学专家称这种问题为"迁移障碍"，连最用功的学生也可能备受其困扰，知道大量解决问题的信息并不一定意味着他有解决问题的能力。

解决已经有人解决过的问题无疑更容易。我们可以去学校学习现成的成果，学会将标准答案用于解决已知的难题。但世界瞬息万变，很多问题以前根本没有出现过。早在20世纪80年代，日本理论家就将专家分为两类：墨守成规的专家和兵来将挡的适应性奇才。前者脑子里装着标准答案，哪怕没装下全部，也装了很多；后者不仅熟知常规，还留有余力。奇才们认为创新很有必要，一旦有机会创新，便立刻抓住它，将想法变为现实。

怎么学习才能成为奇才呢？靠实践和反馈。学生需要碰到大量全新的问题，在思考中锻炼自己。

假设有两个班在教数学。其中一个班的老师会教学生们列出公式，他的课就像大部分数学课一样，学生记笔记，然后用同样的步骤来完成作业和通过考试。另一个班的老师则给学生们出了一些很有意思的题目，涉及多种概念，题目难度比学生以前接触过的更大。老师鼓励学生们自己解题，但可以采用小组合作的形式。学生们从未遇到过这样的问题，也找不到人帮忙，这样的教学模式旨在鼓励学生成为适应力强的专业人才。教师不再是讲台上的圣人，而是学生的向导，他们随时准备向学生提问，以帮助他们理解复杂的概念，但他们不代替学生解决问题。

新加坡国立教育学院的马努·卡普尔（Manu Kapur）揭示了"教学失效"的原因。卡普尔进行了详尽的比较，最后得出结论："与直接接受指导的学生相比，先自己尝试解题的学生明显更好地掌握了概念"。他还注意到，九年级学生就有这样的分化，有些学生自己想办法解题，出了错再想办法纠正，而有些学生直接听老师讲课，前者比后者更容易解决"新问题"。

我们所讨论的学习均关乎记忆力。用到过的知识或者自己动脑筋想出来的东西最容易记住，而死记硬背的多半忘得快。马歇尔（Marshall）和阿尔伯特（Albert）从六年级秋季学期开始学法语，学了六周后，阿尔伯特随父母和妹妹一起移居巴黎；到了高中毕业时，马歇尔学法语已经整整六年，在此期间，他背了大量的词汇，经常考高分，他的父母还定期为他安排各种语言训练。但两个男孩如果在大学里碰到了，不难想象，谁能使用法语流利地阅读、说话及写作，谁又需竭尽全力才跟得上聊天[1]，很容易猜出来吧？真实环境的实践让学习更深入[2]。

学生更容易记住理解了的内容。理解在概念和信息之间建立起丰富的关

---

[1] 马歇尔和阿尔伯特均为化名，笼统代指各种环境中观察到的双语学习者和双语习得者。

[2] 斯蒂芬·克拉申（Stephen Krashen）和一些学者对"学习"和"习得"一门语言进行了区分。克拉申研究后认为，大多数语言教学方法会提升母语水平，却妨碍了第二门语言的学习。Stephen Krashen, *Explorations in Language Acquisition and Use* (Portsmouth, NH: Heinemann, 2003)。

联，而关联网络在大脑中形成后，有助于增强记忆力。思考后再解题的人能轻松回忆各个解题步骤及理由，但只看别人解题，回忆起来就没那么容易了。

深度学习不容易，我们通常需要有人帮忙。但棘手之处在于，帮助不仅是指提供"正确答案"——尽管传统课堂就是如此——相反，学生需要有人帮助他们理解概念并寻求解题法。帮助有时意味着提问，以促使学生思考和理解，而非解释。学生需要机会去尝试，失败了可以获得反馈。初级阶段的学生对新手的帮助往往最到位，因为他们还清楚地记得困难之处在哪里，而专家早就忘记路上的各种坑了。专家思考问题常跳过某些步骤，而新手还是要一步一步慢慢来。而且学生不只需要知识方面的帮助，情感支持也很重要，一来因为焦虑和不安非常普遍，二来因为改变认知模式可能会带来伤害。

学习者若要达到新标准，首先得学会理解并运用，帮助也许是他们所需要的；学习者若要保持学习的劲头，他们得相信，自己做的事情很重要，会对自己和他人产生持续的影响，他们得相信，这些标准是坦诚而公平的。明确定义标准，在广泛实践中理解标准，一切才会起步。

江河日下

除了上文提到的那些坑之外，还有什么地方会出错？几股强大的社会力量对教育形成了威胁，我们一起来研究一下吧。你也许已经注意到，"智力"作为对学习产生影响的元素之一，在本书中还未提及，尽管众多传统教育工作者几乎全靠它来区分成功者和失败者。纽约大学库兰特数学科学研究所（the Courant Institute of Mathematical Science at New York University）的一位教授曾跟我们说："我在课堂上做什么都无所谓""有天赋的学生总是学得好，而天资欠佳的学生教也教不会"。这种"天资"教育理论遍及大、中、小学，但它不是任何情况下都解释得通，其与一些重要的教育学发展研究也有出入。

卡罗尔·德韦克（Carol Dweck）于 1972 年从耶鲁大学心理学博士毕业，

那时，她脑海里有一个疑问，并迫切地想知道答案：为什么有些人失败后会崩溃，而另一些人却能直面困境，还能趁机提升自己？德韦克最近接受采访时说："在我小的时候，社会上流行智商崇拜的风气，人们认为智商在很大程度上决定了一个人的未来。上六年级时，老师甚至按智商高低给我们排座位。"德韦克现在在斯坦福大学工作，任路易斯和弗吉尼亚·伊顿心理学教授。经过四十多年的研究，她发现，人们对智力持何态度的影响非常大，远超过智商等可测量因素的影响。德韦克解释说："如果你认为智商固定不变，那你很可能感到绝望。如果你觉得自己又不懂又学不会，那你不太可能愿意尝试。而且这种无助感不会放过自认为聪明的人，假如他们也认为智力固定不变的话。"

一个孩子总是听人夸他"真聪明"，他很可能完全按照"我是个天才"来构建自我形象。因为担心失败，留下不太聪明的"证据"，他很快就不敢尝试新事物了。相反，"如果你认为才华、能力和智力会增长，并且你也愿意不断尝试，以此锻炼自己"，情况可能会发生巨变。

因此，持智力恒常论者通常很难接受失败。他们总是一犯错就退缩，而不是从中汲取经验教训。如果老师试图让这样的学生体验认知模式无效——也就是体验"模式失效"情景，他们会无法承受失败，并产生抵触情绪，因此就什么也学不到。但持智力成长论的学生将在挑战和刺激的洗礼中日益强大。

幸运的是，德韦克和她的同事发现，两种不同心态是后天训练出来的，与大脑或性格的先天性无关，两种心态都可以改变。德韦克等人完成了一系列极具说服力的实验，他们发现，不同体验会决定儿童会形成哪种心态。例如，总听到表扬（"你太聪明了"）的学生往往认为智力恒常不变，会逐渐生出无助之感，而收到反馈（"你一定非常用心"）的学生则会建立起强大的成长心态。德韦克研究发现，持智力恒常论者容易半途而废，时常抱怨自己不是"学数学的料"，或者不是"学写作的料"，动不动就觉得上学无聊，考试没考好时更是如此。最令人不安的是，他们无法在困境下发挥应有水平，但与此同时，持智力成长论的学生却迎难而上，经常刻意找机会挑战自己。

上述内容并不意味着我们已经找到了灵丹妙药。改变心态和思维模式仍是很困难的事，人的年龄越大越不容易改变。但本书即将讨论的超级课程采用了创新方式，成果显著，值得我们再进行仔细地研究，以便确认哪些因素是有效的，哪些因素是无效的。

刻板印象之祸

乔舒亚·阿伦森（Joshua Aronson）和克劳德·斯蒂尔（Claude Steele）发现了对学习效果产生影响的不同社会力量。如果大家普遍对你所属的群体有某种负面印象，即使你不认同，这种偏见也会影响你在学校或其他地方的表现。如果你受负面观点的影响，认同"你这样的人"无法在某方面获得成功，你就会轻易放弃，而预言将得到实现：你果然失败了。但你其实不必认同负面印象，不必受它影响。然而，即使你内心从未自卑，负面印象也还是会给你带来困扰，你会担心人云亦云。你暗中使劲，想证明自己，以便摆脱群体的负面形象，这时你开始焦虑紧张，然后成绩就下降了。

玛格丽特·施（Margaret Shih）知道这项研究，她提了一个问题，是别人从没问过的。社会中存在各种偏见，有些积极，有些消极。比如，许多人认为，男人擅长高数，而女人不擅长；许多美国人认为，亚裔有"擅长数学"的基因。她提问：那亚裔美国妇女呢？影响她们的是积极印象，还是消极印象？

为了找到答案，她找来三组哈佛大学本科生做对比实验。实验对象都是女性，都是亚裔美国人，都是数学相关专业的，都希望攻读本专业研究生。换句话说，如果让这些实验对象解答研究生入学数学考试中的高难度题目，三个小组的成绩无法呈现有统计意义的区分度。这原本是板上钉钉的事情，但实验进展却没按剧本来,她的干预改变了结果。以下是她的实验过程。

三组女生全部填写了一份前测调查问卷。问卷看起来毫无恶意:姓名、电话号码,以及十几个其他问题。但是在第一组问卷中,有一个问题让人下意识想到自己的性别;第二组没有关于性别的问题,但其中一个问题让人联想到自己的种族,心理学家称此过程为显著化;第三组问卷中没有触发任何潜意识的因素。现在,预测完成情况的数据齐全了。种族组比其他组表现好;性别组的表现最差。老师的小小举动严重影响了学生的学习、生活和成绩。天才论在库兰特数学科学研究所等地如此流行,对此我们就说这么多⊖。

⊖ 我们曾与一所不错的州立大学的教务长聊到了玛格丽特·施的研究,他认为该研究没有照实说明其实验的影响,因为人们很难改变固有的思维模式。

第 2 部分

课程实例

说在前面

我们了解完相关概念和研究重点之后,就可以轻松预测出现了哪种类型的超级课程。本书第2部分将讨论具体案例,届时各要素将反复出现㊀。帕洛玛、亚当、内特和俊辉都体验过。计算机充其量只发挥了辅助作用,有时甚至没有任何作用。后面各章谈到了这些要素的多种使用方式,老师们单用也好,混用也罢,正是因为他们放心大胆地尝试,才有了每门课程的成功。往常规大纲里加一两门超级课程,解决不了任何问题,不过是装点门面而已,就像在鹅肝三明治上洒红糖粉不会使其变成樱桃派一样。

基本要素

1. 课程重点不在于学什么主题,而是回答什么问题,或者完成什么任务,问题和任务要宏大、有趣、重要,往往还要设计得巧妙。它们要能激

㊀ 在《如何成为卓越的大学教师》一书中,我们就提出了构建批判性的、自然的学习环境所需的要素,但当时只涵盖了五个方面。玛莎·贝恩也参与了这部著作的研究和撰写,贡献很大,但当时她决定不参与著作署名。尽管如此,书中从头到尾仍采用了第一人称来进行叙述,本书在提及这部作品时将采用同样的叙述方式。

发学生内心的兴趣，比如：是什么引发了战争？人类社会以前如何应对瘟疫？我怎样做才能更富创造力？为什么有的企业成功、有的企业失败？是什么改变了人类历史的进程？为什么会有这么多不同种类的动植物？我如何理解自己？我的人生目标是什么？如何计算曲线下的面积？为什么个人和群体都有富裕和贫穷之分？假如环境变化，地球上的人类能否生存？物理宇宙如何运作？你所授的课程和学科能帮学生解决的最大的问题是什么？学生可能在什么地方以何种方式遇到问题？灾难或意外收获因何而来？在设计问题时，请牢记第 1 章中提到的"专家的诅咒"，用学生能理解的语言和形象来表述问题。用问题导向法或项目导向法，让学生在小组中与不同的人打交道，在逐步解决问题的同时，让每个人都有机会表达自己的想法。

2. 学生接受评价（拿到成绩）之前，应先经历"尝试、失败、获得反馈、再尝试"的过程。哪怕他们最终失败，老师也要肯定他们在学习过程中表现出的创造性。简言之，教授自己做研究时期待什么样的学习环境，就给学生提供什么样的学习环境。

3. 学生如果有同样的问题需要解决，老师应当允许他们合作，甚至鼓励和推动他们这样做。合作小组的成员应该来自不同的背景，拥有类似成长经历的学生不应该被安排在一起。

4. 让学生有机会独立思考，找到解决问题的方法。

5. 从学生已有的定势思维和刻板印象中，找出你希望他们质疑或改变的。不断挑战他们，创造机会让他们的观念碰壁。老师们这样做时，语言要明确，态度要友好。

6. 无论学生需要哪一类帮助——心理上的、体力上的或智力上的，老师都应及时提供给他们。

7. 教学生时要留意，他们的认知在什么情况下会出错。

8. 想尽一切办法，让学生掌控自己的学习，给他们提供有意义的选项。

9. 确保评估的公平真实。

10. 让学生们认识到，自己的努力对自己和他人都很重要。

11. 明确地告诉学生，智力和能力是可以提升的。

12. 让学生看到，你相信他们有学好和做好的能力。你要做的是促进个体在学习上的进步，而不是区分"蛇"与"鼠"。鼓励每个学生，让他们相信自己的学习能力。

13. 学生来源广泛且能很好地解决学习中遇到的各种问题，这点当老师的心里要有数，在授课中加以运用。

14. 学生深度学习某个学科前，先让他们有机会感受该学科。他们在解决问题、分析问题、整合问题、评估问题、创建理论的过程中，会对基本内容有所了解，同时也会发现该学科的模糊之处和偶然因素。让学生们从身、心、情感三方面参与其中。

15. 除了演绎的方式，还要让学生有机会通过总结来学习。要从具体到普遍，而不是从普遍到具体。

16. 唤醒学生的情感，调动他们的才智。

17. 帮学生掌握帮助他人学习的能力。

18. 开阔学生的眼界，让他们的视野超越课程，乃至超越学科，让他们在追求梦想的过程中学习。我们把这样的教育叫作"激情燃烧的冒险"。

辅助要素

19. 多学科融合，以应对质疑或问题。

20. 提问要有技巧。

21. 对于学生所需的信息和观点，多以阅读资料的形式提供给他们更好，讲授不是最佳方式。另外，帮助学生学会使用社交阅读程序进行深入阅读，譬如 Perusall（请参阅第 9 章）。

最重要的是，超级课程的学习环境是自然而中立的，学生们齐心协力地在学习，他们发自内心地感觉到问题有趣且重要，而且设计得十分巧妙。在应对挑战的过程中，学生们会发现，原以为没问题的认知模式竟然行不通。学习批判性思考，意味着要借助证据和概念进行推理，审视自己的思考质量，并做出重要决定，而且能够理性、清晰地为自己辩护。整个过程走完一遍之后，学生们就能提出有深度和远见的问题，他们的推理能力也会随着思考的深入而增强。

在这样的环境中，学生只要认真学习，就会得到反馈；他们学会了如何回应自己和他人才有实际意义；如果表现不佳，他们可以选择再次尝试。在这样的环境中，只要你为团队带来了独特的观点、角度或创造力，就会受到尊重和鼓励。我们在研究"大脑活力"的作用时，还会继续补充与批判性的、自然的学习环境相关的内容。

我们生活在一个焦虑不安的时代。正如凯茜·戴维森（Cathy Davidson）——纽约城市大学杰出的英语教授——所说："学生们当下的学习环境混乱不堪，充满焦虑和痛苦，我们自己所处的环境也是如此。"如果认识不到这一点，无论我们打算做什么，"最终都是白费力"。戴维森教授2020年时写道："在构思课程大纲之前，先想想当学生的意义所在吧。现在就想。"

第3章
新型大学

心理学界有一个流传甚广的故事。那是20世纪40年代的一天，一群人在学习如何抓蛇，而斯坦福大学的心理学家阿尔伯特·班杜拉（Albert Bandura）在一旁观察。学习者用玩具蛇练习时，几乎每个人都掌握了技术要领——从后面捏住蛇的脖子。可一旦改用真蛇，有些学生就不行了。人们要学会一样本领，需要方法得当，但与此同时，他们还必须相信自己有正确使用的能力，否则无法真正学成。班杜拉在一片抓蛇狂欢中看到了更具普遍性的人类行为模式和态度，他注意到，有人相信努力得当就能应对甚至战胜挑战。班杜拉称这些信念为"有意识的自我效能"。具有自我效能感的人专注于如何解决问题及如何学习解决问题，而缺乏自我效能感的人心里却总想着自己办不成的事情及要办成的难度，他们经常失败，动不动就放弃。

班杜拉和同事们经过五十年多的研究发现，具有较高自我效能感的人能把握自己的学习，而其他人则不能。他们还发现，老师和学校可以影响学生建立自我效能的程度——这点非常重要。

如果你运用心理学家对自我效能的研究成果来设计大学课程，让学生有更好的体验，结果会怎样？也许高等教育的面貌就会焕然一新吧。马萨诸塞州的两个工程学教师从21世纪初就进行了这方面的尝试，他们充分听取了人类动机方面的研究成果。为什么有些学生会半途而废，而另一些学生始终保持着高昂的学习劲头？为什么有些人学会了深度学习，对学习着迷，而另一些人则学会了怎样考试，他们只专注于考高分或考及格。所有称职的老师都希望班上的学生学习兴趣浓厚且动力十足。自我驱动的学生在许多研究者眼中和外星生物差不多，一位教授下结论说："有人天生有雄心壮志，有人天生缺乏雄心壮志，我没碰到过几个天生有雄心壮志的人。"但马萨诸塞州的先驱们却另有想法：为什么要守株待兔呢？我们或许可以利用动机和自我效能的研究成果来培养学生对深度学习的渴望。他们从爱德华·德西（Edward Deci）和理查德·瑞安（Richard Ryan）的著作中寻找依据，这两位心理学家致力于破除盲目的偶像崇拜，从这个意义上说，这一步是两位工程学教师所采取的最重要也是最具颠覆意义的措施。

欧林经验

21世纪初，一笔巨额捐赠到账，欧林工程学院（the Olin College of Engineering）随即拔地而起。学院校区占地75英亩，从马萨诸塞州尼达姆的巴布森学院（Babson College in Needham）购得。学院前院长理查德·米勒（Richard Miller），现任艾奥瓦大学机械工程学教授，于1999年第一个被学院聘用。作为这所新兴学院的院长，米勒认为应当依据人类学习和动机的研究成果来建设校园。对于一所研究性高等教育机构而言，他这个想法太新颖了！乔纳森·斯托克（Jonathan Stolk）和罗伯特·马特洛（Robert Martello）均是建校早期加入了该实验性学院的老师，他俩的学术背景大不相同。斯托克在得克萨斯大学攻读了材料科学和工程学位，而马特洛在麻省理工学院修完了

"科学技术史和社会研究"。两人都想利用学习科学来解决教育方面的一些问题,他们跟很多同事一样采用了项目导向教学法(Project-Based Learning,PBL)○,并最终取得了丰硕的成果。斯托克在 10 年的 PBL 教学中,与历史学出身的同事一起,攻克了一个严峻挑战。许多教育工作者都碰到了这个挑战,而工程学教授们更是常常需要面对。

我们生活在瞬息万变的世界里,这意味着,工程领域的技术也在迅猛发展,任何学生都不可能只靠大学里学到的东西过一辈子。工程专业的学生和从业者必须终身学习,不断更新自己的技能和知识。换句话说,他们必须有能力和动力对自己的学习进行管理,学会终身学习。

其他领域也一样,专业知识飞速发展,没人能在短短四年内学完一生所需的本领。要做到终身学习,保持无穷的创造力,不断为社会做出贡献,求知欲必不可少。如果大学教育不能让人产生求知欲,那么学生不仅成长受阻,也无法施展个人才华,为社会做出贡献。无法点燃求知热情的课和无法教授求知方法的课都是不成功的,只不过我们不一定了解失败的具体形式。

斯托克在为欧林工程学院的材料科学入门课备课时,对此考虑甚多。马特洛也很重视这方面。到 21 世纪初时,工程师们再也无法忽视自己的发明可能导致产生的长远后果了——当然很久以前也不能忽视。技术变革如此之快,任何发明都可能会引发诸多问题。举个例子,在 20 世纪初,大城市需要更快捷的交通运输方式,那时,仅纽约市每年累死的马就多达两万匹。汽油内燃机作为解决方案出现,结果催生了空气污染等致命问题。解决方案引发新问题,这在科技史上有太多类似的例子。

斯托克和马特洛知道这些事,他们也想解决这些问题。他们向我们讲述了"技术的社会背景"和"制定合乎道德的决策"。他们很清楚,如果上课

○ 区别于基于问题的教学法(Problem-Based Learning,PBL),虽然两者简写相同。——译者注

只讲工程学的技术部分，这门课就不会对更多的人产生吸引力，学生的兴趣也会减弱，学习将流于表面。两位老师说，在传统的工程学课堂里，"技术问题经常与应用技术的背景完全脱节"，这样的话，学生"难以在学习中认清自我价值或社会价值"就一点儿也不奇怪了。因此，采用传统工程学的教学方式通常教不出终身学习者，学生们缺乏拼劲，不愿意好好学习，不愿意奉献社会。

此外，如今的工程问题非常复杂，谁也不可能单独能解决，脑力工作或艺术活动大多如此。伟大的思想和富有创意的成果多半来源于艺术家、哲学家、史学家和科学家等的交流合作，还能让旁人从不同角度获得灵感。我们生活在一个除了要具备数学、科学等传统工程技能，还要有良好的沟通能力的世界。斯托克和马特洛希望学生们结课时能获得各种能力，包括终身学习的能力、团队合作的能力、语义理解的能力、沟通能力等。

两位老师希望学生们能从学习中获得乐趣。最后一环是乐趣，你也许在心里嘀咕：这能有什么用？事实证明它比你想象的更重要。

动机陷阱

几百年来，奖惩分明一直被视作最佳的激励方式，众多机构的运营理念均建立在该基础之上，学校也不例外。老师们手握分数这个法宝，奖励努力学习并通过考试的学生，也惩罚那些不及格的人。前面我们提到过，为了让学生关注某个知识点，激发他们对课程的兴趣，老师们总是说"这些内容考试中是要考到的"。

这种操作方式似乎得到 20 世纪中叶的一些社会科学研究的支持。伯尔赫斯·弗雷德里克·斯金纳是心理学大咖之一，他开创了"迷宫老鼠"实验，后来不断有人重复验证该实验。研究者将奶酪作为奖励时，这些小动物似乎跑得更快，跑出迷宫的时间比之前更短。当时斯金纳在哈佛大学担任埃德加·皮尔斯（Edgar Pierce）心理学教授，他对动机进行定义就是在这个职位期间的事情：激励行动需要奖励和惩罚。

20世纪70年代初，斯金纳即将退休，他定义并引领这一行为主义理论已经多年，这时，爱德华·德西——罗切斯特大学的一位年轻科学家——开始挑这个理论的毛病。德西的两个想法虽然简单，却是革命性的：不用老鼠，直接对人类进行实验；"胡萝卜加大棒"策略是否有效，不仅要看短期效果，还要看它对长期动机的影响。如果做了有重赏，不做有惩罚，人们眼前的行为当然会不一样。但以后呢？兴趣会如何变化？吃到"奶酪"或被"鞭子"抽到之后，学生或工人会更喜欢这项活动吗？他们愿意主动参加吗？或者兴趣会就此丧失吗？

文化传统在道德教育、诗歌和精简的格言中代代相传。亚历山大·蒲柏（Alexander Pope）在1734年说过一句话："嫩枝弯了，长成大树也直不了。"对许多人来说，这意味着要用黄荆棍逼孩子服从。一位同事说："对我的父母来说，如果我不做作业，那根弯树枝就会抽到我身上。"德西很快吸引到一批研究人员，他们从20世纪70年代起发现了大量证据，证明胡萝卜加大棒法实际上削弱了人的长期兴趣。

几年后，理查德·瑞安以研究生身份进入德西的实验室，成为导师最得力的弟子。在纽约州北部的这对活力师生提出了一种具有普遍意义的人性理论：人天生充满好奇，喜欢学习。该观点可以解释多个实验中的行为，尽管人们当时觉得他们的说法有点离谱。

但是，教室里净是百无聊赖、心不在焉的学生，这又该作何解释呢？"为什么招进来的学生对什么都不感兴趣呢？"一位老师抱怨说："我要么横眉怒斥，要么用成绩来威胁，否则他们就完不成日常的阅读作业，为什么会这样呢？"

这个问题提得一针见血，要回答这个问题，必须理解人类的本性及其与社会互动的方式。师徒二人解释说，除了对性和食物的生理需求之外，人类还有三个基本心理需求：第一，作为动物，人们喜欢做事情带来的成就感；第二，人们性情倔强，喜欢掌控自己的生活，但并非像游离于群体之外的独狼，也绝对不是先天自私的表现；第三，人们渴望与他人建立联系，渴望成为广阔世界的一部分，为此人们愿意对同胞伸出援手。

德西和瑞安得出结论，如果一个人在胜任感、自主权和亲密关系这三个方面的基本需求得到支持和呵护，他将会全面受益，比如他会感到幸福，会对世界充满正常合理的好奇。但如果这些需求得不到满足，那他可能对一切都失去了兴趣，包括上学。他们找出了两种类型的动机，一种来自内心深处，用一句老话来概括就是："马渴想饮长江水"。他们于2008年专门对此作了解释："人类天生就积极主动，奋发向上，充满好奇、兴趣与活力，而且渴望成功，因为成功让人感到满足，成功让人受益匪浅。"他们把这类动机称为"自主型动机"。学生的自主型动机无须激发，你只要给他们展示他们认为有趣的内容，让他们感到一切尽在掌握中，让他们感觉自己能胜任，让他们感觉自己和外界相联结，自主型动机自然而然就会出现。

另一种刺激措施叫作"控制型动机"，能够消灭或扼杀自主型动机。罗切斯特大学的科学家们表示，人类可能会"变异，变得像机器一样被动消极、心怀怨念"。要是学生感觉被操控，比如老师简单粗暴，威胁学生说不学习××内容就会有惩罚（不严厉的那种），那么很可能产生不好的结局。

他们在理论和研究中确认，"人类的内在积极性和对其产生影响的（推动或阻碍）社会环境之间存在激烈的斗争"。他们收集了许多实验证据，也进行了大量归纳推理，在此基础上提出自己的观点，人类"需要感觉到自己的能力、自主权及与他人的联结"。当学习环境满足这"三个基本心理需求"时，人们就会产生"最佳动机"，学生会更愉悦、更投入。如果学习环境不佳，最理想的情况是学生们一心只知道考高分，成为策略性学习者，而最糟糕的情况，则是他们与周围的环境格格不入，情绪抑郁沮丧，最终以辍学收场。

想想看,学生"该做的事情没做"时,我们多少次大发雷霆,惩罚他们,扣他们的分,然后对他们的主动性都跑哪里去了感到奇怪。我们总觉得"严格要求"和"布置作业"会让学生对感兴趣之事更有兴趣。我们在日常言语措辞中流露出一个态度,即教学取决于教师,而非学生的个人兴趣与好奇。

到2007年,德西已经公开发表100多项研究成果,对他自己的理论提供了支持,因此,当他去加拿大心理学会演讲时,他很自豪地表示:"无论激励对象的年龄是多大,活动属于什么类型,有什么样的奖励类型和机制",外部激励通常都会挫伤人们的长远动机,特别是当他们感觉被有人操控这些奖励和惩罚的时候。

按照他的说法,是否不能给学生提供反馈意见或纠错呢?绝对不是。能否这么做完全取决于你的意图,意图会影响学生对"帮助"的态度。如果学生认为你只不过是想通过作业和要求来摆布他们的学习和生活,视你为"控制狂",觉得你的所作所为不过是摆出好老师的样子,那么你的反馈可能会减少他们的兴趣。相反,如果他们觉得你的反馈"有干货",对他们有帮助,那么他们会更有兴趣,会投入更多时间来学习。换句话说,要看你的反馈是有实际内容呢,抑或仅仅是做了个评判而已。

瑞安是这样总结他们的研究的:"奖励、威胁、监视、评估等往往会带来压力和控制,让人觉得没有足够的自主权。"其他研究人员也说,人们"被控制时"会有情绪变化。心理学家的说法当然好,但也许可以换一种表述:如果学生感到受人操纵和控制,从长远来说,他们的兴趣会减弱。

有没有选择权这件事虽小,但带来的变化非常大。同样的,有机会"尝试-失败-收到反馈-再次尝试"也会带来很大变化。它们可以促进"社会氛围"的改变,使其变得"压力重重、充满控制",或者变得"支持鼓励、信息充足"。教师往往像神灵一样,主导着一个班级的氛围,但氛围主要由观念和态度决定,而非有意的行为。

教师若认为学生本性懒惰,不逼他们便学不进去,那么他的观念迟早会流露在言行之中，形成了负面氛围，德西和瑞安都提醒过，要警惕这种负面氛围。简而言之，如果老师能够看到班上每个孩子的赤子之心，就能产生大不同。

老师的信念很重要

本章一开始就承诺要带大家看欧林工程学院的超级课程，斯托克和马特洛两位教授还等着展示他们创建的课程呢。但在盛大帷幕拉开之前，我们还有一个更重要的基于人类学习的研究成果要介绍。

老师对学生的看法会影响其动机、成绩和学习状态，这个规律，我们在研究卓越教师之初就发现了。我们在 2004 年出版的著作里写道："卓越教学的诀窍并非某种特定做法或规定，而是老师的态度，他们要相信学生的学习能力，愿意认真对待学生，让学生对自己的学习负责……卓越教学来自师生之间的相互尊重和理解。"

印第安纳大学心理与脑科学系教授玛丽·墨菲（Mary Murphy）及其团队的最新研究结果也揭示了类似的规律。他们发现，那些推崇天资论的教授（他们认为"一个人聪明就是聪明，不聪明就是不聪明"），无论他们教科学、数学还是工程学，跟那些认为"智力可发展"的教授相比，不太能激发班上学生的学习动力。持天资论的老师和持发展论的老师相比，他们教出来的学生表现较差。因为学生心劲儿不足，所以很有可能学得也不够扎实。

无论如何划分学生群体，按种族也好，按民族也好，抑或依据性别或者家庭收入情况来划分，该规律都适用。研究人员由此得出结论："如果教授们认为一个人'其实对自己的智力无法产生影响'，那他们的学生的 STEM（科学、技术、工程和数学）课程成绩普遍要差一些。"无论学生本身如何，他们的成绩都要差一些。少数族裔学生占比低，受到的负面冲击最大。这是为什么呢？还是因为先前讨论过的"刻板印象之祸"。

第 2 章提到的研究结果是，如果社会环境普遍对"你们这种人"有消极评价，哪怕你并不认可，但只要身处其中，这些偏见仍会对你的学业造成负面影响。你的潜意识深处会产生顾虑，害怕别人戴着有色眼镜看待你，因此你变得紧张不安，体力和脑力都发挥不出正常水平[一]。

除了贫穷、学习资源不足等不利因素会对学习造成影响之外，社会主流若对你及你所属的群体有偏见，你的学习同样会受到影响。生活在美国的非裔美国人、西语裔美国人和美国原住民要面对广为流传的观念："×××人种学STEM的能力无论如何都比其他人强"。女性要面对数百年来的偏见：女性缺乏从事科学研究的天赋。即使是欧洲裔男性，家境贫穷的人也会饱受偏见之困。周遭总有人质疑："如果你聪明的话，怎么会没钱呢？"言下之意显而易见，"你穷，说明你没别人聪明"。这些都是陈词滥调，却足以让人们的表现大打折扣。

如果你想成为优等生，但同时你也知道，有人并不相信你有这个能力，于是你为了证明自己，就要应对额外的压力。问题是，越在乎，压力越大，大到会成为有些学生无法承受之重。当学生被偏见束缚时，他们的STEM成绩普遍较低，原因并非天资不足，而是偏见带来的社会压力，学生是否受困于偏见，决定了他的成绩会不会比别人的成绩低一大截。

同样还是这批学生，若教他们的老师信奉智力终生不变的观点，并在与学生的互动中不时流露出来，那偏见对学生的影响则要加倍，学生的成绩会迅速拉开差距。印第安纳大学有一项研究发现，"持智力恒常论的老师的班级里，成绩两极分化的情况比持智力成长论的老师所带班级的两极分化情况严重得多。"

重新回到欧林

斯托克和马特洛两位教授候场已久，现在有请他们出场，来为大家介绍

[一] 在《如何成为卓越的大学教师》第四章中，我们详细讨论了该研究，本处不再赘述，但建议您阅读相关段落。

打造强大学习环境的经验。他们两位认为，不同学科的融合能让学生意识到工程知识与更广泛的议题之间是如何相互联系的，因此就能让学生更有学习的动力。

他们写道："我们认为，加强技术研究与社会环境之间的跨学科联系，或许会让学生愿意投入更多精力，间接促进他们的长远发展。"学生们要对工程学习产生浓厚的兴趣，必须先感受到学工程"跟自己的关系"，意识到工程学习"更广泛的社会价值"。如果学材料科学的学生同时也学历史与社会，是否两方面都能有收获？

"历史上的材料"课是为三年级学生开设的，等到上这门课时，学生们虽然已经体验过两年项目导向型的课程了，但是即将开始的历史课将带给他们全新的跨学科感受。

上课第一天，学生们走进教室就会看到工作台和长凳，教室里摆放着"实验室设备，包括换气橱、机械测试仪和显微镜"，他们四五个人一组围坐着。这里是斯托克口中的"混合实验室和项目工作空间"，难得一见的大概就是那堆消费品了，工具、衣物、婴儿玩具和其他消费类产品堆满了一张工作台，"逛沃尔玛、五金店或美国塔吉特公司才会看到的东西竟然会出现在教室里"。

"请到教室前面来，"两位教授对学生说，"为你们组选一样东西，要选你们感兴趣的，或者社会影响大的，也可以从技术与设计的角度来选择。"教授们说完要求之后，学生就可以提问了，比如，这是什么？它在社会中有什么作用？我们赋予它什么价值？它对经济和环境有什么影响？它是用什么做的？为什么？

学生有30~40分钟可以头脑风暴，准备要提的问题，如果时间不够还可以延长。在此过程中，他们罗列出项目的基本大纲，并在之后的几天里继续集思广益。教授们会问他们，如果接下来的五周时间将研究这件物品，你会怎么安排？你要提哪些问题？又打算如何解答自己的疑问？从本质上来说，这门课程是让学生自己安排课内外的学习活动。一天下来，他们可以选择继续了解该物品，也可以另选一件物品来研究，完全放弃也没问题。其实没有人选择放弃，但因为该项目是研究学习动机的，所以保留了让学生自主决定的选项。班里每位学生都要对自己的学习负责。

斯托克和马特洛充当学生们的资源库，他们提供文章供学生阅读，既有材料科学方面的内容，也有历史大背景方面的内容。但对于老师来说，前进路上的每一步都像走钢丝，一方面要给予学生学习的自由，另一方面又要给学生提供引导，保证他们不偏离正确的方向。不管往哪边倾斜多一些，都可能会导致翻车。

学生自己策划项目，制定项目目标、做出项目成果以及课堂计划，教授们给予反馈，帮他们调整改进，并按计划推进。学生选择来上课，但是他们策划的活动的最终结果会不会和预先设想的完全不一样？第一个项目旨在帮助他们了解原子、离子、分子、键和结构，他们的宏伟愿景能指引他们达到既定目标吗？

项目刚开始时，整个班级看起来"一片混乱，无法无天"。学生们在教室里随便走动，甚至跑到别的教室去做实验或收集数据，"罗伯特和我像疯了一样跑来跑去，"斯托克回忆说，"我俩为了辅导学生把吃奶的力气都使出来了。"但他们的疯狂有度。

教授的态度、语气、措辞和肢体语言，甚至欧林人口口相传的故事，都能让你感受到这种乐趣。这所新学校经常将认真学习与休闲娱乐时光融合到一起，学生在接受下一个挑战之前，可以先好好放松放松。每个欧林人都知道充气城堡的事情，那时刚建校不久，老师们租来一个充气城堡放在草坪上，让学生们别管那些规定，放飞一次自我。

但这种方法十分依赖自由与秩序间的适度平衡，他们建立起秩序给人以有价值之感，而不会让人觉得受到了控制和命令。实现这种平衡的关键在于"每周作业文档"，即所谓的"WAD（Weekly Academic Document）"。"我们采用这种方式让学生们有一个整体印象，哪些事情我们认为他们应该掌握，"斯托克为我们解释说。WAD列出了要阅读的材料、要讨论的问题以及"有助于理解关键概念的实践任务"。

注意两位教授的表达方式。他们从已知内容向未知领域过渡时，往往会正常表达；但讲到有趣好玩的内容时，或者为学生提供指导和帮助时，他们就会用到一些潮言潮语，不借可怕的"功课"说事，也不打着校规的旗号发泄偏执情绪。在这样的氛围里，教授们可以设置"关卡"，学生们到时"提交材料请老师提出通关意见"。斯托克解释说，第一周"我们会让他们读一些关于选中的产品的机械性能、应力和应变的材料"。老师针对学生的完成情况提供不同的提示，帮助他们了解这些内容将如何应用到项目中，学生根据老师的反馈进行回复。学生独立提交作业，老师的意见与成绩不相关，全过程高度强调学习和成长，而不是简单下结论了事。

大家别忘了，材料科学和历史通常属于两个独立的学科，这门课却将它们整合到一起。学生在对现代产品进行探索的同时，还"从物质组成和社会影响两个层面对古代文明"进行研究。他们寻找现代产品在古代的对应物，探索古代社会和现代社会在物质文化上面临的问题。在老师的带领下，学生们在课上讨论了美索不达米亚、埃及、玛雅和希腊的不同文明，他们发现自己不仅对历史和工程学感兴趣，也很愿意对二者进行批判性思考，并跟同伴们交流心得。他们花了五周时间，"在当地美术馆里举办了一场展示"。

一个学期下来，学生们还完成了两个其他项目。他们对时间和"学习策略"的把握更加得心应手，提出的问题也更加复杂，这让他们逐渐有了自信心。第二个项目是对现代合金的结构、性能及加工过程进行分析，优秀的材料科学家在工作时做什么，学生们学习时就学什么。不过他们也研究保罗·列维尔（Paul Revere）的作品。这位美国著名的革命者因为1775年的一次午夜狂飙而名气大振，他跑去通知列克星敦和康科德的居民准备迎接入侵的英军，但其实他对反抗英军做出的最主要贡献是"铸造银器、铁器、铜钟、大炮,以及轧制铜板"。学生们由此了解到更多的材料特性,学会辨别现代材料的方法,他们"仿造了列维尔的一些作品,研究了他的工艺诀窍",并探索了"他的一个冶金作品的社会背景"。

最终的项目

随着项目的复杂性不断提高,学生的自主权也不断增大,完成为期五周的最终项目时,他们手中的自主权无以复加。学生选择对一项当代材料科技进行研究,研究内容包括这项科技出现的原因和方式、带来的变化、麻烦和困惑,以及它与"大环境"之间的关系。我们可以从这段历史中学到什么?这为什么重要?该技术对"环境和/或道德造成了哪些影响"?[一]

完成项目后,他们自己选择主题撰写了一份"可交付成果",听众"通过这项成果了解该技术和技术背景、特性及其原因,并理解该技术造成的社会影响"。具体采用什么形式看他们自己的意愿,只要包括一份不少于2000字的"书面陈述"就行。给你选择权,邀请你来负责,这是一次多么系统性的学习和研究,也是一次多么终生难忘的丰富体验呀!

[一] 该课程提纲中写道,学生学习这样一门内容丰富的课程时,他们研究了技术可能产生的"文化、经济或政治后果",像优秀的历史学家和工程师那样思考。教授解释说:"技术在生产和使用的任何一个阶段都有可能对环境造成影响,例如原材料的投入、能源产生的成本或收益、回收循环的可能性或对环境的破坏。"研究道德影响需要考虑许多问题。老师将以下问题写进了课程提纲中:"你能否从更宏观的层面确定技术运用会引发什么道德问题?你的技术设计和部署由谁决定?这些决定受哪些价值观指导?哪些人会从这项技术中受益或受害?它是否曾带来意料之外的影响?"学生们不仅研读了历史和工程学术研究成果,还考察了原始历史证据。他们设计了其技术的"实验室实验来测量相关的材料特性或性能",运用"对材料科学的理论理解来建立结构、特性和性能之间的联系"。在此过程中,他们开始"从材料科学的角度理解这种材料(技术)的工作原理"。

第 4 章
监狱里的书

"人文学科哪里是奄奄一息,分明马上就要断气了。"2018 年,爱丁堡大学的讲师贾斯汀·斯托弗(Justin Stover)这样写道。几十年来,对教育持怀疑态度的人都表达了类似的观点。入学人数有所下降,来上学的学生满脑子想的都是怎样找份好工作,因此自然偏爱那些就业机会多和薪资水平高的专业。同时父母还起着主导作用,他们更希望孩子学习医学、商科、法学、工程学或其他非人文学科。哈利·波特系列书的作者 J. K. 罗琳(J. K. Rowling)几年前曾告诉哈佛大学的毕业生,原本她的父母希望她能学点"实用的"东西,比如选择能拿到"职业学位"的专业,但后来她自己选择了"古典文学之路",父母当初根本不看好。

观察家找了一切可以找到的借口来解释人文学科的颓势,小至太阳黑子,大至社会形态。自由作家诺亚·贝拉茨基(Noah Berlatsky)的作品众多,其中一本讲"神奇女超人"(Wonder Woman)的书写得很不错。在那本书中,作者将教育成本上涨视为罪魁祸首,因为大学的学费太高,所以学生的财务独立性降低,他们必须依靠父母的帮助才能支付上涨的学费。贝拉茨基总结说，父母一向更加注重就业，他们为子女交了昂贵的学费，当然有权将"务实的"信仰强加于对世界还充满着好奇的子女身上了。

人文学科的老师面临着艰巨的挑战，即使撇开贝拉茨基不谈，这一点也很明显。然而要应对新挑战的并非只有他们，其他学科可能暂时还没有学生流失，但同样问题重重。2020年新冠肺炎疫情暴发以来，集团化教育开始发挥作用。如今，世界上越来越多的人提出质疑，花那么多钱和精力读书值得吗？尤其是读大学。此外，越来越多的批评家也开始加入质疑者的队伍：学生究竟能从课堂中学到多少东西？大学教育和中学教育能改变人的思维、行为和感受方式吗？学习对人们解决问题、发明创造及交流理解的方式有多大影响？有些问题没有明确答案，在这种情况下，学生的求知欲会被学习激发还是摧毁呢？他们解决这类问题的能力能得到提高吗？学习能培养出学生高尚的道德品质吗？

千呼万唤的教育革命

危机尚未来临，教育革命就已然席卷全球。复杂的时代提出了不同的要求，这一直提醒着我们，教学的老套路和学习的旧标准将不再适用，2020年的"网上教学热"就暴露了传统教育存在的很多问题。现在我们对大脑的工作方式有了更多的了解，教授们完全可以大胆设想一种全新的、远超传统教育的教学模式。学者与研究者跨越国界进行交流和讨论，引发了一波非凡的创新浪潮。我们亲眼见证这场革命一路席卷欧洲、澳大利亚、非洲、南北美洲、中东和亚洲。㊀

㊀ 《如何成为卓越的大学教师》于2004年出版之后，我们应邀到全球六百多所学校进行讨论或演讲，它们遍布美国、加拿大、拉丁美洲、欧洲、澳大利亚和中国，也应邀参与了欧洲博洛尼亚进程，并与其他重要成员一起为这个具有重大历史意义的项目出谋划策。

这一轮教育改革由超级课程引领，我们不必看传统教学中最差的情况，反而要看看最佳例子，这样才能更了解新教育催生了多么巨大的变化。比如一位知名的俄罗斯文学学者，他在传统学校里备受学生称赞。这位学者对学生的希望是他们能按部就班地学习重要的课程内容，他聊到自己如何在课堂上绘声绘色地朗读，以及如何引导学生学习关键段落。传统教学一直是这样，视学生为容器，他们的头脑需要老师来充实。

这位教授以其教学方法赢得了教学奖，甚至还被授予杰出教学岗。然而，几年前正是他向我们抱怨说："我能调动部分学生，但无法调动整个班，有些学生成天想着怎么赚钱。"

你能想象另外一种课堂吗？它根据学习和动机研究的成果规划而成，超越了传统的"讲座－讨论"模式，不靠老师的授课来撑起课堂。安德鲁·大卫·考夫曼（Andrew David Kaufman）在弗吉尼亚大学开设了一门有关俄罗斯文学的超级课程，名为"监狱里的书"，这门课就打造出了上面提到的那种学习环境。它让人文学科和其他领域（包括科学、工程学、商业和法律）看到了希望，也很好地诠释了新兴的教育革命。

这门课的全称是"监狱里的书：生活，文学和领导力"，它采用了批判性的、自然的学习环境的最强大元素，为服务型学习⊖课程提供了漂亮的样本，可供各学科借鉴，并且让学生参与到各种职业中。我们之所以选择这门课程作为超级课程的一种主要类型，是因为它广泛而强大的影响力。

这门课让弗吉利亚大学的本科生从根本上受益。学生们要在你能想到的最恶劣的环境中给他人当老师，努力触动他们的内心，帮助他们在品德和学习两方面同时获得成长。为了达到这个目的，该课程采用了许多巧妙的方法。尽管我们无法面面俱到地讲解，但具体理念和原则还是能够解析透彻。

⊖ 学生在社会群体中学习如何解决真实生活中的问题。

邀请学生来学习

考夫曼成功了，他向学生发出热情洋溢的邀请，而不是提出声色俱厉的要求。邀请，意味着学习牢牢掌握在学生手中。他吸引学生"上钩"，启发他们动脑筋思考一些关于人生的基本问题，比如"我是谁？为什么我在这里？既然总有一天会死，我想怎样生活？"

如果你认为这些问题不太像是大学生会关心的，那你可要看仔细了。加州大学洛杉矶分校的一群学者对全美进行了一项为期 7 年的调查，研究发现，80% 的大学新生都希望学校帮助自己解答人生目标方面的灵魂拷问。其中三分之二的新生表示，"大学'帮助你发展个人价值观'和'加深你对自我的理解'是'非常重要'或'必要'的。"

然而我们心里也有数，学生很可能对这类问题视而不见，让他们积极参与很难。考夫曼之所以成功，是因为他的第一步就是全方位点燃学生心中的热情。传统教育激励学生多数只靠恐吓和权威这两手，"这些内容考试时是要考的"，老师用分数强迫学生完成作业。哪怕有些老师重视好奇心，也多少还是会运用在一些恐吓手段。研究表明，这正是灾难的根源，浅层学习或策略性学习因此而大量出现。

我们仔细研究了考夫曼过去十年的课程，对他和他的学生进行了采访，并追踪了其学生的职业生涯。此外，我们还观看了课程录像，阅读了他为学生设计的材料，听了他与其他教职工对课程的讨论，也看了他在接受国家电视台采访时谈到的内容。答案逐渐清晰，一种不同的启发机制让考夫曼的学生产生了超乎寻常的力量。大量证据表明，外部推动实际上会削弱内在兴趣，当人们感觉自己受外力操控时尤其如此，考夫曼非常重视这些研究成果㊀。于

㊀ 我们会在后面的章节中详细讨论相关研究及后续证据。

是他毅然让学生帮助他人，以此激发他们的学习热情，丝毫不介意他人的眼光。因为无我的境界和助人的渴望正是最有效的内驱力之一。此举果然有效。

看看弗吉尼亚大学的这位教授是如何向学生介绍课程并邀请他们参加的吧。首先，他要求学生们提交选课申请。这样，他在正式上课之前就已对每个学生相当了解了。然后，他发给学生的录取邮件中有一句极富感染力的话："与最高安全级别的未成年人管教所里的青少年一起，阅读讨论俄罗斯经典文学作品，以深刻而个性化的方式思考人类永恒的问题。"

斜体字部分与众不同：学生既要对自己的学习负责，也要为他人服务。学生们将进入最高安全级别的少管所，那里面的人比他们小不了多少，但与大多数学生平时在校园里结识的朋友完全不同。学生们心中明了，这将是一场探险。许多学校都为囚犯开设课程，但很少有学校让本科生来负责。

这个经历让学生得以帮助特殊人群进行深度学习，而这个契机点燃了学生们的兴趣，他们全身心投入其中，汲取了成长的力量。但这堂课并非仅训练大学生为真正的犯人讲课的能力，学生们选"监狱里的书"这门课，意味着他们必须学习营造高度互动的环境，让囚犯们对自己的学习负责。每一位参与者都能从课程中受益。弗吉尼亚大学的学生和少管所的"居民"都对学习内容产生了浓厚的兴趣，并深刻理解了这些内容。同时，他们的生活往往也在多个层面上发生了变化。

课程行之有效，因为没有人不喜欢批判性的、自然的学习环境。学习的意义何在，如何最大限度地促进他人的学业进步和个人成长，大学本科生和少管所的年轻囚犯对此都有新想法。

利他主义的力量

关于利他主义的激励机制已经有文献提及了，虽然目前文献的数量不多，但在持续增长中。你听学生们描述这门课的学习心得，就可以感受到利他的无限力量。一位校友解释说:"我们读书、写论文,不是为了坐到教授那个位置上,而是在寻找生命的要义和人际联结",并帮助那些"被司法系统边缘化的"人。

帮助他人深度学习能让自己理解得更充分,人们早已知悉这一点。很多人都曾说过类似的话,"我教别人时,才真正理解这门课的内容"。"监狱里的书"为大学生提供了"在教中学"的丰富体验。因为课程提出了更高的要求,所以学生们从经验中收获得更多。

想想看,在传统教学方式中,教授们撰写文章,发表演讲,因而加深了自己对学科的理解,完善了自己的看法和观点。而在考夫曼开设的课程里,大学生们必须完成更具挑战性的任务。他们要设计问题和讨论,以便让囚犯肯主动钻研,他们自身的见识也因此增加。在批判性的、自然的学习环境中,光写写课件,再到台上演讲一番,这些根本不算数,弗吉尼亚大学的大学生们必须全力以赴,才能应对挑战。

不止精神层面

考夫曼教授营造出强大的学习环境,将精神追求和其他抱负有机结合起来,甚至创造机会,让学生找出自己关注的课程重点。你听,他的承诺多么掷地有声:

- 学习如何以全新的方式阅读(享受阅读,享受学习);
- 掌握领导和协助的技巧;
- 找到你自己的方式,活出精彩人生;
- 练习与不同类型的人打交道;
- 能创造性地解决问题(从"实际情况"出发考虑问题)。

学生面临的将是真实的危机,他们要学习如何克服这些危机,努力在自由与规则之间找到恰当而微妙的平衡,并探索俄罗斯文学和青少年司法制度两个领域("改造"未成年罪犯可行吗?什么做法最有效?)。囚犯和大学生都会认识到"文学学习与周围世界之间的联系",他们都会思考深度学习的意义,并寻找深度学习的最佳方式。从本质上来说,这次教学实验的方方面面都表明,参加此课程不仅学生自己受益(对职业发展也有好处),还有助于他人,囚犯中的大多数人从未享受过的优待和机遇。

我们要澄清的是,这门"超级课程"并没有舍弃大学文学课的传统教学目标,实际上,因为学生动力更足,实现学习目标的可能性增加了,在传统目标的基础上增添了新内容。香料让营养餐食更可口,吸引挑食的人逐渐感受到健康饮食的乐趣,新增目标对学生而言仿佛让人食欲大增的香料。所有"超级课程"都能达到这样的效果。考夫曼的学生在广阔的天地中探索,广泛学习俄罗斯文学及其主要作家,了解孕育经典作品背后的文化、历史,他们对自己和他人都有了更多了解,还掌握了足以改变人生的重要技能。

学生学会对文学作品进行批判性思考是一个渐进的过程,他们要分析作品,然后听取老师的反馈意见,还要帮助他人掌握同样的技能。作为前期准备,他们会阅读与作家相关的个人、历史和文化背景知识。经常有人问,为什么我们应当学习经典文学作品,对这个问题,学生们逐渐形成了不同的理解。文学分析本身不再是目的,而是探索重大生命问题的方式,对自己来说是如此,对获得帮助的其他人来说也是如此。

许多教授首先要考虑的是学科知识,考夫曼的出发点不一样。他脑子里想的是"成长和成熟的意义何在,运用专业知识如何达成更广阔的目标"。这其中的差别微妙但关键。换句话说,他从学生的教育需求入手,考虑的是如何用自己的所长来满足学生所需。他点燃了深藏在学生心中的激情,他带领他们直面同班同学的想法、行为和感受,他还帮助学生用正确的方式思考和行动,让学生善于反省、有道德感、有同情心、会辩证思考,关键还能正确地思考和行动。

在这门课上，学生们对青少年司法制度、犯罪人群及艺术在劳改中的作用等进行了深入研究；他们也对一些观念进行了分析，比如学习的意义和最佳促学法，还研读了关于人类学习的文献资料。他们设法发起并推动有意义的对话，同时设法解决冲突。他们身处自我管理的氛围中，关爱他人，前进路上的每一步都走得十分投入。

意义超出课程本身

考夫曼为这门课设计了许多练习和活动，它们的影响范围远远不止原计划内的学生和囚犯。考夫曼希望提问不仅能在整个学期里调动学生的积极性，也能在以后的日子里持续影响他们的观念、行为和感受。他解释说，该项目"旨在为在校大学生和年轻犯人提供颠覆性观点和实用技巧，以便他们未来能志向远大、生活充实"。他们双方都通过这门课开启了人生新模式，以后他们要做重要决定时，始终能以这些终极人生之问作为思考的出发点。大学生和囚犯争论这些问题时，唇枪舌战，思想火花四溅，彼此相互影响，其效果之强烈，是任何老师都无法通过讲课来实现的，再富于表现力、再令人印象深刻的课都不可能做到。

人生有差异，也有相似，每个人因此有了收获。考夫曼注意到："无论是20岁的大学生，还是20岁的囚犯，都一样要经历生活。你知道失去自己所爱的人或者与家庭困境做斗争是什么感觉；你知道努力在艰难的世道中寻找自己的位置是什么感觉。"人性相通，"监狱里的书"巧妙借力，获得了成功。

第 5 章
多样化的课堂

"监狱里的书"是一门课,每年选这门课的人数都是上限人数的 5~6 倍,学生背景复杂。有些学生家庭条件优渥,另一些学生则担心自己出身工人家庭,会不会无法与有钱人"打成一片"。

艾玛(Emma)来自富裕的马里兰州郊区,是这门课开设初期的学生之一,我们在写《如何成为卓越的大学生》时认识了她。艾玛的父母都是医生,他们特别注意保护孩子的好奇心,让孩子上的全是精英私立学校,而且是小班授课,这样孩子就能得到足够的关注。考夫曼教授的课让艾玛逐渐意识到共同的人性,她在学习上也越来越自觉。

乔希(Josh)是第一位既是"大学生"也当过"少年犯"的选课学生。他从小生活的街区条件恶劣,人们对偷车和非法吸毒的现象司空见惯。他和同伴一起嗑药、打架,时常愤怒和无聊。他年纪轻轻却罪行累累,在被捕并被定罪后锒铛入狱。服刑结束后,乔希走进大学念书,正好选上了考夫曼教授的课,那一年班级总人数将近一百人。他在少管所时从朋友那里听说过这门课，但从未亲身体验过，现在上了大学，就想以另一种身份来体验课程。

正是因为他的生活经历丰富，所以学习效果特别好。当学生们查看课程纲要中介绍的机会及活动时，他们很容易预见两幅画面：一幅是积极参与和投入会有效果的画面，另一幅是学习之旅将引人入胜且意义深远的画面。为什么考夫曼教授的课会如此富有成效？原因如下。

上课时做什么

考夫曼教授在开课前几周会给学生发送一系列资料，让他们了解这趟探险是多么不同寻常，同时又有多少问题等待他们去解决。他告诉我们："我想确保他们做好了体验的准备，能明白其中的深意。"

第一次上课时，老师便将互动方式示范给学生看，这种方式会贯穿整个学期。在校上课时，主要由学生来思考和表达，等上了一段时间之后，囚犯将从学生手里接过接力棒，成为思考和表达的主体。为了鼓励沟通和交流，考夫曼教授讲了一个 3 分钟左右的短故事，他讲解得十分细致，步骤很清晰，以便学生听得明白一些，等到他们教别人时，就可以照葫芦画瓢了。短故事的主角是一个年轻人，他读了托尔斯泰的《求天国于吾心》（*The Kingdom of God Is Within You*）后，过上了完全不同的生活。学生们在读的过程中逐渐发现，原来这个主人公是莫罕达斯·卡拉姆昌德·甘地（Mohandas Karamchand Gandhi），故事讲述了他踏上非暴力行动之路的经过。

然后，考夫曼教授让每个学生互相分享一件对他们产生过影响的艺术作品或文学作品，"这项练习旨在阐释本课程的一项原则：文学可以改变人生"。俄罗斯小说和诗歌之美、重要性和魅力不是通过授课灌输给学生的，恰恰相反，考夫曼教授让学生在交流中达成共识。学生们在自由讨论的过程中，提出深刻而有意义的问题。"监狱里的书"这门课经常使用互动性"练习"，老师很少讲课，也很少要求背诵，学生不用被动学习老师的想法。

考夫曼教授的教学理念实在无与伦比，将它简化成具体操作实在可惜，但他的教学方式确实让教学效果大为改变。当其他老师还在努力让学生交流时，考夫曼已经凭借简单、有效且适用性极强的自创教学法大获成功了。他的提问没有标准答案，但让学生们不愿停止思考。不过他们在讨论之前通常会动笔写一写，在面向全班或教授发言之前通常先两人一组进行讨论。我们目睹了他们上课的流程，"独立思考、两人一组讨论、全班分享或四人一组分享"，在展开讨论时，学生意见领袖会分散到各个组里，效率非常高。

考夫曼有时候也会口头交代一些内容，他说话是为了抛出话题让学生开口。"我告诉他们，俄罗斯文学直指一些重要的人生问题的核心。"然后，他列出了十个类似问题，要求每人选出两个有共鸣的问题来思考原因，"他们从这里开始沟通交流"。

考夫曼学过戏剧，他在斯坦福大学拿到研究生学位后，便进入洛杉矶戏剧圈，在那里接受专业培训，并成了演员。他能说会道，口齿清晰，并且擅长以口才实现目标。但他却并不依靠这种能力主导教学，毕竟，他正在努力培养学生们的独立思考能力和交流能力。选课学生必须掌握话语权，同时学会倾听，倾听同学的心声，也倾听囚犯的心声。如果老师只顾着自己讲，展示自己学会的本事，那上述情况不会发生。

准备进入监狱

前四周，学生们在学校上课，为进入监狱工作做准备，大部分时间都花在探索文学、学习分析文学和交流讨论上。学生会考虑每部作品的"主题及其他"，"您觉得传统文学课做什么"他们就做什么。但这门课也有不同之处，它还要求学生考虑少管所的囚犯可能会与"哪些角色或主题产生共鸣"。

他们开始练习如何增进交流，分析并反思。什么话题会引起少管所囚犯"活跃的团体交流"？你如何"提问才能使他们兴奋"？你何时以何种方式插入"个人评论"？如果没人说话怎么办？正是有了对自己的思想和行为的思考，整个学习达到了相当高的境界，学生的洞察力惊人。

亚里士多德在《尼各马可伦理学》第二卷中写道："学了才会做的事情应该在做的过程中学。"两千多年后，约翰·杜威（John Dewey）补充说，人们只有学会"停下来思考"，能够反省，不让"心血来潮和随心所欲"左右自己，才能做出"明智的判断"。从本质上来讲，我们不是从经验中学习，而是从对经验的思考中学习。

学生们在俄罗斯文学课上按亚里士多德的观察来学习，发展了杜威的自由观。人们"通过演奏竖琴成为竖琴演奏者……通过行正义之事成为正义者，通过举止温和成为温和的人"，古希腊哲学家如是说。学生在准备与少年囚犯见面的过程中，以及后来真正与他们相处的过程中，会学习如何让自己善解人意、考虑周全、辩证地看待和分析问题，然后他们就真的具备这些素质了。

考夫曼备课主要关注三个方面：俄罗斯文学、学习科学、学生们。相应地，他也要求学生们了解一起共事的人。他们会在最初四周里找机会首次到访里士满附近的少管所，他们到那里之后，先会被采集指纹，然后听少管所的官员介绍少年犯、青少年司法理论和实践、边界设置及突发事件应对等方面的情况。

进入学期末，德语系的一位老师和学校教学中心的副主任加入该课程并进行倾听方面的实验。司法部的官员来与学生们交流，谈起弗吉尼亚州对青少年犯罪的应对措施，谈到"监狱里的书"这个项目是如何与之相吻合的。说得简单点，考夫曼教授想尽办法，确保学生们准备好帮助他人学习之后，就带他们进入最高安全级别的少管所去帮助那些少年犯了。

课堂里做什么

大多数学科的知识量不断增长，教授们经常觉得"全部讲完"压力太大。

即使是 19 世纪的俄罗斯文学这样一个知识规模并未增长的领域，老师们仍然认为上课必须使劲讲，别无其他选择⊖。然而，有些教育者正关注其他一些问题，其中之一就是考夫曼。他们不问"我该如何让学生多掌握一些知识"，他们想方设法做的，是帮学生学会深度阅读，让他们愿意深度阅读。在某些学科中，这意味着老师要问自己，如果学生以目前的水平开始学习，要取得进步的话，他们需要了解哪些入门概念？我怎样才能选出最好的资料，让他们在学习的过程中掌握（我认为）值得终生奋斗的内容？范德比尔特医学院（Vanderbilt Medical School）神经科学终身教授珍妮特·诺登（Jeanette Norden）是这样说的："我想教得少一些，但教得好一些。"她发现，如果老师重视深度学习的基础概念，那么医学生们便会学得更好，以后便会成为更好的医生。假如病例棘手的话，他们会更细致地鉴别，更准确地诊断，同时保持终身学习的习惯。

考夫曼教授的课是"少教点、教好点"的人文版本。弗吉尼亚大学的学生和少年犯要读十多篇从俄罗斯经典文学作品中节选出来的短文，这些文章均满足一个严格的要求：不长，所有读者都能"认真研读"。弗吉尼亚大学的学生和少年犯都认为这些作品"有趣、好懂、富有启发性""经过了时间的检验""有道德张力，有精神气场，有无所畏惧的情感""鼓励读者思考人类永恒的问题"。学生们可以"慢慢地、认真地、深入地"阅读考夫曼老师挑选的诗歌、短篇小说和中长篇小说，在一生受用的文学作品中琢磨技艺、熏陶心性。

我们采访了一些以前的学生，他们当中，有人上这门课已经是快十年前的事情了。他们都说，毕业后还会阅读 19 世纪和 20 世纪的俄罗斯小说，而且读起来仍然如饥似渴。此外，当时与少年犯们一起探讨过的重大问题仍持

⊖ 学生阅读量极大，高达数千页，好像错过这次机会，他们此生就无缘该领域似的；而教授们似乎认为，一旦正规课程不作强制要求，班上任何学生都不会再读相关文字。

续为他们的生活注入活力。甚至对于"选工作"和"发展事业"这样的日常琐事，他们的考虑也仍深受上课时对俄罗斯文学作品提问的影响——"我是谁""我想怎样生活"。

在少管所里做什么？之后呢

每学期后十周的每个周二，学生们都前往少管所，与少年犯结对讨论问题○。然后每周四他们回到校园，回顾周二的工作情况，发现问题，并找到解决措施。这样的安排可以让学生养成反省反思的习惯。记日志也有同样的作用，不论是阅读材料，还是去少管所与少年犯交流，学生们都要记录自己的"感受和心得"。考夫曼教授在课程纲要中写道："你将要探索讨论的是如何影响思想，不只是你对文学的看法，还有你对自我和对少年犯的看法，同时也包括你怎么看待在社区里共同阅读和研究文学的价值。"

注意考夫曼教授的措辞。我们研究的超级课程中存在着一种模式，在这里也同样反映出来了。他的指令避免了"必须完成的"和"作业"等词，就是用也是分别用在不同的句子中。他换了一种方式传递信息，他说，决定选课的学生将要做一些事情。口气不带一丝命令和指挥，完全不炫耀老师高高在上的权威。老师十分尊重学生，如同他们是来赴宴的贵客一般。

邀请式课程纲要

我们在 2004 年出版的《如何成为卓越的大学教师》一书中首次提出了

○ 每对学生每周会见同一组少年犯。

"邀请式课程纲要"的说法⊖，简单作个类比，你就能理解其要义了。不过先请诸位牢记，我们在此讨论的不仅是老师第一次上课时发给学生的几页打印内容，还包括师生们前几次课上可能会做的一切事情，比如讲的每个字、打的每个手势，从授课、讨论、实验再到研究项目在内的所有活动。邀请式课程纲分口头纲要和肢体纲要两种，两者与书面课程纲要同样非常重要。

我们还是来举例说明，假设晚餐请柬的样子跟传统课程纲要差不多。上面可能这样写着："你必须周五晚上到我们家来，食用一磅意大利面和肉丸。"你大概率是不会去的。但如果我们邀请你共进晚餐，同时好好聊聊天（"我们想听听你对X、Y和Z的看法"），你可能就接受了，尤其是我们还提到了煮好的意大利面和浓浓的酱汁，那可是集洋葱、青椒、大蒜及其他美食为一体⊖，你大概更想去参加了（哦，我们是否告诉过你还有哪些客人会来？我们是否告知你酒水单上的内容？我们是否告诉过你还有入口即化的肉丸，并且纯素食主义者有别的食物可以选择？）。是啊，指示确实存在："你需要飞往纽瓦克，我们去机场接你。"至于来不来，决定权在你手中。

我们可以与传统课程纲要比较一下，比如几年前一位同事为非科学专业的学生开设的一门科学课，就没有对任何人发出邀请。他是这样跟选课的学生介绍课程要求的："你必须每周与科研人员一起上三个小时的课。"接着他

⊖ 我们最初将其称为"说到做到的教学大纲"（the Promising Syllabus）。首先，你要对课程将帮助学生在智力、身体和情感上获得的能力做出承诺；然后，你要向他们展示，为获得这些新能力，他们需要做哪些事情，传统教学法称其为"作业"或"要求"，眼下流行的做法是避免使用这些字眼。数百名教师依照这个概念建立了课程纲要，威廉·日耳曼（William Germano）和基特·尼科尔斯（Kit Nicholls）在新书《课程纲要：悄然改变一切的重要文件》中，就用以终为始的方式来制订教学计划。邀请式课程纲要强调"发出邀请"这个举动。格兰特·威金斯（Grant Wiggins）和杰伊·麦克蒂格（Jay McTighe）在《通过设计理解》（第2版，修订扩展版）中讨论了以终为始的观念。

⊖ 更别提还有一咬一口汁水的番茄、红糖、牛至、盐、罗勒、百里香和月桂叶了。

罗列了遵循或违背教师指令分别会带来的分数变化。一个老师一旦打着官腔谈分数，就完全没戏了，学生原本可能会在好奇心和利他精神的推动下学这门课的。

在俄罗斯文学课上，学生帮助他人学习，开发新的阅读辅助工具和思考方式，细读经典文学作品，同时在此过程中学习新的知识。他们阅读、讨论，也反思、写作，他们还认真听取教授对日志和论文的反馈。写作成为学生学习这门课的关键要素。教授说："你们要写日志哟！"他敦促但不要求学生们用纸质笔记本"进行常规书写"。他为学生分析，这是"你的机会来了"——看，邀请话术又来了——"你可以反思、分析、整合、探索和测验与课堂内容相关的思想和情感极限"。

有时他们可能会一起给作者发私人信件，或者为故事改写结尾。其他时候，他们想写什么就写什么，不过每周至少一篇，平均长度几百字，全部注明日期，以便为今后的长篇写作积累素材。

学生一学期要写两次论文，期中一次，期末一次，期末论文还要包括整个学期的代表作品集。在写作过程中，学生们得以重温"穿越俄罗斯文学和青少年司法系统"之旅。考夫曼对这些活动的安排，本书再怎么浓墨重彩地写都写不够，这是多么难得的机会，吸引学生在思考中成长，而通过这些思考和成长，学生对所学有了切身体会，也对宏伟事业出了一份力。有一位学生对我们说："如果你选了这门课，就不会错过任何一段珍贵时光。"这门课程的老师不像一般老师那样高高在上，为什么时光珍贵，因为学生从他的话中得到了无数自由选择和睿智建议。

"虽然你不必非要为每条日志想一个标题，但我强烈建议你试一试。"考夫曼教授给学生出主意，"我以前的学生认为这样练习令人愉快且极富创造性，能有效帮助你把握自己所写内容的主题和结构，还能让你更深入地了解自己的想法。"

让学生决定学习目标

考夫曼教授列举了大量课程目标,但他并不指望每个目标对学生来说都"同等合适"。学生可以自行选择学习重点,并确立一个重点作为努力方向。对于有些学生来说,至关重要的是了解俄罗斯文学和文化。而其他学生可能更希望从青少年司法系统中学到东西。还有一些学生呢?也许这门课为他们打开了一扇新窗户,让他们看到了截然不同的教学新理念。学生可以阅读并讨论帕克·帕尔默(Parker Palmer)的作品,他谈到了受教育的意义,谈到了"真理社区"的创建。在真理社区,居民可以提出自己的问题和想法并探索答案,而不仅仅是接受事实。有些学生后来还当了老师。

"你们每个人都带着自己专属的技能、激情和视角来到我的课堂上,到了学期结束时,它们将通过你独一无二的学习成果反映出来,而你选择写什么、敢于冒什么险及在什么领域成长最快,又将成为它们的证明。'优秀学生'没有固定的模型。"学生自己负责自己的学习,连确定学习目标都由他们自己决定。

有些学科的教授反驳说他们不具备这种灵活性,以前有一位同事说:"所有建筑专业的学生都必须保证所设计的建筑物不会坍塌"。但给予学生选择的空间,尊重他们的选择,这对我们来说不是无法做到的事情。对开设航空课程的工程学教授而言,选择的自由始于学生自主选择来上课:"没人强迫你选这门课或成为一名工程师,而你一旦做出选择,就有义务把事情做好,以下即为需要做好的事情"。㊀

取代考夫曼申请程序的,可以是公开承诺,也可以是举手表态。"你可以通过多种方式来学习本材料,选修本课程是其中之一。这是否最能满足你的

㊀ 这种方法与米勒在欧林学院做首任校长时所采用的方法类似。

需求，答案在你心中。"自由、尊重以及学有所得的期盼，共同营造出了学习的环境。

创造合适的环境

俄罗斯文学课对学生的出勤没有硬性规定⊖，但上课太有意思了，没人愿意错过，一来学习机会难得，二来学生融入社区，共同参与社区建设，让他们感受到一份沉甸甸的责任。这门课建立了一个相互尊重的团体，而不是用缺席扣分来惩罚学生。一名优秀学生说："我必须考虑到那些少年犯，及我对他们的责任。如果我不去上课，他们会失望的。"⊖

人们很容易将这门课的成功归因到弗吉尼亚大学的学生"天生有礼貌"上，"你应该和我班上的人一起试试，"一位愤世嫉俗的老师看了本章初稿后讥讽道，"祝你好运连连。"他在一所无门槛的开放性大学任教。然而，想到课程"监狱里的书"还包括狱中青年，这门课的学习环境算是最多样化也最具挑战性的了。考夫曼总结说："我们为少年犯做出示范，什么是真实的对话，什么是尊重，什么是社区氛围。就像我们在教室里给学生做示

⊖ 我们在对本章进行最后的润色修改时，几个教授在社交媒体推特上突然为要不要强制考勤争执了起来。与此同时，得克萨斯州的一名生物学教授打电话叫了警察，因为有个学生上课迟到不说，还把脚搁在椅子上，拒不放下来。推特之争和教室一幕都引发了长时间的辩论。学习要见效，有些规矩是必需的，但老师是否因此必须严格执行规则，以保持课堂严肃有序？我们回想考夫曼教授是如何上课的，突然想到他的回答："以上都不是。"让一切发生变化的不是规则，而是老师发出的邀请及对学生的理解，尽管学生对教师期望的解释，或者教师态度通过专业性加以体现，通常也会有所助益，就像马祖尔（Eric Mazur）在哈佛大学应用物理课中所做的那样。详细信息请参见第 8 章和第 9 章。

⊖ "学生不想让大学里的同学或监狱里的少年犯失望，"考夫曼教授认为，"粗鲁、不尊重、准备不足、迟到等各种表现都有损他们所属的社会群体，他们珍视自己的群体，就不会这样做。课程设计之初就考虑到了这方面因素。"

范一样。少年犯们上课时，会感受到人情味儿，因而心中升起荣誉感。因此，他们会密切关注彼此的行为，这在少管所里难得一见。"一切因此大不同。

邀请式课程纲要催生出人与人之间的相互尊重，契约式课程纲要可做不到这一点。"监狱里的书"对大学生和少年犯均寄予厚望，但确立这些标准的形式非常不同。我们来看看它是如何处理"参与"这件事情的。教授在学期初召集了一场讨论，他首先问学生希望在学期结束时学到什么；在听取想法时，他用实际行动向学生示范了"非语言性参与"；等学生说完之后，他分享了自己一直以来对广泛参与的看法。"学生们走出讨论会场时，心里就清楚了，'他们'在整个学期有许多机会参与互动，语言的和非语言的互动，同学相互之间的和与少年犯的互动。"他们即使不开口，也可以通过思想和肢体语言参与其中。

考夫曼解释说："'我反复强调团队和赋权'是一切讨论的基础，'我要让学生们知道，他们参与课程之所以重要，不是因为参与会影响成绩，而是因为它直接决定着成败'。"考夫曼教授第一次开课时就有这种见解。"学生们深知，我们正在共建课程，他们深受鼓舞"，他们带给这门课的"不仅是纲要规定的不同成绩，还包括让这门课获得成功的基本原则"。

利他主义、尊重、同理心、魅力、社区精神及高超的驾驭能力，共同孕育出一门独特而强大的超级课程。学生接收到的信息很明确："你们每个人都是这个社区不可或缺的一员，相信你们会满足我的期待，毕竟我选中了你，请你证明我的选择是正确的。"太好了，他们做到了。

改变评分方式

考夫曼教授一再强调："本课程的重点是学习，不是评分。"学生们来上课之前，大多数人都信奉高分至上，成天围着分数的指挥棒转。为了让他们摆脱对分数的过度关注,并培养他们的深度学习能力,该课程从两方面同时着手。成绩从一开始就不是学习的激励因素,考夫曼教授第一次上课时便告诉学生:"成绩不是你们的主要目标。你之所以被选中参加本课程,是因为我知道你对课程本身感兴趣,你愿意努力工作和学习,我也相信你能学得很好。"

自我效能研究者早就指出,如果老师期望学生对课程感兴趣,也表现出仿佛学生很感兴趣的样子,那么学生真的可能对课程产生兴趣。但如果学生没有机会亲自在学习中探索,那么培养自我效能感的努力就会白费,因此,他为学生提供了参与评分的各种机会。不过,要让学生充分参与,老师应先帮助学生学会衡量自己的进步。

学生怎么知道自己正在进步呢?考夫曼教授解释说:"你会知道的,因为你可以观察到自己的进步,比如你的辅导技巧、你对俄罗斯文学的洞悉、你对青少年司法系统及对生活本身的理解,都在不断成长中。"他请学生在自己身上寻觅新突破,那些以前从未留意过的新发现。"是否有任何预期或范式……破灭呢?"

该课程不是从预先确定的清单上挑选内容进行测验,相反,是老师极力邀请学生了解并分析自己的学习状态,并在反思和论文中举例说明其意义、深度、影响和价值。某种体验(阅读、书写或者与少年犯会面)和你完成体验的方式是否让你产生了新的想法?"你将对自己的学习负责,并将积极参与对自己的评估。"这种方法蕴含着一个观念,只有学生们认真思考过自己的学业进步和个人成长,并对其本质意义逐渐形成深刻的观点,才会产生深度学习。

最后,他概述了"指导学生打总评分数的一般性原则"。其中最重要的是学生的成长和进步。你如何从自己的错误和缺点中学习?这种方法"有助于让你敢于在学习和创新方面去冒险"。你不能保证每次尝试的结果都完美无缺,但你可以决定"在工作上投入多少精力,对挑战和机遇付出多少汗水",

他这样提醒全班同学。"评分政策"的各条款都鼓励学生反思自己的"成功与失败",并有相应的举措来奖励他们的诚实。学生可以尝试写作和辅导别人,他们也许会失败,却仍有火中取栗的勇气,直到最后一刻,他们才脱胎换骨、宛若新生。考夫曼教授在课程纲要中写道:"我希望看到的,是你整个学期都在努力和奋斗。"

帮助学生进行自我评估,这种做法我们后续还将在本书记录的其他超级课程中看得到。

人文学科与贫困人口

网上几乎搜不到关于薇妮丝·沃克（Viniece Walker）的信息,然而,这位贝德福德山监狱（Bedford Hill Correctional Facility）的出狱犯人却触发了近年来最出色的教育创新之一,这个创新是考夫曼案例的补充和扩展,致力于推动人与人之间的沟通和交流。1994年的一天,记者厄尔·索里斯（Earl Shorris）来到纽约市北部的一所高安全级别女子监狱进行采访,他当时在写一本关于贫困的书,正在收集普通百姓的观点。来这里之前,他已经采访过600多人了,现在,这位个头矮小、皮肤白皙且有雀斑的非洲裔美国女性坐在他面前,身着绿色连衣裙和夹克。沃克没念完中学就辍学了,她从20岁起就一直在监狱里,现在快40岁了。当被问及如何消除贫困时,她回答说:"必须从孩子们抓起"。

索里斯在书里写道,沃克语速很快,说话的过程中总是不时模仿"街头巷尾之声"或者夹杂一些"毫无韵律感"的措辞。她说,你得让孩子们看到城市的精神面貌。"厄尔,你可以这样做,带他们去市中心看演出、参观博物馆、听音乐会、听演讲……这样他们就不再贫穷了。"为了让厄尔完全听清,她又重复了一遍,声音听起来似乎有点生气:"这样他们就不再贫穷了"。但她并不是生气，她是德尔菲神谕，她是现代皮媞亚○，她用谜一般的语言来传递信息。

沃克因过失杀人罪入狱，在狱中参与了伊莱恩·洛德（Elaine Lord）警官负责的大学课程，阅读了哲学和心理学书籍，稍后还打算进修一个硕士学位。沃克通过阅读人类思想的伟大著作而学会了反思。索里斯继续听她说着，她详细描述了自己心中的愿景。记者后来写道："很明显，她谈到市中心的'精神面貌'时，指的是人文学科。"

索里斯57岁时开始明白一些事情，他在芝加哥大学念本科时那里从来没有教过这些，甚至连他在墨西哥的华雷斯当兼职斗牛士时也没有经历过这些。人文学科是"行走世界的底气，是思考和反思世界的基础"，无论生活出现什么难题，你只要学过人文学科，就能更好地应对。这些学科将让你明白伦理道德和世界观，让你可以为自己和社区谋求利益。许多家庭富裕的人接受过这样的教育，正是他们从中学到的人文视角、理性思维、反思回顾，以及渗透到社会文化中的政治和经济行为，让精英阶层占尽优势。穷人最多只能接受培训，学习怎么操作收银机或其他机器，而精英阶层却多半单纯为了学习而学习。

在接下来的一年中，索里斯不断想起沃克的话，受她的启发，他开设了一门人文课程，取名为"克莱门特课程"○。这门课程以研讨的形式为穷人带来了历史、艺术、逻辑、写作、文学和道德哲学方面的知识。如今，这些课程在五大洲落地生根，并蓬勃发展，授课老师全是名人，他们挑选材料，供

○ 在希腊神话中，德尔菲是世界的中心，因为当宙斯寻找大地的中心点时，他派出的两只鹰正好在此汇合。德尔菲的神庙里主要供奉着阿波罗，神的话语通过女预言家皮媞亚下达到凡人。皮媞亚是一个未受过教育的年轻处女，后期演变成了老年妇女，但仍身着少女的服饰。——译者注

○ 克莱门特课程以匹兹堡海盗棒球队球员罗伯托·克莱门特（Roberto Clemente）及布朗克斯的克莱门特中心而命名，索里斯在该中心举办了第一个培训项目。

学生阅读讨论。参加过克莱门特课程的人已有一万多人,有年轻的、有年长的,他们都来自经济窘迫的家庭。他们当中的许多人上了大学,并顺利毕业,有的人甚至还读了研究生。更重要的是,他们提高了自己的"批判性思维能力,更加能采取有效行动来改善社区"。2014 年,该项目获得白宫颁发的国家人文勋章。

想象一下,如果让选修"监狱里的书"这门课的大学生参与到一门克莱门特课程中,会出现什么效果?在后面的章节中,我们将继续研究新手对初学者的帮助。

索里斯于 2012 年因癌症去世。沃克于 2003 年左右出狱,是一名"模范囚犯""一个出色的学生""一个鼓舞了他人的人"。她几年前死于"艾滋病并发症",具体日期不详。

第 6 章
从夏洛茨维尔到新加坡，再到更多地方：
寻找超级课程

从古至今，医生们行医都是单打独斗。他们也需要护士做一些收集信息的基本工作，比如将温度计放到病人嘴里或其他部位，或者填写表格等，但看病还是医生看。医生负责检查病人的身体，实施治疗方案，最起码病人服用哪种药、打哪种针、经历哪些疗程是由他们决定的。在传统模式下，无论你的健康状况有多么复杂，私人医生通常都不会找其他医生咨询协商。但是这种工作模式正在改变。

传统学校培养出来的医学博士行事风格犹如独狼，他们在课程学习和考试中日渐成熟，却几乎没有合作经历。医学院甚至让学生们相互竞争，考试成绩要呈曲线分布，有时还从高到低排名。一位教员对此解释是："我们需要知道是否每个学生都学过科学和医学。"他们选择的教育方法造就出一代又一代不懂合作的医生。而这种教育方法也在发生变化。

如今，医学实践不仅复杂，而且涉及多个领域。2012 年罗伯特·K. 卡梅博士（Dr. Robert K. Kamei）及团队撰文写道："以前看病总是由一个医生全程负责，现在由医疗保健团队逐渐取而代之，医生、护士、社工、药剂师、医生助手和其他人协同配合。卡梅意识到，要使执业医师适应新环境，并充分利用深度学习的研究成果，他们需找到新的教学方法，其他医学院也应如此。

接受传统教育的医学生坐在洞穴般的阶梯教室里听课，学识渊博的教授们在台上滔滔不绝地讲课，但这种教学方法不一定奏效，连学生对基本概念的掌握都保证不了。即使学生能记住千万个知识点，无法准确诊断病情也是常事，而且他们也不习惯去寻求帮助和协作。传统医学院的教学方式强调"覆盖"大量内容，至于学生们是否消化吸收了教授的讲课精髓，谁也无法保证。20世纪中叶，几十所有医师培训资格的高校都发生过学生雇人上课记笔记的情况。这些情况也在改变中。

最早且最重要的转变发生在新的思想和传统的思想的交汇之处，这大概也不足为奇。新加坡位于东南亚马来半岛最南端，由63个岛屿组成。这座城市之邦蓬勃发展，是多个国家的交通枢纽，已然成为亚洲文化和世界文化的大熔炉。在这里，五种官方语言并行，不同的观点和传统融合成全新方式，极大地促进了学生的深度学习。虽然接下来我们要介绍的超级课程来自一所医学院，但它几乎对所有学科的课程都有重大借鉴意义。

一种新的教育方式

2005年，美国杜克大学与新加坡国立大学合作推出了一个培育医生的创新项目，卡梅团队参考借鉴了来自全球各地的同行意见。卡梅博士曾就读于加利福尼亚大学旧金山分校的医学院，毕业后当了儿科医生，后定居于印度尼西亚。在印度尼西亚时，他开始沉迷于学习科学及艺术相结合的治疗方法。他告诉我们："新加坡国立大学与杜克大学在北卡罗来纳州的主校区距离遥远，我们有创新的机会。"

打开新途径

新加坡的创新团队不仅设法帮助人们成为传统意义上的好医生,而且也找到了全面提高医学实践水平的途径。他们希望医学生们能掌握全套知识,按部就班地为病人治病,但与此同时,他们更希望学生毕业后,能够识别常规操作是否有效,能够判断何时需要新知识和新观念。

卡梅解释道:"我们当然希望学生学完杜克大学所强调的全部内容,但我们还要培养他们的批判性思维、创新性思维、自主学习能力和团队合作精神。"他还补充说,他想要专业人才有强大的适应力,而不仅仅只懂常规操作。

他还想培养医学生的自我评估能力。传统医学院通常不会教学生如何进行自我评估,然而,在医学界,这种能力对学习和道德责任至关重要,毕竟无知的代价可能是让人丧命。

"希望新的培养模式能够激发他们的好奇心,"卡梅特意说。没人能在学校里学到够用一辈子的本事。即使学了,医学研究的步伐不止,医生需要了解的内容也常常更新,今天课堂上讲的内容到了明天可能就变成错的了。

但是,要实现飞跃,杜克大学和新加坡国立大学必须考虑改变一年级的课堂教学内容。在医学院传统的教学模式中——其他学科的传统模式也一样——教育者认为,学生必须先记住知识点,然后才能以此来诊断。因此,教授跟学生在一起的时候,多数时间都用来讲课了,把学生们需要"学习"的知识告诉他们。然而,卡梅和同事们意识到,获取医学知识的渠道多种多样,对于如何找到这些渠道,学生们也许需要帮助,但对于如何理解并运用这些知识、这些知识会产生什么样的影响、如何批判性地看待这些知识、如何找到解决疑难杂症的方案,诸如此类,老师的指点更加重要。卡梅等人还意识到,学生们比较容易记住他们理解的内容。如果学生们考虑过某个知识点的含义和影响，如果他们用某个知识点或观点来解决过问题，并在与之相关的重要概念间建立起丰富的联系，则他们最有可能深刻理解这些内容，而理解的内容又最容易记住。在实践中学，而不是死记硬背，学生们会容易回忆起自己学过的内容，并在临床实践中加以应用。正如认知心理学家米歇尔·米勒（Michelle Miller）最近所说："对信息的初步处理方式，在很大程度上决定了它最终是深留脑海还是随风飘逝。"

训练记忆力的研究表明，从大脑中提取信息更让学习者受益，光往里面塞是没用的。要想保持对某事的长久记忆，你只要不断回忆它就行了，这是最有效的办法，效果比反复听或读要好。考一考自己胜过反复记诵，因为考试就像是不断从数据库中检索数据。

如果我们以几天或几周为单位，反复从大脑里提取信息，而不是以漫长的学年为单位来进行，那么"有间隔的重复"会带来更好的长期记忆效果。如果你解决某些问题（例如医学问题）时正好使用了这些信息，那你以后很可能会使用这些信息来解决类似难题。

人类在整个学习生涯中都经历着相同的过程。幼儿尝试跟他人交流，自然会在这个过程中使用单词、发音和含义，从而发展自己的语言能力，他们多半不会缩在角落里傻乎乎地翻看词汇卡片，就算有这种时候，大概也屈指可数。他们会遇到新单词，听到新发音和新含义，他们不断犯错，不断获得反馈，他们在将要使用这门语言的环境中学习语言，就这样，他们的语言能力慢慢强化了。

医学生坚持不懈地学习并运用医学知识，最终把它们全部记住，这一现象该如何解释呢？原来记忆力是可以提高的，医生是可以拥有超大知识量的，但更重要的是，批判性思维和创造性思维是可以迅速增强的，精确诊断病情的能力是可以显著提高的。为了达到新标准，学生需要自己掌控自己的学习，学校必须鼓励和支持他们。这就是说，新手医生必须了解自己的认知差距，学会认真听讲，光记住概念和原理还不行，要吃透才行，要用所学知识来解决问题。

传统医学院的教授把跟学生在一起的宝贵时间用来传授知识和概念，新加坡的这所新式医学院开辟了新的途径，学生们按照自己的方式来吸收新知识和新观点，以便上课时间可以用来解决问题，采用了翻转课堂的形式。学习环境调整了，学习者就有了各种机会，可以尝试，可以失败，可以认识到自己有什么困难，可以学习用合作的形式来解决一切问题。但教授自始至终都在，无论是四两拨千斤的解释，还是启发性的提问，学生有需要时，他就会立刻提供解答。理想条件下的课堂活动可以加深理解，促进记忆，同时增加学生利用新知识来分析问题和提供对策的机会。

基于团队的学习

组织心理学家拉里·迈克尔森（Larry Michaelsen）先后在俄克拉荷马大学和中央密苏里大学任教，他在自己的班级里尝试了新的教学流程。现在，新加坡的医学老师借鉴了他的流程，并添加了一些自创的环节，将整个安排命名为 TeamLEAD［Learn（学习）-Engage（参与）-Adapt（适应）-Develop（发展）］。教师们将针对每节课编写学习目标，并将这些目标转化为学生们未来从医后必懂的概念和原则。教师们精心挑选或亲自编写材料，以期帮助学生实现上述目标。

教师们有时会集体备课，共同编写一些资料供学生在家中阅读或观看。他们收集了杜克大学的授课录像，也从网站、期刊和书籍中收集了资料。

到了周一和周四早上上课时，学生们已经在家里看过资料了，他们考虑问题时，资料上的内容不再是孤立的数据，而是概念网中的组成部分。预习材料围绕一个要点展开，这是学生们要面对的重要医学问题，往往会通过特定的病例或故事展现出来，随后再对概念和原理进行解释，以帮助学生解决问题。

整个教学过程基于四点，significant（重要）、same（相同）、specific（具体）和 simultaneous（同步），这也是批判性的、自然的学习环境建设的前提，迈克尔森称这四点为"四个 S"。首先，问题必须是重要的问题，无论对于学生而言，还是对于他们希望进入的医学界而言，都必须是重要的。也就是说，提出来让学生思考的问题，应该也是走在该领域最前沿的专业人士所关心的问题。其次，全班解决的是同一个问题，如何提出让不同学生都感觉有意义的问题，这里有很多微妙的学问。再次，学生将做出具体的选择并为此负责，这一点我们后面会写到。最后，报告、辩论和讨论均以小组形式集体同步参与。

上课时，学生七人一组围坐。在"准备就绪测评"中，每个学生有 30 分钟的时间，回答 25 个"表达流畅"和"意思明确"的问题㊀。这些问题通常以案例为基础，要求学生推导结论。要回答这些问题，学生不仅需要记忆，还要进行复杂的推理。

考试一结束，学生们就开始交流。几年前，一位教员在接受采访时说："他们考试前后的状态大不相同。"接下来是小组考试，为了考试，学生再次开始奋斗，教室里立刻人声鼎沸。到处都是学生，到处都是他们的笔记——地板上、台式计算机上、角落里、缝隙中，有人辩论、有人提问、有人解释、有人挥手作势，教室里的分贝不断提高。

在每个小组内，所有成员的意见必须一致，于是学生不得不为各自的选择做出解释。解释的过程会让脑海中的想法逐渐清晰，理解更加深刻，印象更加持久，但疑问依旧存在。接下来，各组人员检查自己对新知识还有哪些不懂的地方，把问题和疑惑写在书写板上供其他人查看。卡梅教授说，"写完之后，我们要求另一个小组来回答"其中一组问题。学生有 10 分钟的准备时间，他们可以针对所有问题进行小组讨论。老师指定两位学生站在教室前面推动讨论，学生之间相互回答别人的问题㊁。

㊀ 如果学生认为试题表述欠妥，或者答案有误导性，或者认为自己的答案胜过参考答案，可以提出申诉，教职人员立即对这些上诉做出裁定。此后，问题的质量就会得到提高，再多坚持一段时间，问题的质量会出现质的飞跃。我们认为，这也有助于提高学生对自己学习的控制感。

㊁ 协助学生学习的人士必须对他们提出的问题进行评估。对于"低学习价值（即很容易在互联网或教科书中找到答案）"的问题，协助者会让同学将问题改得更高级一些，或将其删除。

和专家相比，正在努力学习的人能更好地为同伴答疑解惑。面对自己曾困惑过的问题，新手一下就能反应过来，同时他们自己的理解能力也上了一个台阶，而教授早就忘记那些困难了。整个小组评估的过程允许"学生相互学习，以组为单位检查学生是否有不懂或不确定的地方，这为学生深入学习打开了思路㊀"。

万一学生不适应这种教学模式怎么办？这样上课会不会毫无成效？教师一直在教室里，一旦学生出错，他们随时可以纠正，若是学生理解正确，他们也随时可以给予肯定。各组参加"准备就绪测评"时，教师会立即反馈意见，他们也可以继续参加测验，直到全部成员都圆满完成测评。学生们互相帮助产生了巨大的力量，保证了这种教学模式的成功。

学生们要集体解决一个重要的问题，首先是七个人一组合作，然后是全班讨论。学生全权负责，找出自己的不懂之处，然后找出相互间的差异并设法解决。他们靠的不是死记硬背，而是充分讨论概念和原理，从而达到透彻理解。他们也会根据手中信息进行推理，在讨论中为自己辩护，向他人提出质疑，最后得出结论。在此过程中，他们学习了倾听他人的意见。如果教授中途打断他们，比如针对他们的观点提出质疑，或者总结他们之前的讨论内容，那么学生们可以用参加小组讨论的方式让教授加入。有了这些关键要素，课堂环境变得和现实世界一样真实自然，需要审慎独立地判断，学生们身在其中，逐渐也会从只求高分或求及格转变为追求深度学习。

㊀ 新加坡的教育工作者在调查自己的工作进展时，想到了另一个重要问题。如果学生总能在"准备就绪测评"中获得满分或接近满分的成绩，那么这些问题就不会对他们构成挑战。如果分数太低，学生又将无法独立学习，考试甚至可能会挫伤他们的积极性。实际上，新加坡的研究者发现，学生个人参加测试的平均正确率约为65%，而参加团队测试的平均正确率接近95%。亚利桑那大学的认知科学家罗伯特·威尔逊（Robert Wilson）及其团队对机器、动物和人类的学习进行了研究，他们认为"训练的最佳程度是存在的，在这个度上，训练既不过分简单也不过分困难，学习进步最为迅速"。威尔逊认为这个度的正确率约为85%。

操练，操练，再操练

最后，每个小组成员都要处理一个临床案例，主要涉及他们之前学习过的内容。有人担心，缺少这个关键环节，学生们只能学到应试技巧。但有了临床案例处理这一环节，学生们将成长为优秀的医生，成为能适应不同情况、不同场合的专业人才。

他们有时光凭当天阅读和观看材料中的概念就能做出诊断，但一般也会涉及之前学习的内容。学生们在每堂课中学习不同的内容，穿行于各种概念和原理之间，就如同医生在真实的工作和生活中所面对的情况一样。有研究证明了间隔性重复对记忆的影响，这个模式与其中提到的模式也类似。整个课程从头学到尾，学生将反复多次看到这些关键概念[⊖]。

[⊖] 有一个问题很少引起教育工作者的关注，但对大多数研究领域都具有潜在的意义，他们的体验恰好反映了对这个问题的研究。如果你想进行深度学习，以便对学生随后的思考、行动甚至感受方式产生持续的实质性影响，是让他们每次只专注于一种技能或概念直至精通呢？还是从一个技能或概念到另一个技能和概念反复切换？传统观点经常选择前者，称之为"阻隔"。然而，后来兴起的研究偏爱后者，后起力量起初规模虽小，但很快壮大，后一种被称为"交织"（这个术语来自于在书页之间夹一张纸）。20世纪80年代出现的许多早期研究都着眼于运动方面的交织，但是最近的一些研究探索了医学和数学等其他领域的这种现象，并发现了一种复杂的模式。加利福尼亚大学的学习科学家史蒂文·C.潘（Steven C. Pan）称："学习者对要交织学习的内容比较熟悉时，或者需要交织学习的内容比较简单易学时，交织的效果最好。"学生下午在Duke–NUS处理的临床病例似乎非常适合交织，甚至可以自然地适应该过程。当他们从一个病例转到另一个病例时，各种重要原理混杂在一起，哪种情况适用哪种特定原理，他们必须自己做出判断。在这个过程中，学生们就获得了宝贵的实践经验。如果他们面对的一系列病例都可以依据同一个概念来处理（换句话说，属于"阻隔"式学习），那么，他们就不需要在脑子里搜索合适的解决方案，也就丧失了宝贵的实践经验。通过交织式学习，学生们不断地将新知识储入短期记忆，加强每个知识点之间的联系，并迫使自己在各原理之间进行精细区分。诊断和治疗需要更具创造性和精确性，那可不是"南郭医生"能行的。南郭医生永远只有一个回答："服两片阿司匹林，明天早上再打电话来。"

大多数传统医学院为学生开设了两年的医学基础课。杜克-新加坡国立大学医学院（Duke-NUS）将 TeamLEAD 的课程砍掉了一半，学生们第二年就进入临床。关于人体的医学知识总量不变，新加坡的医学生能用一半的时间学完吗？为了找到答案，他们参加了美国国家医学考核委员会的综合基础科学考试（Comprehensive Basic Science Examination, CBSE）和美国医疗执照考试（the United States Medical Licensing Examination, USMLE）。经过短短一年的学习，"Duke-NUS 医学生的基础医学知识可以和上了两年课的美国学生相提并论"。到了第二年年末，学生们参加了基于团队的学习后，"表现明显高于美国学生"。此外，卡梅团队认为，他们的学生具有更好的"团队合作能力"。他们更积极地支持彼此，更主动地满足自己的好奇心。团队中的学生知道如何"自主学习，以便掌握核心概念"。

团队的扩大

过去十年，基于团队的教学方式开始陆续进入其他医学院校，也陆续进入文学、人类学、细胞生物学和物理学等本科专业。拉同雅·安布瑞（LaTonya Amboree）和她供职的休斯敦的四区教育服务中心（Region Four Education Service Center）一起将该方法带入了中学，其他一些中等教育机构也采用了这种方法。大多数应用团队教学法的课程属于科学、工程和商业领域，但是也有一些人文和社科领域的课程使用了该教学方法。

团队教学法强力增强了医学生上课的主动性，营造出了批判性的、自然的学习环境，但这种教学方式也一样面临挑战。它的先决条件是否要求学生已经具备高度学习动机？它能点燃学生的热情或者重新点燃学生湮灭已久的热情吗？在其他学校应用的效果能不能像在精选生源的医学院中应用的一样出色？萨拉·鲁本（Sarah Leupen）在马里兰大学巴尔的摩分校的生理学课程中使用基于团队的教学方式，效果非常好，而她的同事卡尔·纳内斯（Kal

Nanes）在数学课上也采用了类似的教学法。

答案就在提问中

团队教学法的成功，在很大程度上靠的是"准备就绪测评"和应用练习中设计的各类问题。我们对该教法进行调查时发现，不同情况有很大差别。有些测验只是机械重复学生读过和听过的内容，有些测验则尽量帮助学生理解、分析、归纳、评估概念，并将其形成理论。很少有人有意识地使用埃里克·马祖尔（Eric Mazur）的"概念测试"（Concept Tests）（对于这个概念，稍后会探讨）。要做到这一点，就需要教授们确定，学习过程中将要刻意挑战学生的哪些思维方法和范式。

迈克尔森的团队教学法的确为教师提供了很多教学反馈，有了这些反馈，老师可以为每位学生提供帮助。但并不是每位老师都愿意让学生尝试，并不是每位老师都愿意让失败的学生根据反馈意见再次尝试，有些老师直接对学生的学习能力下了定论。简而言之，虽然团队教学法在促进深度学习和营造批判性的、自然的学习环境方面的好处多多，但它的最大价值尚未显现出来。

第 7 章
自主学习,胸怀天下:
从 DIY 女孩到卡特里娜飓风

洛杉矶东北部有一所名叫圣费尔南多学院的高中,如果让校领导列举学校的重大成就,他们往往会提到学生在众多体育赛事上夺冠。该校大多数学生会西班牙语和英语两种语言,但学校并未将双语能力作为网站宣传的亮点之一。很多学生的父母还在疲于应对生活,他们的工资微薄,偶尔还会遭遇裁员。但对于低收入家庭的学生所面临的挑战,以及他们克服重重障碍所取得的学业成绩,学校不以为意。圣费尔南学院多所在的潘科马(Pacoima)社区贫困问题严重,但即使失业率高达 15%,贫困率几乎是洛杉矶整体贫困率的两倍,这里也一直无人关注。2015 年,苏珊·艾布拉姆(Susan Abram)在《洛杉矶日报》报道说,"大部分无家可归者都没人管"。不过情况正在发生变化,问题越严重,就越明显。

丹妮拉·奥罗斯科(Daniela Orozco)还记得,她念九年级时,每天在上学放学路上也就碰到一个无家可归者。但到了 2016 年,也就是她上大四那年,无家可归者人数激增,她想不看见这样的人都难。短短一年时间,圣费尔南多谷就多了七千多个流浪者。丹妮拉和她的同学们随处可见这些可怜人，在福克斯街上，在学校附近的公园里，还有在校园相隔的几个街区以西的五号州际公路下，到处都是。

伊芙琳·戈麦斯（Evelyn Gómez）毕业于圣费尔南多学院的高中，曾是该校的一位风云人物，后来去了麻省理工学院学习航空工程，后又在加州大学洛杉矶分校拿了硕士学位。2016年年初，伊芙琳回高中母校走访了几个班，当时她正在操办一个特殊的教育项目，想招募一些志愿者。这个项目是她的本科母校麻省理工学院为中学的工程师苗子搭建的舞台，伊芙琳希望能介绍学弟、学妹们参加。29岁的工程师伊芙琳现任非营利组织"DIY女孩"的负责人，该组织的宗旨是帮助低收入家庭的女孩们学习科学、技术、工程学和数学。

等到了6月时，十几个参与项目的女生开始逐渐敲定具体的参展内容。她们大多数人起初对工程学一无所知，彼此也不认识。然而，她们都很清楚贫穷和无家可归的滋味，这些事情近在咫尺。她们很快做出决定，要用自己的发明帮助流落街头的穷人活得轻松一点。

整个夏天，女孩们都在拼命干活，全力奔着自己向往的目标，她们特别希望能为别人做点事情。她们想要设计的是太阳能帐篷，因为目标人群是无家可归者，所以体积要够小，小到可以装进背包，背包带轮子，可以移动。帐篷可以供电，电力来源于光电电池。这样，使用者晚上可以开灯，在炎热的日子里可以开小风扇，还可以做饭。一位学生解释说："我们给不了他们钱，我们家虽然有地方住，但也很贫穷。"

学生们营造出充满激情的学习环境，激情又变成了强大的动力。她们出于对无家可归者的关心，特别希望能圆满完成这个项目。而为了圆满完成，她们需要了解太阳能电池板、掌握编码和3D打印、了解各种工程原理及学习编程语言C++。如果遇到了不知道该怎么做的事情，他们会上网找视频，自己完成整个过程。

如果她们的进度落后,不需要有人来分配任务或扣除分数。考试也仅在一种情况下会出现,如果哪里出了错,必须检查修止,自然就相当于考试了。姑娘们互相鼓励,并自行制定了日程表。她们之所以携手前进,学习新知,掌握技能,原因不在于老师要求团队合作,而在于她们的 DIY 团队想要创新发明。她们学习工程学的目的,不是为了考试及格或考高分,而是为了帮助他人。这种无私的精神主要源自同情心和同理心,虽然她们学着工程学,但仍不免担心自己和家人也会遭遇同样的窘境,所以愈发想要帮助他人。

有个女孩指出,"如果父母无法"支付账单,"你也一样会无家可回"。

女孩们每周工作六天,一转眼,夏天就过去了,紧接着秋天也过去了。她们连寒假和春假都没休息,就是为了按时完工。这群未来的工程师们虽然毫无经验可言,却斗志昂扬,如同士气饱满的运动员。她们毫不介意加班加点,一心只想赶快把成品做出来。有时她们也会遇到棘手的难题,但她们的反应是加倍努力,坚信自己一定可以找到解决方案。

春天来临,"DIY 女孩"团队制造出一个功能齐全的样品,但她们并没有停下来沾沾自喜。她们着手查找样品中的问题:是不是很容易撕裂?经得起雨淋吗?太阳能电池板会一踩就破吗?

她们进行了一系列质量测试,比如用刀刺布料等,等到全部测验结束时,她们引以为豪的作品碎成了片。当时的情景,哪怕是最坚定的人看了,也不免要灰心丧气。但这几个女孩并没有放弃,她们利用所有学到知识重新做了一个更耐用的产品。2017 年 6 月,她们获得了一笔赞助,她们的作品因此得以参加麻省理工学院的展出。这些女孩们为什么没有半途而废呢?尤其是在她们发现第一个样品不耐用时?

是什么赋予失败价值

德国一个科研团队研究了"犯错的积极意义",以理解学生能从错误中得到什么。他们列出了大量的错误行为和类别,背后的原理十分简单。尝试,失败,获得反馈,然后再次尝试,在此过程中,老师也好,学生也好,都不对他人进行评判、非难、嘲笑或者谴责,学生只不过是需要一个机会而已。圣费尔南多学院高中的女生们相互支持,彼此信任,大家都认为其他同伴有十二分的奉献精神和百分百的意愿。在接下来的超级课程环球之旅中,我们将看到一些相同主题的尝试。

激情引领的学习

在欧林工程学院、伍斯特理工学院、哈佛大学、中国成都市的西南交通大学,以及像圣费尔南多学院这样的高中,还有在全球的许多地方,教育工作者都在为开设超级课程做准备。超级课程也常常被称为"项目制学习"。从多种角度来看,这都是新瓶装陈酒,再加上重要的洞见和关于人类学习的研究成果。我们研究超级课程时,之所以决定将关注点放到作为驱动力量的激情上,是因为若是这个因素用得恰到好处,可以使学生感受到比课程——甚至比学科——更宏伟的意义。学生心潮澎湃,想要找到解决问题的答案。他们志向远大、目标清晰,将学习各个学科的知识。他们也许会因此对某个特定领域产生兴趣,但使他们进入某个领域的是最初那个需要解决的问题及由此带来的挑战,还包括帮助他人的机会。

文学课不只是文学课,工程学课、数学课、政治学课或任何学科分支也都一样,不再仅仅是一门课,它们全都如同全方位的、引人入胜的探险,学生们在上课的同时也能帮助他人。

项目制学习早就用于大学高年级和研究生阶段的教学了,但具体操作并不一定符合关于人类学习的研究,也没有摆脱传统讲授型教学的条条框框,局限于入门课程,新生完全感受不到项目制学习应有的奇妙氛围。新的超级课程营造了批判性的、自然的学习环境,既吸引学生,也有挑战,让他们看得更深、更远，也记得更牢。克里斯汀·沃伯（Kristin Wobbe）和伊丽莎白·A. 斯托达德（Elizabeth A. Stoddard）要写一本书，题为《项目制学习的第一年》(*Project-Based Learning in the First Year*)。在收集素材的过程中，她俩决定加一个副标题，"远超预期"（Beyond All Expectations）。

在第4、5两章中，我们通过考夫曼教授的课程，看到了利他主义的吸引力。此外，我们还讲到了梅利莎·哈里斯-佩里（Melissa Harris-Perry）如何利用激情引领学习，在普林斯顿大学开设了课程，将卡特里娜飓风和美国政治史融合在一起。学生们对2005年新奥尔良市的那场灾难充满好奇，佩里教授希望他们能了解内战后的南方重建是如何影响美国之后的政治发展和体制的，特别是对非洲裔美国人有什么影响。她将课程命名为"卡特里娜飓风：灾难与美国政治"，学生们选修这门课程，就可以明白这个问题。

佩里教授用一个问题将学生的兴趣引导到课程上来，秋季学期第一次上课时她就提问：灾难始于何时？始于2005年8月风暴潮袭击新月城时吗？还是早在1866年新奥尔良重建之日就开始了？通过这个问题，她点燃了课堂氛围，这股激情鼓舞着学生们学习。正是这个问题开阔了学生的视野，让他们的视野更开阔，让他们的学习目标不再局限于历史学习。

佩里教授2006年首次开设该课程，选课学生特别渴望能帮助卡特里娜飓风的受害者，因此学习劲头十足。学期结束后，他们全都去了一趟新奥尔良，以便更好地了解当地的情况，帮助人们恢复之前的正常生活。

第 8 章
同伴辅导,以及接下来会发生什么

20 世纪 90 年代初期,物理学教授埃里克·马祖尔在哈佛大学享有盛誉,他讲课出色,他的学生在考试中总体表现不错。然而有一天,他读到了亚利桑那州立大学的物理学同行易卜拉欣·阿布·哈伦和大卫·赫斯延斯的研究。我们在第 2 章中详细介绍过这两位老师的研究成果,他们的研究方案十分完善。两位物理老师发现,物理学科的基本概念连高分考生都不一定清楚,于是他们列出一份"力的概念清单",检测学生对"运动"概念的理解程度。学生们表现不佳,这相当于告诉老师,学生的实际掌握效果不好。即使 A 档学生也一样,上课之前是怎么理解的,学完之后照样怎么理解。他们心里已经形成了对"运动"的所谓常识性理解,即使上课学会了如何解题,原本的理解也照样不会改变。马祖尔教授也向自己的学生提供了这份清单,没想到自己的学生表现也不好,甚至更糟糕。

这让马祖尔教授大开眼界,在之后的几年里,他设计了一种全新的教学方法,这一教学法已被其他学科借鉴吸收,并取得了不俗的效果。这种教学法叫作"同伴辅导"（Peer Instruction，PI），现被数千门课程采用。但人们很可能会对此产生严重误解。为了解释透彻，我们一起看看最主要的误会及其成因。

答题器不是决定因素

几年前，我们问一位同事是否尝试过马祖尔教授的教学法。他自豪地回答："当然，我每次上工程课时都让学生用答题器。"但当我们后来问他在课堂上进行概念测试的情况时，他却一头雾水的样子。这只是举个例子。这位老师和其他很多老师一样，他们认为马祖尔教学法的特别之处不过是采用了一个手持小设备，学生可以通过设备来完成测验或调查。如此诠释，完全没有把握住马祖尔教授所论述的丰富见解和他开创的教学方法。

马祖尔教授可是在哈佛大学任教的物理学家，他的教学法源自对学生的朴素观察。首先，对学生而言，理解关键概念、用关键概念解决新问题是最难的。怎么将正确的数字带入正确的公式，倒是无须理解任何基本概念就能学会的，但结果往往是，他们无法解决没见过的问题，哪怕这些问题涉及的概念与以前练习时接触的完全相同。"考试时出的题我们之前从来没碰到过"这种话你是不是听过多次？所谓"迁移障碍"，这就是其中一种表现。

其次，传统课堂讲授的许多信息完全可以在课后让学生了解，这样就能将宝贵的时间节省下来教更高级的内容：怎么理解，怎么分析，怎么整合，怎么应用，怎么形成理论，怎么举一反三。在通常情况下，一门大学课程的周课时不会超过150分钟，马祖尔教授认为，要让这段时间效率最大化，就应该把它用来完成优先级的任务，例如概念的深入理解和应用。否则，深度学习中最困难的部分——理解学习内容的意义所在，以及掌握其结果和应用——就要留给学生自己面对。

马祖尔教授相信，学生相互帮助比教师讲课，更有助于学生进行深度学习。诸如老师之类的高阶学习者在理解新概念时也是费了劲的，但当时遇到的困难大多数早已被他们抛到九霄云外去了。学习新手没有这种问题，一切都才发生，记得清清楚楚。

马祖尔重新设计了课程，每次上课之前，他都将要读的材料或要看的视频提供给学生，等上课时再向学生发问，问题牵涉多种概念，本身又极为有趣，马祖尔称之为概念测试。其中一道颇为烧脑的问题是这样的："Levi Strauss的商标上有两匹马，分别扯着一条裤子的裤腿。假设商标上仅有一匹马，而裤子的另一裤腿系在栅栏上，则裤子承受的力会：（a）减少一半；（b）完全不变；（c）增加一倍。⊖"

老师向全班提问之后，会要求学生"找一个答案与自己不同的同学，用两分钟时间来化解分歧"。教室立刻沸腾起来，马祖尔教授在课桌间的通道上来回巡视，观察、倾听他们的推理过程和最终结论。几分钟后，他会发出指令："重新做一次选择，然后告诉我答案"。

整个练习过程让学生有机会学得更好，也让教师了解了学生们的思维方式。对于概念测试中的每个错误，学生们都做了全面的研究，花式测验变成强大的学习体验。每个选项都代表了一种人们普遍认同的诠释，从选项角度出发说得通。学生们提出的反对意见让马祖尔了解了他们的思考方式，从而可以设计出更好的应对方案，比如解释、提问或提出新的概念测试。

从20世纪90年代初开始，马祖尔教授开始使用彩色卡片，不同颜色代表不同的选项，学生通过卡片来示意自己的答案。他们一晃颜色，马祖尔教授就知道学生是如何理解概念的，他应如何提问来使学生改变错误认知。然后，他可以向学生提问，这些问题无法用错误的理解来解决，学生们必须找到矛盾之处，正确理解现实中的问题，以便和现代物理学研究保持一致。老师不需要浪费时间去讲解学生已经懂了的概念，只需要关注那些还令学生产

⊖ 这些例子均出自马祖尔分享给我们的资料。

生困扰的概念就行了。而且在他解释之前,学生在两分钟的同伴辅导的时间里就互相解释清楚了。

后来,马祖尔教授说,事实证明问题本身和课堂讨论都行之有效,测验也一样。"必须要深入思考之后才能回答问题,学生只记得书上的内容没用,'现学现卖'地套用方程式也没用。但问题也不能太难或太简单,它应该针对学生的思维方式,让他们用现有的知识进行推理,从而回答问题。"

我们查看马祖尔老师建立的问题库时注意到一点,问题设计得十分有趣,乍一看会感觉似曾相识,同时又有点不可思议。比如谁会把两匹马跟裤子绑在一起呢?但最主要的还是藏在问题中的惊喜,它们看起来很简单,答案显而易见,却带着点神秘。这是对你的提醒,你对此的理解也许并没有达到自己以为的程度。"你看到池塘里有一条鱼,它在水中的实际位置比看上去更深、更浅还是相同?"

每道概念测试题目都包含该领域的某个重要概念。如果学生理解了这个概念(前一天晚上的阅读材料中有相关内容),他们就可以轻松地从选项中选出正确答案(前面的裤子题目选 B),并向同学解释清楚其中的原因。但这并非检查学生是否完成了课后阅读,也不是拿他们寻开心,这是一种新的学习方式。通过上马祖尔教授的课,学生得以向他人解释,听取他人观点并做出回应,从而提升自己的思维模式,在这个过程中,他们就能不断加深对概念的理解。但答案不算分数,参与课堂活动才会计入成绩。

该过程的关键是要有大量的优质概念测试题,涉及的概念要多,问题也要有趣,但很多人说起马祖尔教授的教学法时,只知道他采用了什么技术,完全无视学习环境的创造。彩色编码卡实际用起来很麻烦,所以后来他改用了电子投票。学生们上课时带着便携式个人反馈系统,也就是"答题器",跟电视遥控器差不多大小。学生将答案输进去之后,答题器会将答案传输到教授的计算机端。但马祖尔教学的效果好,并非是用了答题器的缘故。试题灵活,富有挑战性,学生想方设法解题,这才是根本原因。朱莉·谢尔(Julie

Schell）是马祖尔教授多年的同事，正如她说的那样："它们像火花一样，吸引了学生的注意，并将他们聚集到一起，参加集体性学习，开展同伴间的相互指导"。

但要编写高质量的概念测试题非常难。如果单纯考查学生是否记得阅读材料中的事实，那么，这些问题就无法反映学习者究竟是如何思考的。必须调动学生，让他们自己推理，揭示其解题模式。教授借助测验数据，可以深入了解学生课堂表现背后的思维模式。这种方法可以帮助学生事后回顾并客观审视自己的解题思维，然后形成新的理解。

马祖尔教授的教学方法取得了惊人的效果：（"力的概念清单"和其他标准化测试）学生对概念的理解飞速提升。同时，学生解决复杂问题和进行精确计算的能力也飞速提升。学生的理解能力和计算能力能在长时间内维持这一水平，这一点让人印象深刻。而且他们显然很喜欢上课，这说明他们更有可能形成长远兴趣、终身学习。

不只是哈佛大学这块招牌

一些同行研究了马祖尔的成功经验之后，将其归功于生源。其中一位同行是这么说的："他是哈佛大学的老师，我的学生可不像他的学生那么好。"然而，各种证据表明，无论学习背景和学习成绩如何，大多数学生从"超级课程"中收获的远比传统课程多。全球数百名教授借鉴"同伴辅导"和概念测试两种方式的教学效果非常好，以前学生很难理解的概念，现在都掌握了。

比方说，尽管没有任何学生做概念测试的正确率超过了80%，但基本上每个人的实际能力都在"同伴辅导"中得到了锻炼。"同伴辅导"不仅提高了平均分数，也减少了"极低"的分数。在哈佛大学和多数完全采用该教学法的学校中，整个学期下来，学生的成绩实现了显著提升，且速度远超传统教学。物理学等课程对有些学生来说很难，但马祖尔教授感觉往往正是这些学生的进步最大。通过同伴讨论，大多数学生都能纠正错误，找到正确答案，只有极少数人（6%）做不到。

对教授也有效的教学法，用不着答题器

近年来，马祖尔教授尝试向全球各地的教授们传授同伴辅导教学法，我们观摩了几次。卓越教师学院召集了100名大学教师，参加马祖尔教授为期三天的课程，专门学习这个教学法。最近一次是六月份，在新泽西州的西奥兰治市，纽约市以西几英里的地方，与会人员来自美国、中国、加拿大和南美。那天早晨下着雨，总共有近120人参加了概念测试。

题目相当有挑战性："假设你有一块金属板，板中央挖了一个圆孔，如果加热金属板，孔的尺寸会增大、缩小还是保持不变？"教授中约有五十人来自工程学或科学院系，其他人则来自人文学科、医学院、商学院等专业院系，以及艺术和社会科学院系。马祖尔教授没有让他们用答题器，就让他们举手指示意，一根、两根、三根手指分别代表第一个、第二个、第三个选项。为了确保所有人同时且独立作答，他要求每个人将手放在胸口上，靠近左肩或右肩附近，通过手势示意。他一说"现在开始"，每个人就在比划出一根、两根或三根手指。

我们环顾教室，很明显，连工程师和科学家的答案都不尽相同，他们当中都不可能全部正确。"现在，找到一位与您的答案不一样的人，用两分钟时间来解决分歧。"老师发出指令。整个房间顿时沸腾起来，人们如同孩子一般兴奋，那种轻快的热情一直持续到午饭时间。人们针对相关原理进行辩论，完全停不下来，不断挠头，不断质疑，设法弄明白为什么洞口竟然真的会变大。在这种情况下，参与者没有提前读任何材料，相当于学生没有完成预习，但学习出现了困难。

马祖尔教授发现，学生提前阅读，上课时心中基本有数，这样的比例至少要达到30%时，同伴辅导教学法才能达到最佳效果。但我们注意到，哪怕师生双方都没有机会提前准备，同伴之间的讨论也会让他们下课时充满渴望，迫切希望了解更多。几年前，一组学生完成概念测试及同伴讨论之后，我们将阅读材料给他们，之后再次让他们根据同一内容进行测试，测试题目中混入了一个新的概念。他们对这两种概念的理解都加深了。显然，概念测试激发了他们的好奇心，与其他学生的讨论使他们认真阅读了我们提供的材料，并且理解得更好。

永无止境

整个20世纪90年代，马祖尔团队一直对同伴辅导教学法进行着反复的修补、测试和检查。1998年，他们全力解决成败攸关的一点：如果前一天晚上发的材料，学生没有阅读，或者读了没读懂，该怎么办呢？我们怀疑，可能很多人正因为有这种担心才弃之不用。正如我们前面提到的那样，事实上，30%是达到最佳效果的底线，只要有30%及更多的学生阅读了材料，能选出正确答案，教学效果就会好。这些学生在两分钟的同伴辅导时间里向其他人解释了新内容的同时，也巩固了自己的理解，其他人则从他们的解释中受益，大家都是赢家。但如果一个班的预先阅读率低于30%，该教学法就没效果。那么，如何鼓励和改善前一天的预习阅读呢？

一般说来当然是考试啦，对照正确答案打分，让学生如坐针毡，还要把每次的得分换算成绩点，扣分扣到学生心里滴血。但是，这种方法存在问题。它会导致学生过分追求考试分数，只看选没选对答案，而不去深入理解概念及其应用。而且学生感受到外在压力后，内在兴趣可能就降低了。"如果你不提高阅读能力，我就惩罚你"，这是传统操作，却根本无法为学生提供任何帮助，既不能提高阅读能力，也不能提高解决问题的能力。

马祖尔团队尝试各种解决方案之后，想到了一个妙招。老师不再逼着学生"认真阅读"，反而每周提供一次工作坊，教学生如何阅读及着手解决问题。于是，每次上课的前一天晚上，学生们都会完成两次模拟概念测试，并回答这个问题，"本次阅读任务中哪一点让你感觉最困难或困惑，请简要告诉我们。如果没有任何困难或困惑，那么，请告诉我们哪一部分最有趣"。

这样一来，不仅学生要对自己的课后作业负责（给分依据是努力程度，与答案正确与否无关），也为教师提供了大量关于学生想法的数据。教师可以依据学生状态进行了解，决定第二天上课用什么测试。在传统课堂上，老师们是结合经验和感觉来安排讲授内容、课堂讨论和其他活动的。教案通常提前好几周就制定好了，那时一节课都还没上过，光抱着教材研究几小时就搞定了。而这门超级课程，每天的活动都取决于前一天晚上和上课当天收集的大量信息：学生学到什么，没学到什么。

马祖尔教授和一位同事解释说："要选出最合适的概念测试题，教师需要好好斟酌，哪些概念导致了学生学习困难，什么难度的问题适合学生。"甚至课前的傍晚，"老师都会收到学生对知识和材料理解的重要反馈，这使他们能够更充分地准备。"老师们照例会问学生"仍然不清楚的概念有哪些"，鼓励他们反思自己的思维方式，鼓励他们努力塑造新思维模式。一旦采用同伴辅导教学法，学生的阅读能力就会得到明显提高。

在整个教学过程中，老师们会尽可能采用形成性评估，从而使学生有很多机会尝试失败，并在获得反馈后再次尝试。最后，才会对学生的进步进行评分。是的，这一教学法还能在最终打分之前，判断谁认真学了、谁没有认真学（总结性评估）。但在打分之前，重点是促进学习，而不是根据某人的能力做出最终和永久的决定。每位学者和科学家都希望自己能拥有这样的学习氛围，但却几乎没人想过要为学生们营造。

足够还不够

马祖尔的教学实验获得了巨大的成功,改变了很多人的教学理念,不仅在物理学领域有,其他学科领域也有。2014 年,非营利组织密涅瓦研究与奖学金学院(Minerva Institute for Research and Scholarship)授予马祖尔教授 50 万美元的奖金,以表彰他对同伴辅导教学法的构想及其对"高等教育的推动"。然而,就在这一年,马祖尔开始大幅调整同伴辅导教学法,以便解决长期存在的问题,并朝着新的方向发展。

第 9 章
重建超级课程

在基于同伴辅导教学法的超级课程取得了二十多年的成功后，埃里克·马祖尔暂别他在哈佛大学的岗位，开始重新设计他的教育学杰作。他的新产品包含了团队学习、同伴辅导教学、激情环境等元素，并以利他精神为主要动力。

这位富有创新精神的老师并不知道"DIY 女孩"的存在，但他和同事们根据他们的经验，创造了一个超能版"DIY 女孩"。和加州的高中生一样，哈佛大学的学生也以小组的形式来解决一些具有重要社会意义的问题。大学生拥有更多的资源，因此一个月内就可以解决问题，然后在学期结束前再额外承担两个项目。他们每周聚两次，每次工作三小时，为他们的共同事业全力以赴（并进行更深入的学习）。

"洛杉矶女孩"必须到处寻找课程中出现的所有技术问题和科学问题的答案。哈佛大学团队为他们提供了马祖尔编写的课本和一种巧妙的高科技互动方式，让他们先一起阅读，再来上课。这种利用计算机协助解决课本问题的方法也帮助这些常春藤名校生学到了如何能更有效地阅读的方法（我们将在不久后探讨这些方法）。这两组学生都没把宝贵的时间花在听课上，也不需要参加期末考试。

两组学生都采取了"自主学习"的方式，因为他们在为更高的目标做贡献，需要在团队中发挥作用。如果跟不上，不仅会妨害自己，更会妨害共同的社会目标的实现及其所在小组的成功。在学习物理学和工程学的过程中，他们感受到了一种超越了课程或学科的更宏大的激情，在其驱动下，他们积极参与其中。虽然有些学生只选修了秋季课程，但对那些选修全年课程的学生来说，整整一年的经历让他们对力学、波、电和磁、电路和光学有了深刻的认识。在这种复杂、细致的学习环境中，该课程的三个方面特点凸显出来。这些特点可以被任何人采用，而且几乎适用于任何领域。

用利他精神激励学生

学生五人一组，要完成三个项目，项目的复杂程度逐级增加。每个项目都有激励机制：有的是利他精神，有的是游戏式的竞争，还有的是略带疯狂、滑稽的乐趣。学生们会了解项目的"背景故事"，以创造这种激励环境。比如在秋季课程的最后一个项目中，学生读到这样的背景故事：他们受邀去支持委内瑞拉的一个独具匠心的慈善机构，该机构利用音乐和交响乐团来改变极度贫困的儿童的生活。

他们了解到，何塞·安东尼奥·阿布莱乌（José Antonio Abreu）"于1975年在委内瑞拉创立了 El Sistema，旨在利用古典音乐帮助他在街头看到的贫困儿童摆脱贫困循环"。"背景故事"解释说，这位委内瑞拉的音乐家和经济学家认为：古典乐团代表一个理想社会，是"培养孩子的完美环境"。他的慈善机构从最初帮助 11 名儿童开始，现在已经发展到"在越来越多的发展中国家"帮助了近 50 万名儿童。

哈佛大学本科生能提供什么帮助

这些常春藤名校生在他们的背景故事中读到：一些"第三世界国家的幼童"买不起真正的乐器，他们用的是"用纸板做的"乐器。这些玩具小提琴、号角和单簧管不能真正发出任何声音，这就违背了让音乐激荡灵魂的目的。声音是以波浪的形式出现的，物理系的学生研究的正是这些波动行为。该项目邀请大学本科生利用他们在科学方面日益增强的理解力，来发明用回收材料制造廉价的新型乐器。

"你们拥有波和声音领域的物理学背景，因此受邀参加一个关于音乐与社会的国际会议。"然后，学生们以小组为单位，设计、制作并在这个重要会议上展示他们新发明的乐器。"会议组织者希望通过这一活动来传播用音乐对抗社会问题、用音乐团结世界的理念。"

该任务在指令中规定了新的打击乐、弦乐或管乐设备必须能演奏多少个音符，以及它们应该保持多长时间的音调。但他们也鼓励发明者找到"具有创新意义的新方法，能产生不同寻常的音色和/或采用新颖的声音产生机制"。这是一份将艺术与科学相结合的任务，它代表了一份崇高的事业，是工作的主要动力。学生们最后会用一篇书面论文和一段简短的录像来分享他们的创作。在其他超级课程中，我们将看到"公开"学生在学校的作品如何有助于激发他们的想象力、改变其学习态度和学习意图。

我们还将看到学生如何学会对自己和同学的作品做出评判。哈佛大学的学生将与"外部专家组"合作，探索其他团队制作的仪器，评估它们的质量，并挑选出能够迅速投产的仪器，供世界各地的阿布莱乌儿童使用。

疯狂的激励机制

在另一个项目中,"应用物理学班"的同学们模仿漫画家鲁布·戈德堡(Rube Goldberg)的复杂设计,建造了疯狂、奇妙的装置。从20世纪初开始,这位旧金山的艺术家和工程师就以他精心绘制的表现疯狂装置的卡通图画来娱乐和吸引报纸读者。这些装置把一些简单的行为变成了一系列复杂的过程。该过程中的每一部分都包含了大量的物理学原理:球从坡道上滚下来,撞倒物体,引发其他动作等。该项目邀请学生制作一台"鲁布·戈德堡"机器来敲碎一个鸡蛋。这很有趣,也很有挑战性,鼓励学生用自己对物理学日益增加的理解完成他们的趣味项目。学生又一次在五人小组中合作,他们互相学习,互相挑战。每台机器都要演示一些物理学原理,各小组都要计算这个过程中使用的能量。

该课程对项目进行了精心排序,每个项目都涉及一些独特的物理学领域,其复杂度在递增。教授们并不只是给班级发布高难度任务,让他们设计一件乐器或鲁布·戈德堡机器。他们也为学生设计了一些挑战性较低的任务。例如,在第一个项目中,各小组要用模型套件建造一辆汽车。他们可以想办法驱动这辆车,然后分析汽车的运动。这是一个入门级的任务,目的是要让大家了解课堂是如何展开的。在该学期的这个时间节点,学生们尚未得到认证,无法在为班级配备的机械车间工作,但模型套件给他们提供了所需要的全部材料。体验活动结束时,组织者将会举办市集,让各小组竞赛,看看他们的机动小车经过一次推进后能行驶多远。每个小组都要想方设法让车至少行驶六米。高昂的斗志和友善的竞争推动了学生的参与。

到了春季学期,项目的重心又回归到趣味性和竞争精神上。比如,要求每个团队利用电磁学原理操作一把锁,"打造一个只有你的团队才能打开的保险箱"。同时,还要求每个团队破解另一个团队的保险箱。每个团队必须在两分钟内打开自己的保险箱，但要让对手团队至少花八分钟才能打开它。评委小组会给那些打不开的保险箱和"巧妙融入电磁学原理"的保险箱加分。在比赛中，审美和原创也是加分项。每解开一个保险箱、每一次其他团队无法破解你们的保险箱时，你们的团队就会得到加分。学生感觉这一切做起来都极其有趣，非常兴奋。我们怀疑，作为一个教育项目，它的成功在很大程度上取决于教授给游戏注入的兴奋和热情。

此外，该项目的说明中包含一个（我们认为）对团队取得成功起着关键作用的小规定：团队成员之间要相互了解，交换电子邮件地址和电话号码，并起草一份简短的"团队合同"。在这份文件中，每个小组都要阐明他们期望"如何合作及如何解决问题和分歧"。课程进展到这一步时，学生已经在一些团队中工作过，因此该合同的撰写说明要求他们思考在其他团队项目中遇到的问题，并阐明今后如何避免出现这些问题。

学会阅读，翻转课堂

在中世纪初的大学里，教师想向学生传递信息和思想，并没有什么便捷的方法。直到15世纪中叶，才出现了能在纸上轻松打印文字和图画的机器，因此教师若想让班里的学生记住、理解一些东西，只能口头告诉他们。这种口头交流有一些优势，是可以把手势、词语和语调融合成一套丰富的语汇，让教师中的一些佼佼者成为简化复杂想法的高手。几百年来，教师们别无选择。但深度学习要求学习者进行脑力搏战，在这个过程中，学习者不仅要努力理解和记忆，还要努力对信息或思想进行应用、分析、综合、评价和理论化。如果教师只是站在学生面前把某个学科的内容讲一下，让讲课占据全部课堂时间，便几乎没有剩余的时间来帮助学生进行那些更高阶、更困难的智力活动。

14世纪中叶，约翰内斯·古腾堡（Johannes Gutenberg）发明了印刷机，但在此后几百年内，教师向学生传递信息和思想的主要手段仍然是口头授课。到了 20 世纪，一些教师开始用投影仪在墙上或屏幕上投影，来作为声音教学的辅助方式，但这仍未能给学生在课堂上留出足够时间，让他们应对理解、发明、解决问题等艰苦的事情。"如果要求学生做课前阅读，"一位教授评论道，"那么古腾堡先生的发明就面临着两个几乎不可解决的问题。"

学生根本就完不成阅读作业。因为阅读归根结底是孤独的，而且很多人不知道该如何阅读复杂的内容。对很多学生来说，他们上一次接受系统的阅读方面的指导、获得应对文字问题方面的反馈，还是在探索《迪克与简》之类启蒙故事书的时候。如果只是用阅读测试来鞭策他们进行课外预习，就会遇到那个老生常谈的外部动机问题，本科生依然不一定知道如何阅读高等学科内容。

凯利·米勒（Kelly Miller）和她的同事们就是在这时候走进我们的视野的。她在多伦多长大，因迷恋帆船而对物理学产生了兴趣。她告诉我们："我父亲让他的每个孩子都在多伦多周围的水域学会了航海。"大学毕业后，她在一所航海中学找了一份教职。她的学生一边学习，一边在"一艘雄伟的高大轮船上航行，遨游世界各大洋"。那时候她还没怎么学过物理学，但那个超级课程项目需要有人来教基础课程。她便承担了这个职责，爱上了这个"酷酷的"学科。后来，她在马祖尔的指导下攻读了博士学位。

2011 年前后，当她还是一名研究生时，她和一个包括其导师及另外两个人在内的团队一起发明了 Perusall——一个可以解决阅读问题的网络平台。⊖ "我们的目标是改变阅读的本质，"他们后来写道，"把它从传统的个人行为变为有趣的集体行为。"

⊖ 除马祖尔外，Perusall 的创新小组还包括哈佛大学约翰·保尔森工程与应用科学学院的讲师凯利·米勒，哈佛大学定量社会研究中心主任加里·金（Gary King），以及教育家、企业家和工程师、得克萨斯大学奥斯汀分校麦库姆斯商学院的讲师布里安·卢克夫（Brian Lukoff）。

从 2015 年开始，学生们便在 Perusall 提供的社交媒体上阅读物理学课本。他们在攻读网上课本时，可以提出问题、画出重点、指出困惑或者呼叫求助。"这就像在书的空白处写注释一样，"米勒对我们说。唯一的区别是，其他学生可以阅读这些注释，并对其做出回应。古腾堡要是知道了，可能会从坟墓里跳起来，不过我们猜想他一定会很高兴。

Perusall 改变了阅读的本质。米勒在其博士论文中甚至发明了算法，给教授和读者提供了关于注释质量和注释与文本之间的互相影响的重要反馈。学生们教给彼此的不仅是物理学知识，还包括如何阅读，这样他们就能习得深度学习的方法，取得卓越成果。

课堂上的主动学习

现在，学生们可以在课堂上花时间主动学习，做一些能帮助他们理解基本概念及其应用的练习。他们并非通过看教师在黑板上写板书、听其讲解物理学来学习，而是在独自或与小组成员一起琢磨基础概念的过程中，加深了理解。本书附录中有对米勒和马祖尔使用的六类活动的详细解释[一]。这些趣味练习可以帮助学生掌握重要概念、挑战错误观点、巩固心得。负责的教授（秋季学期是米勒，冬季学期是马祖尔）一天可能会进行两三个活动，这取决于所用材料的复杂性，还要看小组面临的困难情况。

"这是一个不断成长和变化的有机过程，"米勒向我们解释说，"我可能会在 Perusall 上看到一些评论和问题后，选择某个特定活动。"一个有趣的活动可以衍生出下一个活动。如果学生有不明白的地方，他可能会选择另一个活

[一] 这些活动列在附录中的第二个教学大纲的"2. 课程活动"部分。几年以来，米勒一直负责期物理学课程的前半部分，在秋季学期上；马祖尔则负责后半部分，在春季学期上。有些学生只上了一学期，但很多学生都坚持了整整一年。

动,来帮助他们在头脑中构建更好的模型,或清除一些像布满灰尘的蜘蛛网一样堵塞住了他们的头脑、令他们思维混乱的错误概念。

评分

2014 年,马祖尔在改进课程时,特别关注了评分机制。他知道,不能强迫学生采取深度学习的方法,但总结性评估体系肯定会蚕食学生天生的好奇心,甚至会削弱学生帮助他人的动力。他和同事们制定了一个复杂而全面的评价体系。这个体系很难被拆解,如果在尚未对整体有更广泛的了解的情况下借用其中的一两个部分,可能会产生与预期大相径庭的结果。我们来看看这两个基本原则。

首先,学生在应用物理学 A 和应用物理学 B 这两门课上取得的成绩取决于其最终的达标程度(标准制定得很详细,解释得也很全面),而不是与班上同学的横向比较。如果每个人都能达到这些高标准,甚至做得更好,就能得到最高分。课程结束时,学生应该能理解复杂的物理学概念,并培养出和团队一起运用这些理解来解决实际问题的能力(掌握内容)。但他们还必须学会如何工作,如何为团队的工作和学习做出卓有成效的贡献,以及如何表现出高度的专业性。后两点意味着学生加入了一个由学习者组成的社区,他们要把按时做出贡献当成自己的责任,并作为一个有道德的人来行事。任何未能定时为每堂课做准备的人,都有辱使命。

其次,学生拥有多次机会,可以先达到基本要求,获得反馈,然后再努力,这样其成绩便不会太糟糕。只有到最后,他们的表现才会转化为成绩单上的分数。与此同时,还有"准备质量保证活动"(The Readiness Assurance Activities)和其他一些方法来帮助学生学习。这些活动并非是对某个学生的最终能力做出判断。在最后一章,我们将回到成绩的问题,还要讲讲成绩在超级课程建设中起到的作用。

新冠肺炎疫情来袭

新冠肺炎疫情迫使各院校关上大门，改成在线授课，此举引发了抗议风暴，担忧之声不绝于耳。"想到要支付同样金额的学费……再上一学期乏善可陈的课程，这根本行不通，"《今日美国》总结道。资源匮乏的小学校担心可能会面临倒闭，而一些财大气粗的大学则因"据称对学生造成的损害"而面临总金额超过 10 亿美元的诉讼。教育工作者感到束手无策，不愿尝试任何新事物。

然而，超级课程的设计者们却把这次危机视作一个更有说服力的理由，来进行他们的教育实验。毫无疑问，当人们聚在一起时，那些精心构思的教育活动会受益，但人际接触的缺失并非是转向远程教育的主要原因。这场新冠肺炎疫情凸显了传统教育先前不为很多人所知的一些弱点。无论疫情的发展是会迫使学校继续采取网课模式还是返校上课，我们都相信，应用物理学课程和其他超级课程极其完备，能够度过艰难的后疫情时代。○

如果把这门没有讲座、没有期末考试、以团队和项目为基础的课程的方方面面都考虑到，你就会明白：它的结构中完全没有任何面授要求，学生不用每周两三次在同一时间聚集在同一个教室。这些团队可以通过电话、Zoom 会议和 Skype 会议等工具在线执行项目、交换意见。哈佛大学的学生来自全球多个地区，当位于马萨诸塞州剑桥市的校园关闭后，学生们分散开来，回到世界各地，但他们没有错过任何一个环节，一直在学习掌握各种概念及其应用。他们仍然可以使用 Perusall，在社交环境中阅读课本，并在阅读过程中相互支持和鼓励。概念测试仍然像以往一样充满活力，并没有因为搬到线上

○ 远程教育可能无法提供可供学生在学校里操作的机械车间，但这些设施并不是马祖尔和米勒的课程成功的秘诀。

而遭受任何损失。其他一些活动和项目也是如此。

很多传统课程却表现得不好。缺乏灵活性成为其主要缺点。这些课程是围绕面对面教学打造的，教师通过长时间授课给学生传授知识，然后，学生在孤立的个人学习环境中，独自拼搏，完成教师布置的大量阅读任务，并努力理解教师讲授的全部内容。学生面对的常常是阅读测验，而不是 Perusall 那种的学习环境。面对测验这种公然的、来自外部的奖惩，那种重要的、自主指导的学习意识无疑被削弱了。这些传统课程的魅力在一定程度上取决于有魅力的声调、令人信服的手势，以及可以跟朋友或是老师进行人际交往的诱惑。而那些"在线直播课"的出勤率似乎已经急剧下降，学生们觉得，还是独自一人观看录播课为好。

超级课程依靠的是引人深思的问题和与同学并肩作战、共同奋斗——尝试—出现不足—得到反馈—再尝试的机会。这些课程注定能给人带来智力和个人层面的成长。在对自己和同事所做的一切进行了调查后，马祖尔总结道："在把这门课程完全搬到网上后，我不准备再将一些内容搬回线下——这是一次特别了不起的学习体验，让人大开眼。"

第 10 章
跨学科学习

　　成都市位于中国西南地区，西面有神秘莫测的喜马拉雅山脉。它拥有两千多万常住人口，是一个正在迅速发展的城市。四川省西南部群峰之间耸立着佛教圣地峨眉山，山上有一排红色的寺庙，还有成群的野猴子，在高山上嬉游。这座神山脚下坐落着西南交通大学峨眉校区。该大学的主校区在成都，拥有三万多名在校学生，其理工学科有着骄人的历史。除理工科外，该大学还开设了人文、艺术、体育、社会学和其他学科，是一个拥有众多学科的综合性大学。当地领导会告诉你，穿越乡村，将整个中国串联起来约 3.79 万公里的高铁网络便有这所大学的功劳。不过，除了坐落在校园一角的铁路博物馆外，西南交通大学还享有其他盛誉。

　　在过去五年内，该大学推出了一些引人瞩目的跨学科课程，这些课程的培养目标比单一课程或学科的培养目标更大。在追求这一宏大目标的过程中，学生受到它的魅力和潜在力量的激励，成为自主学习型学者。他们摆脱了很多困扰传统课堂的问题，深深沉迷于自己的探索，并意识到自己所面对的任务的重要性。带来这场转变的是两位女性：郝莉和范怡红。

四川这片土地既可以保持长时期平静，也可能会爆发剧烈的地质运动。偶发的地震几乎可以使这片广袤大地上的一切都倾覆，但幸亏这里有一个有着两千五百年历史的奇迹工程，它将岷江一分为二，并建立了一个迄今依然能运行的灌溉系统。因为这个水利工程，这个由四条河流汇集而成的河谷才得以在几个世纪内躲过洪水和饥荒，使当地的烹饪文化在这漫长时间内融合各种香料和菜肴，发展成为闻名全球的美食文化之一。

这种融合的传统也扩及到了近年来西南交通大学出现的教育创新中。当体育专业毕业的宋爱玲来到西南交通大学时，她多少有些担心自己能否适应这所理工类大学。2015 年三月，她参加了范怡红教授举办的新教师研修班，这个研修班让她认识了跨学科教育。很快，她便和其他几位同事利用午餐时间聚在一起，打造了一门课程，并最终将其命名为"运动、科技与智慧人生"。和体育专业的宋爱玲老师一起吃午餐的，有来自机电工程、材料科学、市场营销等专业的教师。

四川人经常围着一张圆桌聚餐，圆桌中间有一个大转盘（美国人称之为"懒人苏珊"），菜肴在转盘上转来转去，就餐者可以挑选自己喜欢的菜。在西南交通大学新兴的知识分子午餐交流会上，这些教师做的可不仅仅是往各自的盘子里夹菜。他们将各种"食材"混合在一起，为全桌的就餐者创造了一种全新的学习体验。与所有圆桌会议一样，没人坐在首席主持会议，大家的影响力均等。

他们从解决这个问题开始：班里的学生应如何学会批判性、创造性思考；如何清晰、有效地表达想法；如何从各种不同领域获取概念和知识，将它们整合在一起，并在此过程中进行合作；如何才能帮助学生提高能力，使他们成为运用技术和科学知识解决问题的好手？如何让这些学生在理解人体和市场如何运作的同时，培养出强烈的公民责任感？

在第二次世界大战结束后的几年里，一位苏联发明家兼科幻小说家开始了一项大规模的创意研究，这项研究将为成都的教育工作者提供信息，为他们的工作助力。根里奇·阿奇舒勒（Genrich Altshuller）从世界各地的专利局列出的数千项发明中找出了答案。他在这些发明和它们所解决的问题中寻找模式，得到了这一结论："创造性解决问题的理论"。在俄语中，这个短语的首字母是TRIZ，人们便用它来命名他的成果。成都的创新者们希望他们的学生在解决问题的过程中，既学习设计理论，也学习TRIZ。

当教师们投入到这场在热情驱动下进行的探险、兴致勃勃地为学生创造一种全新的学习体验时，他们对教育的意义的理解也开始发生转变。"我们都能感受到在与学生共同成长，"其中一位教师告诉我们。这些教师不再只是做"传授者""在讲台上展示自己的才华"。当这些先驱们品尝着一盘盘在桌子上转动的透着酸甜苦辣滋味的菜肴时，他们开始明白：必须创造一个互动的环境，这样学生才最有可能培养出新的能力。他们必须满怀激情地赋予学生一种比掌握任何一门学科和取得好成绩更重要的东西。在接下来的几个星期里，他们创建了一个超级课程，让学生以小组的形式创造出解决体育问题、助力美好生活的机械产品。在为这一目标奋斗的过程中，学生将达到教育工作者所制定的多样化学习目标。

第一天上课时，他们邀请学生玩游戏，并在游戏中发现问题。宋爱玲老师问同学们最喜欢什么体育运动，并宣布说，他们将体验那其中的一些运动，找出这些运动在让人们受益的同时，还给人们带来哪些问题。语言与文学专业的唐骥骍回忆说，"我对全场爆发的兴奋和激动感到惊讶。"她和她的小组成员最喜欢攀岩，其他人则对游泳、自行车、羽毛球、篮球及其他运动情有独钟。在这项团队任务中，工科生和文科生展现了各自的才华，带来了各自的视角。"我们可以组成非常兼容的小组，来发明、制造产品"，一位年轻的文科生评论道。

在实地考察体育器材中心后，学生们开始进行头脑风暴，讨论这些器材可以解决哪些体育锻炼时会遇到的问题及如何解决这些问题。其中一个小组设计了一个小型综合锻炼器械，可以"拆卸"，方便搬动。使用者可以用这个器械锻炼腹部、胸部、腿部、手臂和其他身体部位。在这个项目中，唐骥骍等同学"了解了材料的综合属性"，研究了"人体肌肉的结构"，这样就能使设备适应不同的人。他们用三维软件设计器械的尺寸和形状，还学习营销学原理，考虑如何销售其产品。他们学会了团队合作，通过证据和想法进行推理，得出合乎逻辑的解决方案，做出价值判断，进行审美上的选择及权衡其工作的社会和经济影响。

"我不仅获得了知识和能力，还在团队合作中收获了友谊，"唐骥骍说。"我对大学的生活和学习有了新的认识，我必须挑战自己，不断学习新知识。"其实，学生既建立了一个由知识丰富的同伴组成的新群体，也加入了一个学科团队，这个团队中就有他们的老师。

在教师团队中的市场营销学教授的帮助下，班上的人开始将自己的工作转变成产品。周怡琳和她的同学学会了如何分析市场及如何销售产品"。但课程的这一环节并不止是一次学习商业基础的练习。对于周怡琳这个自诩"忘我的女孩"来说，这段经历增强了她的"自信"，帮助她"放大"了她刚发现的自己身上的"潜力"。学生必须与他人分享自己的作品，因此而学会清晰、有效地沟通。

班上学生如果碰到特殊问题，就把它归到 TRIZ 给出的类别下，并探索可以采用哪些工程学原理。在这个过程中他们还深入研究了体育锻炼的生理学知识。身体是如何工作的？做这项体育活动时，会出现哪些物理过程和化学过程？会出什么问题？在课堂上，教师团队的成员会在教室里转来转去，用他们的"专业知识"帮助学生们。

有时，教师们会给我们端来茶水，还会"为我们播放音乐，营造轻松的氛围"，一位学生如是说。机械工程专业的学生贾春霖觉得，这些项目所引发的讨论特别神奇。在传统课堂上，"我们只是坐在那里，被动地接受知识"。而在这个课堂上，"我们成了学习的积极参与者"。这意味着"不同的声音会促使我们更深入地思考"。

大部分来西南交通大学学习的学生是为了研究工科的某个分支领域，但也有一些学生主修语言、文学等非理科专业。对于对外汉语专业的黄艳秋来说，这门课程一开始让他觉得很可怕，因为"我脑子里的科学知识不够用"。不过，与电气工程和机械工程专业的学生的合作学习帮助他迅速赶上了进度。

正如黄艳秋所说，这个课程之所以成功，是因为"和谐的团队合作"。在学生之间、教师团队内部及教师和学生之间形成了和谐的团队。他们一起解决了一些有趣的问题，相互信任。大家认识到：每个人都为团队事业带来了独特的视角，做出了贡献。在选修这门课的人看来，项目任务使讨论变得更有意义，对话则推动他们进行测试、探索和设计。通过"磕磕碰碰"和"迂回前进"，通过"理论与实践"，新手工程师们尝试、失败、收到反馈和问题、再尝试。"我们经常会发现理论和实践之间的差距"，在上了这门课一年后，贾春霖回忆说。学生将身体锻炼和精神锻炼结合起来，建立了新范式，提出了新见解。如果某次尝试成功了，就会激发学生的兴趣和想象力。"当机器人动起来时，"一位同学回忆说，"我们大喊'太棒了，太棒了'。"一位安静的学生坦言："我假装镇定，其实心已经被点燃，就像放烟花一样。"

2018年4月1日[一]，我们把一些参加过该课程的同学请回来分享自己的经历。就读于机械工程专业的女生周怡琳还记得当时的"坎坷之旅"，说她的团队感到"越来越受挫"，因为他们产生的每个想法都有明显的缺陷。但她也记得，有一天宋爱玲老师来到她的小组，温柔地引导他们做出选择，而不是"继续挖新井"。这或许是中国版的"不要让完美与优秀的人为敌"，或者是"宁要有瑕疵的钻石，不要没有瑕疵的卵石"。这一信念推动着她的团队继续前进。

[一] 2018年我们去了成都，采访了这些学生，了解了他们对这门课的体验感受。

新英格兰的跨学科课程：让学生掌控

十多年前，当查理·坎农（Charlie Cannon）转向创建跨学科课程时，曾深受两个来自19世纪中期的年轻人的启发。1857年，三十五岁的公园管理员弗雷德里克·劳·奥姆斯特德（Frederick Law Olmsted）和来自英国的建筑师卡尔弗特·沃克斯（Calvert Vaux）集合他们的聪明才智，为后来的纽约市提供了一个建设新公园的详细规划。他们提议，这个建在哈德逊河畔的新兴大都市应该"对一些破破烂烂、坑坑洼洼的地面进行改造，使其产生视觉美感"，还要"改造道路通行方案，使其不妨碍城市服务交通"。⊖

奥姆斯特德和沃克斯赢得了这场设计赛，建造了一个公园，即后来的曼哈顿中央公园。查理·坎农认为，他们的设计之所以能取胜，是因为"其广阔的视野和对细节的关注"。不过，对于坎农来说，接下来发生的事情更能说明问题。这位来自罗德岛的教授总结道："在接下来的16年里，为建成中央公园，奥姆斯特德将要组织数千名工人施工，争取政治支持，监督工程师和园丁，还要讨好媒体。"这种跨学科的神力打动了坎农，他开始琢磨如何在现在的人身上培养这些能力。在创造力的驱动下，奥姆斯特德成为一个传奇，也成为美国历史上最多产的景观建筑师。如何让我们的学生也拥有这种强劲的创造性力量？查理·坎农认为，我们仍然需要他那"卓越的远见、政治敏锐度、组织能力和技术知识"。

⊖ 奥姆斯特德在18岁时因被漆树叶毒伤眼睛放弃了在耶鲁大学学习的计划。之后，他做了一名记者，去了英国和美国南部旅行。回到家后，他坚信奴隶制是使美国大片地区陷入贫困的罪魁祸首。在旅行中，这位康涅狄格州富商的儿子继承了父亲对大自然和户外活动的强烈兴趣，对在利物浦附近的伯肯海德看到的葳蕤、美丽的公园赞赏不已。他坚信每个人都应该有平等的机会接触到这样的绿色空间。这个总结来自于坎农教授撰写并提供给我们的材料，它反映了坎农教授是如何看待奥姆斯特德和他的工作的。

2004 年，我们对坎农和他的同事们在罗德岛设计学院创造出的作品进行了部分研究。让我们再看看《如何成为卓越的大学教师》中的处理方法，这一次，我们要从热情驱动下的冒险、跨学科的项目学习和批判性的、自然的学习环境等视角来探究它。我们会特别关注坎农如何从自己制作的项目开始，以及如何让学生接手的。在这个过程中，我们将探索一门产生了极大影响力的早期超级课程。韩国一家电视台曾制作了一个多集系列纪录片，介绍来自世界各地的九位优秀教师，其中部分内容谈到了坎农的课程。○

重新定义学习目标

对奥姆斯特德的职业生涯的观察和对 21 世纪自己所在专业的思考促使坎农为学生重新定义传统学习目标。标准教育高度强调在某个独特教育领域的技术性专业知识。学生学习是为了成为这个、成为那个，但很少能兼得，也很少学习如何运营像奥姆斯特德的中央公园项目那样复杂的事物。在新的超级课程中，坎农致力于促进合作技能的提高、整合各类学科。学生们将学会跳出他们狭窄的专业领域，思考环境、社会、经济、社区和政治问题，并在学习中采取深入的方法。

坎农创建了一门课程，在这门课程中，项目是他选择的，但从一开始他就计划让学生掌控项目、自主学习。他成为协调人、学生身边的指导者，而不是评判学生工作的独裁者和评委。他扮演着这一角色，策划了晚宴，把他的客人都邀请到桌前，安排好时间和地点，这样他们就可以在一些重大事情上合作。但他最终把很多选择和控制权留给了客人们。最重要的是，他设计了这样一种体验：如果学生接受了他的邀请，他们就会把自己投入到一个比

○ 几年后，有一个韩国学生敲响了坎农办公室的门。坎农开门时，这个学生说："我只是想看看您长什么样"。

课堂学习更宏大，甚至比任何一门学科学习都要宏大的目标中去。在追求这个目标时，他们会进行深度学习。

这并不意味着坎农可以随便选择任何自己中意的项目。虽然学生不得不接受他的邀请，但他也不可能为一群素食者提供一顿牛排晚餐。他必须邀请他们，而不是命令他们上桌，他得坦率告知他们这个项目的成本和回报。在上课的第一天，这位罗德岛设计学院教授就帮助学生理解了"他们所面临的时间上的紧迫要求"，但这位勇于进取的教育家也明确展示了这个项目极具吸引力的两个方面。

首先，他们将通过合作来完成一件有价值的事情；其次，他们在这门课上的努力可能会产生广泛的影响：他们在合作和多重视角方面的经验会有助于对一个高度个人化的专业进行改革，他们对遇到的问题产生的解决办法可能会被付诸实践，他们将帮助定义"在大型公共项目中倾听谁的声音"，以及如何将"嘈杂的语言和想法变成具体的东西"。人类喜欢那种身处超越自我的、更广阔的领域的感觉，坎农设计的这个课程满足了他们的这一情怀。

如果他期待学生来掌控，学生就必须学习如何合作。他们当中有这种经验的学生寥寥无几。坎农不可能只让学生负责，却不帮助他们开展工作。"你们的角色会随时转换，"他用多种方式来强调这一点。某一天某个学生可能是协调人，第二天这个学生就成了监测每个人是否都参与讨论的记录员，还有可能成为"关注小组情感基调"的人。学生们要尊重彼此的工作。他们"都在同一条船上"，他们当中有人尚未充分了解他们所要研究的主题。

每年，这个中心的重大项目都有所不同。我们研究他的课程时，他正要求学生帮助评估，甚至规划一个拟建中的纽约港废物处理厂。这类企业往往极具争议性，到处都是政治、社会和生态陷阱，很容易让毫无准备的人掉进去。我们的社会需要处理废物，但没人想在自家后院建一个处理厂。这是一个残忍而又有趣的谜题，而处理各种各样的问题，可以给学生带来丰富的体验。

　　整整一学期，坎农都将权力移交给了学生，直到他们"成为项目的负责人"。他阐明学生必须实现的目标，至于如何实现这一目标，他则让学生们自己主导。首先，每个学生必须选择一个与整体项目相关的单独主题，并对它进行透彻地探索。"在本学期剩余的时间里，"他告诉全班同学，"你们每个人都要成为你所负责的那个主题的班级专家。如果我们需要了解响尾蛇的迁徙模式，就会知道谁能告诉我们。"当学生把他们的研究结果带回课堂时，他们会互相提问，把各自的研究结果整合起来，记录在大白板上，并把它们留在教室里，永久展示。这一活动是他们对这类合作的一次重要体验，这类合作将定义他们的教育体验。

　　这学期过去四个星期后，坎农终于带着全班同学去了他们的项目现场——纽约港那个本来要建废物处理厂的地方。在前往"大苹果"的途中，他们进行了几次附带参观，包括去"城镇垃圾场"和"垃圾回收中心"，并拜访了"用回收材料制造产品"的工程师。

　　坎农指出，"他们一下子就把从书本上学来的知识和现实联系起来，知道脏东西在地上是什么样"。他安排学生开车在居民区附近转转，还带他们去了当地图书馆。在那儿，学生仔细翻阅电话簿，了解到该地区的企业种类，还认真察看了航拍图和区划图。完成这些工作后，他们与社区积极分子、环保人士、纽约的建筑师和艺术家及各种相关人士见面。坎农安排这些人中的一部分与他的学生进行为期两天的大型头脑风暴会议，让学生给出关于拟建的废物处理厂的设计和选址的想法。

　　第一天学生并未得出任何结论。"我想让他们集思广益，说出各种可能的方案，"这位教授解释说，"让他们沉浸在无结论的感受中。"第二天，他们开始思考自己想法的含义，并将想法归类。坎农告诉我们，"我鼓励他们提出一些尽可能不同的想法，这样他们就会开始认识到，没有哪一种解决方法是问题的唯一答案。"

这门课的高潮出现在"达人自主规划阶段"（Master Planning State）。这时，坎农放弃了所有控制权，把它交给了学生。他的这种做法包含着一个精妙的理念。他告诉全班同学说，"到目前为止，我们的任何一个想法都不可能是正确答案。我们需要制定攻克这项工作的设计准则或哲学，我希望你们能提供想法，决定工作室的发展方向。现在请你们一起制定出班级项目。"学生们不可能在东河上设计、建造一个完整的垃圾处理厂，但他们该做些什么，才能让自己学会过富有创造性的、高效的生活呢？

说完，他离开了教室。这是苏伽特·米特拉的非侵入式教学法的一种形式，但只有通过大量实践，获得大量既来自学生，也来自同事的反馈，才能确切知道何时及如何离开。这有点儿靠运气，靠对时机的把握和一种优雅的态度，你可能会意外地发现，原来自己身上还有这样一部分，可你之前并不知道。不过，你也会越来越理解为何会有人使用这种教学技巧，会深深领悟关于人类自主需求的研究和理论，会特别谦逊，会对学生产生共情，会关心他们的学习。我们在前面提出，教书很像拉小提琴。也许它更像演奏爵士四重奏中的乐器。

在这个关键时刻，学生们开始设计剩余的课程，并构想从这一刻起要解决的问题。"现在这一年归他们了，"坎农说，"我的问题很有限，他们把它，重新建构，并定下了工作室的目标。"从这一时刻起，学生就开始主宰自己的学习，从摆在他们面前的丰富的学习机会中选择自己的道路。坎农依然在那儿，如果学生有需要，他会随时提供帮助。学生要决定咨询哪些外面的专家——包括他们的老师，要划分任务，还要决定如何分享彼此的研究和想法。

在罗德岛设计学院比较传统的工作室课堂上，学生们会制作一个光鲜的作品。坎农班上的人不可能做到这一点。在这项跨学科活动中，他们必须消化很多额外的东西，必须熟练地、富有创造力地解决复杂的现实生活中的项目，因此没时间推出一套完整的设计。不过，经过这番锻炼，他们确实拥有了丰富的能力。他们学会了如何发现问题，并设计解决方案。当他们明白了一切，做好各种准备工作后，就可以共同协作，一起思考各种视角、进行研究、权衡环境问题和工作的长期结果。经过这次历练，学生们脱胎换骨、面貌焕然一新，因为这是对他们其后进行的思考、行动、感受、创造和评估的方式的挑战和变革。

第 11 章
能力整合

20 世纪 30 年代末，得克萨斯州的一个年轻人设想要创建一种新型大学课程。在他的宏伟蓝图里，学生不再学习某个专门科目，而是从事跨学科研究，在这个过程中发现自己的创造力。"每个人都是天才，"他不断地说，"我想帮他们找到那个富有创造力的自我。"这并不意味着所有人都拥有爱因斯坦那样的数学能力和科学想象力，也不意味着大家都有贝多芬那样的音乐天分。这位年轻的教授的想法其实是：每个人都独一无二，正是这些独特的品质让人们与众不同。他想创造一种大学课程体验，它能让所有学生解放自己，拥有"大脑的动态能力"，不管是什么能力。

对保罗·贝克（Paul Baker）这个长老教牧师的儿子来说，这一过程是从对教育意义的重新定义开始的。"对某些人而言，"他说，"成长几乎等同于背东西。"还有些人认为，"成长意味着了解工具的工作原理——如何安装马达，如何拼接管道，（以及）解方程式。"他认为，这种成长，"永远不会让一个人发现新方法，只会让他把老办法用得极其娴熟。"还有一种观点是：受教育是为了出人头地。上大学是为了发展人脉，拓展人际关系，这样你就能把自己视作特权阶层中的一员。你学会"融入、命令、在后院抽雪茄、加入重要团体、成为伪艺术家、伪音乐家、伪演员、伪预言者、伪布道者、政客。你丢弃了自己的名字，让自己被各种各样的头衔包围。"

贝克想要邀请人们开始一种新的追求，追求过一种有创造性的生活，追求发现自我，探索利用自己的独特经历和周围的世界来打造更新鲜、更美好的东西。对于这位来自得克萨斯州的教育家来说，创造力的成长并不仅仅体现在艺术上，它可能出现在各个领域，它和爱德华·德西和理查德·瑞安的胜任力观点一样，对人类的幸福至关重要。他不断强调，这个创造性的产品"可能是一次布道、一个科学公式或是一本书，也可能是你创造的某样东西，比如一个规划完备的街道体系、一顿可口的饭菜或是一家经营良好的加油站。"它可以是一种新的方式，你用这种新方式来看世界、解决问题、养育孩子、对待老人或者化解冲突。从根本上来看，它会改变你的生活方式、对自身的认识方式及看待学习、智力和能力的方式。贝克深信，人类中的每一员都有进行创造的心理需求。

贝克断言，"很多人"自从"上中学以来"没有任何改变。"脑子里还是那套观念，还是用同样的方式看待周围的情况，还会做出同样的回答，还拥有那老一套的情感和视觉图像；他们几乎一成不变。"

保罗的幼儿时代在赫尔福德度过。这是一个小镇，坐落在得克萨斯州锅柄部位的阿马里洛市西南45英里处。在赫尔福德的这段经历对他的教育哲学产生了深刻影响。这是一片平原，牛羊成群，黄沙漫天。"我是一个西部得克萨斯人！"他后来写道。"这意味着，我来自被太阳征服、被大风征服的乡下。那地方很艰苦，"他回忆道，"一辈子生活在那里的老人，他们的脸诉说着一切：风、沙、干旱。"可是，这片土地激发着他不断成长。"还是个孩子的时候，我就被那辽阔的天空和一望无际的平原震撼了，"贝克回忆道，"遥远的地平线上，天地相连，在我看来，好像没有尽头。我头一回知道居然有这么广阔的空间。"后来，对空间的关注成为他的教育理念的核心。

8岁时，他的父母搬到了沃克西哈奇。这是达拉斯市西南部的一个小乡村，靠近得克萨斯州东部的松林，属于亚热带气候，植被丰富，空气湿润。18岁时，他上了当地的一所大学，之后成为耶鲁大学的研究生，师从乔治·皮尔斯·贝克（George Pierce Baker，二人无亲缘关系）。乔治是一名富有传奇色彩的剧作家，他的班上还有尤金·奥尼尔（Eugene O'Neill）和托马斯·乌尔夫（Thomas Wolfe）等学生。

新英格兰的学术和艺术文化氛围为贝克打开了新世界的大门。接下来，他游历了英格兰、德国、俄罗斯和日本，在所到之处学习剧院设计和戏剧创作。这种文化大融合使他开始产生一些关于学习的深刻见解，这些见解指导他推出一门超级课程，他称其为"能力整合"。⊖

后来，贝克成了享誉全球的戏剧导演，他倡导将视觉与声音融合，给全世界的戏剧舞台带来了变革，就连对他闻所未闻的剧院经理也接受了这一改变。他把电影和舞台演员糅合起来，将其置于一个不断移动的、混合了表演和灯光的场景中，没有幕布，流动不会被打断。

之后，他和弗兰克·劳埃德·赖特（Frank Lloyd Wright）合作，设计了这位建筑大师一生中唯一的剧院作品。查尔斯·劳顿（Charles Laughton）和伯吉斯·梅雷迪思（Burgess Meredith）等当时的知名演员都蜂拥着去他的工作室和教室学习。20世纪50年代，有两样东西为贝克赢得了国际声誉。一个是他创新地设计了"一号演播室"（Studio One）。在这间演播室里，观众可

⊖ 贝克于98岁时去世。在去世前几年，他告诉我们：贝克·布朗内尔对他的影响使他对创建该课程产生兴趣。这位美国西北大学的哲学教授在20世纪20年代设计了一门名为"当代思想"的课程，试图帮助学生将他们在大学里获得的那些很零散的思想整合成一种连贯的个人哲学。保罗·贝克认为他可以提供一种学习体验，这种体验将超越布朗内尔的任何成果，并帮助人们过上富有创造性的生活。布朗内尔关于良好的"文化活动"和什么会构成心灵作品的想法确实影响了这位来自得克萨斯州的教授。

以坐在旋转的椅子上，置身于舞台的环绕中，追随舞台上的表演。另一个就是他富有前瞻性的戏剧处理手段。他把立体主义融入戏剧表演，将哈姆莱特这个角色分成三个，由三个演员来扮演。劳顿称他创作的《奥赛罗》是"美国戏剧史上最激动人心的剧目"。但贝克认为，"能力整合"这门课才是他的代表作。

爱因斯坦与创造力

贝克成年时，其身处的时代恰好开始重视创造力，开始看到创造力与万事万物的联系。在贝克的青年时代，著名科学家阿尔伯特·爱因斯坦在接受畅销周刊《星期六晚邮报》的采访时，曾对想象力大加推崇，这一点后来众所周知。这位大名鼎鼎的科学家坐在自己的公寓里，对自己在学习和教学方面的观点侃侃而谈。几年后，他就遭纳粹驱逐，被迫移居新泽西州的普林斯顿。当他的第二任妻子爱尔莎·洛温塔尔给他端来草莓等水果时，这个男人总结道，"我受够了那些任意借鉴我的想象力的艺术家们。想象力比知识更重要，"他宣称，"知识是有限的，想象力却可以环绕世界。"

内视

在爱因斯坦这些宣言的影响下，保罗·贝克设计了一门课程，其初衷便是激发想象力和创造力。他的课堂就是舞台，在这里，创造性的人生之旅从内视自身、接受自己的与众不同开始。"你来自某片土地，某个家庭，"这位来自得克萨斯州的年轻教育家对全班学生说，"你在某个时刻出生在某座房子里。除了你，世界上再没别人有这样的经历。"贝克强调，学生可以产生一些别人无法开创的观点和视角。

"你们每个人都有自己的哲学、自己的观点、自己的身体和自己的背景。"为了过上有创造力的生活，一个人首先必须学会内视，理解自己，了解自己的大脑如何工作，探索个人历史，并从这些经历中抽离出来。

不过，他也强调了这一观点蕴含的意义。如果人人都不同，我们就能互相学习。我们可以从那些诞生于人类思维和时代历史中的一些伟大想法中受益——无论是微积分还是立体主义，无论是经济学还是工程学。这位来自得克萨斯州的教育家着重指出，创造过程中的重要一环便是拥有这样一种能力：当我们遇到好的想法时能将其识别并能将其与自己的想法结合起来。

伟大的文明是在多种观点汇聚的地方发展起来的。在各种思想和概念的交汇处，出现了富有创造力的头脑。但如果我们期望从中受益，就必须让自己沉浸在不断流动的、具有颠覆性的新观点和新的可能性当中，汲取它们的新鲜养分。这个世界是我们的，在这片土壤上，思想和观念可以吸收各种各样的人类历史和经验，并将其与我们自身的生命特质相融合。在这个过程中，我们可以学会过创造性的生活，感受到思维成长的乐趣。

贝克的理念和课程为一种广泛、深入、高度融合的教育方式提供了强大的理由和动力。他的课程为学生提供了一种把握自己的教育方向盘、创造新生活的方法。在接下来的 60 年里，贝勒大学（Baylor）最先开设了超级课程，接着三一大学也开设了这门课程。成千上万的学生在这些课程中"找到了自我"，在医学、表演艺术、法律、电影、历史、化学、教育、科学、新闻、政治、音乐、写作、商业、工程学、育儿等领域中打造出了独一无二的创造性人生。⊖ "这是

⊖ 20 世纪 60 年代初，时任贝勒剧院创始导演的贝克与尤金·奥尼尔的遗孀签订了一份合同，首次对《长夜漫漫路迢迢》（*Long Day's Journey into Night*）进行业余演出。根据协议，贝克不能对这部自传体为主的戏剧进行任何删减。当一位来自得克萨斯州乌瓦尔德的妇女抱怨剧中的"淫秽"语言和故事线时，韦科市的浸会大学校长艾伯纳·麦考尔（Abner McCall）中止了该剧的演出。麦考尔的理由是，剧本有一段儿子去妓院的描述。贝勒剧院院长说，既然不能在舞台上表现逛妓院的场景，那么逛妓院的描述也不能有（显然他没看过尼尔·西蒙的《比洛克西蓝调》，可能也没看过《哈姆莱特》——总是在杀人）。1963 年秋，贝克和戏剧系的 11 位同事集体辞职，去了三一大学。

我在大学里选修过的最重要的课程，"一位学习过该课程的学生提到，"我学会了学习、写作、思考、深入挖掘自己的大脑、了解自己和世界、关注自己的思维和工作方式。"

保罗·贝克是学戏剧出身的，后来那些做学习研究的专家所做的那些令其事业备受瞩目的研究，他一项都没做过，但他却掌握了一些关于人类学习及如何更好地促进学习的重要见解。早在卡罗尔·德韦克进行关于成长心态的开创性工作之前，贝克就已预料到这些概念会使他出名，并创立了一种方法，让人们的思想产生革命性解放，相信自己的大脑可以成长。在得克萨斯州韦科市布拉索斯河的优美岸边，班杜拉、德韦克、波多野（Hatano）、稻垣（Inagaki）、德西和瑞安的后期观点在贝克的肩上盘旋，在他耳边低语着狂野而诱人的观念，这时它们还没有缠上那些研究型科学家和理论家。

这位来自得克萨斯州的戏剧导演提出了自我效能、成长心态和适应性专业知识这些见解，并从建构课堂的方式中认识到内在动机的重要性。其学生在追求创造性生活的过程中，定义了一个关于深度学习的早期的、坚实的概念，而不是策略性地、浅层地追求学术荣誉，或者干脆"活着修完课程"。

他甚至还发现了学习和体育锻炼之间的一些联系，而直到 21 世纪，人们才发现这一点。几十年来，在每堂能力整合课的开始，贝克都会带领学生做五分钟的体操和声乐操。"要是你们累了，无精打采，我就没法和你们一起工作，"他告诉全班同学，"我希望你们血液流动，头脑敏锐。"

正如马里兰的一组科学家最近指出的那样，"越来越多的研究表明，定期参加长期锻炼与增强认知功能有关"。他们在研究中发现"急剧锻炼与明显增强的语义记忆激活有关"，其中包括"双侧海马体更强激活"。近期的几个课堂实验表明，在课程开始时进行锻炼的学生比不锻炼的学生在课程中表现更好。例如，纽约大学神经科学教授温蒂·铃木（Wendy Suzuki）对在每节课开始时锻炼的班级和不锻炼的班级进行比较，发现前一批学生在课程中的表现明显更好。

成长契机

"我希望班上的每位同学都能深入自己的内心，探索自我，挖掘自己的潜力，并学会利用这些内在力量，"保罗·贝克每学期都对学生这样说，"不是为了成功，也不是为了被看见，这些都不重要。重要的是你们实现了自己不断成长的个人需求。"

贝克在班上创造出一个疯狂而有趣的世界，在这里，学生们可以表现得像孩子一样，自由自在地展现旺盛的好奇心，无拘无束地去探索，同时还能学一些艰深的课程。他会有意避免使用"作业、要求"等字眼儿，因此他的超级课程不会给学生带来常见的学业压力。相反，他会邀请学生进入一个另类的教育天地，在那里，学生的学习动力来自自身，来自其想过创造性生活和了解自身的愿望。"我不会让你们练习，"在铺陈了自己整合式学习和打造个性的愿景后，他会这样对学生说，"这些想法有点儿疯狂，不过有用。"

他建议学生把"到目前为止的生活"写下来，把他们对在课上做的每件事的反应记录在纸上。他让学生甩掉学校有关写作的全部条条框框。"用铅笔写，"他漫不经心地提议，"也可以用蜡笔。"他告诉学生，不用担心那些常见的作文规则，只要把自己的各种想法和反应写在纸上，这样就能对自己进行研究，看看自己是如何思考的。

贝克想通过这类练习和相关活动来帮助学生接受自己的错误，从而让他们能领悟一些关于大脑如何工作的关键观点。首先，人们往往会抓住容易想到的第一个想法，而要想像天才那样创造出作品，就得经历反复失败，还要有不断推陈出新、创造拥有自我个性的作品的主观意愿。

其次，他想让学生们知道，最初在某一科目或任务上遇到困难并不意味着永远不行。这与卡罗尔·德韦克强调"尚未"成绩（老师可能会说，"你尚未做到"，而不是"你失败了"）时的想法是一样的。贝克会诱导学生设想自己在做一项"大脑工作",这能建立阿尔伯特·班杜拉所说的"自我效能"。

再次,虽然外在力量会束缚住最美好的愿望,限制人们获得成功,但在这方面,内在因素的力量比我们想象中要大。传统学校教育和生活中的很多东西都让我们形成了简单的思维习惯。学习就是要打破那些旧套路,逼迫自己,建造、重建、质疑、挣扎,寻求一种更好的理解方式和做事方式。贝克可能会说,他希望能让学生做出埃伦·兰格(Ellen Langer)所说的"用心思考",尽管他从来没使用过这种字眼。在这个过程中,我们会建立新的范畴,思考我们的思维方式,翻过来、覆过去地看某件事,寻找深层意义,寻找新事物。○

为实现这一目标,学生们进行了两项练习。首先是一个自我审视练习。这个练习要求学生思考他们在过去做出的某种创造性行为,并审视它。可能是一道数学题的创新解法、一篇作文、一段修复好的人际关系、理解一个重要想法的新方法,也可能是任何优秀的思想作品。是什么驱动他们进行创作?他们是如何克服对工作的抗拒心理的?为了能做成这件事,他们养成了哪些习惯?需要克服哪些习惯?是否携带了一个小记事本来随机记录一些想法和问题?

学生要找出是什么阻止他们从事创造性事业。"要习惯事情在你的脑海中和想象中出现的模式,"贝克敦促道,"要找出什么时候、一天中的哪个时间段工作最好,什么能激发你。"学生需要什么样的空间?在什么样的心情下工作最高效?有什么感觉会阻止他们?是否需要散步、坐着、望天或盯着空白的墙壁,坐在草地上或雪地里,或是在图书馆的某个角落埋头在一摞摞书中,守着自己的学习天地?

学生是如何排除那些可能妨碍他们工作的干扰因素的?是需要四处走动,还是需要找一个安全的个人空间,在那里完成全部工作?开始工作前,是否需要吃一个冰激凌?能否想象自己努力工作的样子?是什么引导他们进入那

○ 我们在贝恩的《如何成为卓越的大学生》一书,特别是在第一章中首次探讨了贝克的观点和他的课程。我们向大家推荐这本书,它可以帮助你更全面地了解他的工作。

一时刻？是什么让他们坚持下来？如何理解自己？如何工作？是什么让他们无法工作？

第二项重要练习要求学生研究一件令自己感兴趣的艺术作品，研究一个令自己感到兴奋的伟大思想，认识他人的创新和独创性，并探索天才的作品背后的东西，发现其创造的本质。

去研究艺术家的工作方式。他们是如何得出某些想法的？为何会拒绝其他想法？是什么样的兴趣和吸引力驱动着他们？你能否找到自己的激情，让它激发你？"如果没有兴奋的能力，你就永远创造不出任何东西。"

他的很多学生开始将艺术融入生活，探索雕塑、舞蹈、戏剧、摄影、绘画、音乐，让艺术挑战他们的思维，刺激他们的心灵。奥斯汀的一位医生告诉我们，在贝克课堂上的练习深深改变了他对艺术以及艺术在他的工作中可以发挥的作用的理解。它唤醒了一种新的激情，催生了他对世界和创作过程的敬畏；它挑战了他的思维。结果，他彻底改变了自己的医疗实践方式，积累了一笔可观的财富，然后用它来捐助修建新的剧院和演出厅，投资 5500 万美元建设得克萨斯大学音乐学院。未来的科学家、政治领袖、经济学家、作家、音乐家、社会工作者、商业企业家、历史学家等都修习了贝克的课程，并开始用艺术创作来挑战他们的思维。

这就是这两项练习最不寻常的地方，或许也是它们成功改变生命的秘诀。贝克并未把这两项活动当作传统学校课程中的"作业"。他没有规定学生必须在哪一天之前完成工作，没有将他建议学生写的自传收上来，也没给他们成绩。他没有对学生们的写作情况进行长篇大论的点评，也没有洋洋洒洒地表扬他们的努力。他的学生只是进行了这些活动，有时还会坚持做几年，但却让这些活动改变了他们的生活、行为、态度和思维方式。并不是说他触动了他班级的每一个人，但他确实深刻地影响了大多数人。

贝克之所以成功，是因为他引入项目的方式很特别。他注重唤起学生的深层内在情感，让学生对自己的学习有一种掌控感。"这是一门发现你们自己创造能力的课,能帮助你们发现的是你们自己,是你们是否熟悉你们的工作方式。"想到要上一门关于自己的课,学生们都很陶醉。"你们给这门课带来的是你们自己,还有你们的参与欲望,你们在这里做什么,最终取决于这一点。"他说,"只有当你们不工作、不利用练习来了解一些关于你们自己的东西时,才会失败。"他告诉学生:要对自己想成为什么样的人产生兴趣,因为这就是他们拥有的一切。"你们都是独特的人,可以贡献很多东西。你们要发现自己是谁。没有正确或错误的答案。只有你自己。"贝克会发表这样的见解。"如果你们不去参与内心的对话,怎么能了解自己呢?"他问,"你们要知道自己的大脑内部发生了什么,所以要把这些东西记在笔记本上。"

"我之所以学习,"我们一再听到这样的话,"是因为我学到的每一件事——所有的想法和见解——都有助于激发想象力,让我更成功。"贝克把那些拥有薄弱教育背景,甚至是脱节的教育背景的人带到这里,把他们改造成更高效、更有创造力的人。

五个练习

除了这两个最重要的活动,贝克还围绕五个练习来打造变革体验,每个练习都旨在帮助人们了解自己——包括其优势和弱点,并与他们的内在自我展开对话。这位得克萨斯州的戏剧导演来自一个语言为大的世界,在这个世界里,语言与光线、动作、声音、色彩和道具背景一起创造了幻想,提出了哲学问题,引发人们思考,撩拨人们的感情,让人们欢笑、哭泣。这么说来,他给学生提供了一套思考创作过程的新语汇,也就不足为奇了。

他宣称,要进行创作,必须与五个要素打交道:空间、时间(或节奏)、运动(方向或线条)、声音(或沉默)和轮廓(或色彩)。对于他的学生来说,这五个要素是创作过程的通用语言。"我们可以用这些要素来表达一切,"多年以后,学生当中的一个人这样说,"包括相对论。"

在一次练习中，他们以空间与运动为研究对象，思考该如何研究这二者。他会邀请学生走过一个表现悲剧的空间，然后再走过一个表现喜剧的空间。在练习中，他们会对台词和文字做出各种反应。有时，他们让自己的思想像小溪一样流淌，任由自己的思绪恣意驰骋。另一些时候，他们会"听从自己的肌肉"。他们分析着、玩耍着、扭曲着、转动着，脑海中翻转着各种想法，以不同的视角打量研究对象。

比如，每个学生都会研究一个自己已经认识很久的人，探索这个研究对象的生活的方方面面，然后将一切提炼成一种节奏。"在这个过程中，大概要提炼十五到二十次，"贝克说，"就能很快得出一个结果。每次这样做，你都要把它写出来，然后再回到原地，让自己重新开始。"他要求学生不要再关心是否能得到"好结果"，而是要参与到这个过程中来。"当你们为自己创造一种新生活时，这一发现的过程便是成长的关键。"他用这些话为一种能激发学生参与热情的新的学习环境和方法做出了定义。

在这场盛大的、逐渐走向高潮的练习中，学生们从线条开始，然后转向色彩和语言，最终在这场练习中创作艺术品：有人画画，有人做陶艺，有人则做着自己喜欢的任何事情，还可以创作剧本或短篇小说。但正如贝克不断强调的那样，重要的不是作品，而是过程。学生学会了利用自己的经历，同时也知道该如何利用他人的创造性能量和创造过程来增强"心灵的动态力量"，这给了他们一个重建自己的思考和工作方式、审视自我的机遇。这些练习帮助学生看到了自己身上的潜力，巩固了成长心态。它们激发了学生的自我效能，帮助学生建立起自主意识，进行自我激励。

整场学习体验强调接受犯错、反复尝试，强调每个人的独特性，因此这个课程培养了学生的能力意识。学生们加入了一个由有创造力的人组成的群体，每个人都独一无二，但每个人又都通过思想和观点上的交流和其他人联系在一起，这就是能力的整合。这是一个宏伟的过程，超越了任何一个个体，每个人都是这个过程的一部分。

换言之，在这个疯狂的世界里，秘诀就是学会如何用心。在每个练习中，学生们都要从新角度观察一些平常的事物——从地板上走过、一根树枝、一个词，同时关注自己的大脑如何处理这些事物。正如贝克不断提醒学生的那样，最终的作品并不重要。让他们发生彻底改变的，是这个用心关注的过程。大脑是如何工作的？他们是如何理解某件事物的？明明见到的是极为平常的事物，却从中看出了不同的东西，这是怎么回事？学生慢慢相信，改变自己对待工作的方式会带给他们力量，成长的能力也会带给他们力量。卡罗尔·德韦克的成长心态和埃伦·兰格的用心思考在他们的大脑中起舞。

很多关于学习的文献都使用了梯子的比喻。从其古老的传统意象来看，有些人似乎比其他人更善于攀登。天才们直接上到最高梯级，而平庸和才疏学浅的人则远远落后于他们。就连卡罗尔·德韦克提出的成长心态的观点也暗示拥有良好攀登技能的关键是对智力的理解。如果一个人相信大脑可以成长，相信大脑具有高度的可塑性，那么这位学习者就更有可能达到更高的境界。

贝克把他的课程建立在成长的理念上，但他用的却是一个在根本上有所不同的比喻：一棵长满枝条的树，每根树枝都各有各的好。没有为了冲顶而进行的疯狂赛跑，只有独特的人，每个人都在奋力开发自己的全部潜能。树的比喻消除了争夺第一名的竞争，让学生享受到了创造性生活的乐趣，了解了自己和他人，并且不再将后者用于任何剥削性事业，而是用于个人成长这一互利过程。如果一个学生延伸了自己的创造能力，那么这个人就会给他人带来更多益处。

这一理念并非没有任何标准。它的真实意义是：每个人都努力达到某个标准，而不是与其他人竞争，所有人都会以自己的方式绽放。它确实为人们定义一个新的标准保留了可能性。学习了这门课程的学生学会了看重自己的能力，去寻找和探索自己的独特性，而不是将自我价值建立在与别人的名次竞争上。"上完那门课后"，多年后有人汇报说，"我明白，我不是为了老师去上学，他们并没有经历我的人生。我将来会成为什么样的人，唯一要对此负责的，便是我自己。"

贝克把学生们带入一个看似是游戏，其实要做大量工作的世界。他们的动力来自于自己的内心，来自于对创造性生活和了解自身的渴望。这门课的经历帮助他们理解艺术作品是如何挑战他们的思维，如何刺激他们的大脑，如何使他们发现"自己和自己的创造性思维"的。虽然贝克和安迪·考夫曼（Andy Kaufman）从未见过面，而且也不了解对方，但他们都帮助学生思考艺术作品及这些创作如何改变每个学生的思维和工作方式。

这位得克萨斯州的大师打造了一个空间，推出了一系列体验，让学生可以重拾童年的好奇心，并将自己塑造成一个具有深层追求的成年人。课堂上的大部分时间都围绕着学生进行，学生们展示他们做的五个练习，彼此做出回应，其回应方式再一次说明：创造力既高度个人化，也是由形形色色的个人组成的群体的产物，在这个群体内，每个人都从他人的能量、行动和思想中汲取营养。㊀

在我们继续这场教育之旅时，我们会看到其他超级课程中出现的能力整合观点。我们还将发现，在一些令人意想不到的地方，出现了这个主题在21世纪的变体。

㊀ 我们试图帮助大家理解这个简单而复杂的课程背后的概念，以及这门课对于成千上万人的生活来说有多么重要。我们希望我们的讨论能促使大家思考，如何围绕追求富有创造性的生活来打造一场学习体验。这门课程属于哪一学科呢？也许是工程学，也许各学科都包括在内，从历史到化学。但要重新创建这样一门超级课程，需要对能力整合的运作有更多了解。大家可以通过两种方式获得关于每个练习的详细信息。在《如何成为卓越的大学生》一书中，我们在第一章内通过几个参加过贝克课程的人的所见、所感，探索贝克的课程，并进行了贯穿全书的讨论。20世纪70年代，当贝克在三一大学任教时，有人记录了贝克和他的学生在课程中的大部分对话（尽管此人无法捕捉到学生之间和每个学生内心的对话）。贝克以这些录音的文字记录为基础写了一本书，在该书中概述了每项练习。该书在近期再版，使得最近几代人都能获知这些观点（《能力的整合》，贝克著）。

第 12 章
培养成长型思维

贝克的能力整合课程在中学阶段焕发了新生命,并由此引出了对卡罗尔·德韦克关于思维方式的研究中的一个重要问题的回答:如何激发学生的成长心态?我们知道,这并不是一件容易的事,而且随着人们年龄的增长,这似乎变得更加困难。⊖不过,我们渐渐相信,贝克的课程可能会为这个难题

⊖ 这两门大学课程都继承了贝克的思想。在布卢明顿的印第安纳大学和北卡罗来纳州布恩的阿巴拉契亚州立大学,教授们都试图将贝克的见解引入旨在提升学生学习水平的课程。贝恩的《如何成为卓越的大学生》一书中有关于能力整合课的叙述,因此这两所大学都把它列入教材。例如,阿巴拉契亚州立大学的历史学教授约瑟夫·冈萨雷斯(Joseph Gonzalez)要求学生在学习并改写美国宪法的过程中,对自己的思维和创造力进行思考。在安德鲁·科克(Andrew Koke)、劳拉·克拉珀(Laura Clapper)和他们的同事手中,印第安纳大学的研讨会对贝克的书中的内容进行了更广泛和直接的参考。参与"大学与终身学习"这门课程的学生围绕贝克的提示做了一系列的写作练习,比如"'我意识到,'保罗·贝克的一个学生多年后汇报说,'创意的一个重要部分便是:当我遇到好的想法和优美的创意时能辨别出它们,并找到方法,将它们与我自己的想法结合。但这也意味着——这一点很关键——摒弃一些传统答案,去寻找一些新东西'"。这个练习要求学生首先思考并写下他们遇到过的对自己产生影响的一个"优美"的想法或"创意"。这一经历如何让他们感到"谦虚、感动和/或敬畏"?接下来,他们要写一个曾融入自己思考的不一样的"优美创意"。这可能是"一本书、一首歌、一部电影、一个朋友曾经说过的一些评论、你非常喜欢的一句名言"。学生们会被问及如何使这个优美创意为自己所有,以及这种经历如何影响其自身及其富有创造性的生活。在这个只上半学期的课堂里,学生们往往经历了深刻的转变,被激发出更优秀的学术表现,并提高了审视、拓展自己的创造力的能力。

提供一些重要解决方案，而这些方案已经在得克萨斯州达拉斯市的一所位于市中心的高中落地。1976 年，贝克离开高等教育领域，成为达拉斯市布克·T. 华盛顿表演和视觉艺术高中的创始校长。在种族歧视最严重的时期，布克·T. 华盛顿表演和视觉艺术高中曾是一家隔离"有色人种学生"的学校。现在，它成为一所富有魅力的学校，其创立主旨便是帮助消除得克萨斯州北部城市的公共教育种族隔离。贝克带来了他的能力整合课程，它成为一个以艺术教育为中心的综合教育体系的核心。如今这门课程仍然是布克·T. 华盛顿表演和视觉艺术高中教育的基石，也是达拉斯学区皇冠上的一颗明珠。

20 世纪末，从事能力整合课程教学的大多数教师都曾在贝克那里学习过该课程，当时他在达拉斯戏剧中心为本科生和研究生开设了这门课程。2013 年，来自印第安纳州的年轻音乐家和教育家斯科特·鲁德斯（Scott Rudes）成为布克·T. 华盛顿表演和视觉艺术高中的校长，此时他还从未接触过贝克的观点。但他很快意识到这位西得克萨斯人对布克·T. 华盛顿表演和视觉艺术高中的成功和传承至关重要。在"能力整合"课程中断三年后，他将其重新引入，对大学三年级学生开设，让其在课程设置中占据核心地位。学生们对这门课程赞不绝口，畅谈它如何改变了他们的生活。

在凯特·沃克（Kate Walker）、卡伦·科德吉尔（Karon Codgill）与其同事们手中，"能力整合"课程变成了一个容纳 21 世纪各种创造性成长思想的大鼎，它将贝克的基本思想发扬光大，并与新一代艺术家和教育家的思想相融合。他们打造的理念对中学和大学教育产生了更广泛的强有力的影响。

沃克在教育界曾屡建功勋。在北得克萨斯高中任教的前十年里，她通过舞蹈课程的塑造，使这所高中在美国同类学校中首屈一指。纽约市著名的茱莉亚学院（Julliard School）每年只招收二十几名舞蹈新生，男女各半，他们来自世界各地的中学。对于任何一个有志于舞蹈的人来说，这种认可和机遇都是令人艳羡的。2017 年，这支小型精英队伍中近一半的男生——确切地说是十二人中的五人——都出自凯特·沃克在布克·T. 华盛顿表演和视觉艺高中的课程。

不过影响力最大的还是她的能力整合课,因为参与该课程的学生追本溯源都是来自她所在的特殊高中。沃克继承了保罗·贝克的衣钵,但对其有自己的演绎。她强调发现自我。她对学生说:"你对自己了解得越多,就越能成为一个富有成效和创造力的人。"她的课程帮助学生们挖掘自己的历史,发现自己是谁。他们把每一次微小的努力都放在自己的成长和工作上,而不是放在寻找那些熠熠夺目的天才上。

这门课程通过多种方式传达了一个信息:每个个体都是独一无二的,没有"好"学生和"坏"学生之分。学生首先要深入了解他们是谁、如何工作、对他们来说什么是最理想的。沃克会敦促学生思考:我该如何克服对工作的抗拒?在我最有创造力的时段到来之前和该时段到来期间,我该采用什么仪式迎接?接下来,这种特殊的学习体验要求学生向外探求,去寻找和探索这类人:他们的生活和想法可以给自己提供信息。课堂的节奏并不是围绕着改正学生的作业进行,而是邀请他们进入一片天地,在那里,他们可以设定自己的标准,用自己的想法和经验自娱自乐,学会捍卫自己的选择,并得出一个结果,而且这个结果是在不断成长的。

老师和每个学生互相做出承诺。"如果他们愿意潜心工作,"沃克承诺道,"并且真的开始去做,那么他们将收获一大堆关于自己的信息。"她提醒全班同学,这可能不会"轻松、舒适,甚至有趣",但他们会得到"大量关于自己的工作方式的见解"。同时,这位舞蹈大师还提醒说,并非每件事都能让每个人满意,但她安慰学生说,这个课程总体上、长期来看是成功的,可以为他们提供一个丰富的花园,在这里,他们可以找到很多滋养自己的机会。"我保证,你们投入什么,就会从课堂上得到什么。"这句话就是一系列让学生掌控自己的学习的声明之一。

学生也对老师做出承诺,承诺会"投入"到这门课中去,投入得越多,得到也就越多。每个人都会出现"低潮期"。但总体主旨将是做出承诺,了解自身，了解自己如何工作。老师让学生专注于过程，而不是成果。每天，沃克都会给班上的每个人反馈，点评他们的努力情况和参与情况，但不会给他们任何具体的结果。这一切都符合成长心态。

这门课成功的一个关键因素是：它的评分体系有意识地支持其基本理念和目标。"这个班基本是以合格/不合格来评分，学生的努力情况和参与度说明了一切。"重新引入该课程的斯科特·鲁德斯校长解释说。学生们要么遵守承诺，努力工作，要么不这么做。不会有人去试图评估他们的作品的质量。

能力整合课的不同在很大程度上来自于教师如何构思优秀的教与学，如何定义成功。在很多情况下，教师必须制定高标准，并要求他们的班级达到这些标准。毕竟，这些标准源于一个由学者、艺术家和科学家组成的更庞大的群体。能力整合课为学生们提供了一座小岛，在这里，学生可以专注于了解自己，学习如何设定自己的期望，并去捍卫它们。这一非凡时刻将会给学生带来裨益，令其今后在学校和生活中做的每一件事都更为丰富多彩。

"你越是了解自己，了解你与世界互动的方式，"沃克解释说，"你就越能适应，就越知道如何来发展、学习、成长。在每个领域都是如此——科学、人文、艺术、商业，甚至是如何与他人相处。"

她认为，学习结果在很大程度上取决于学生在学习过程中的"投入程度"。这也许是用另一种方式来表现学生对学习的态度：是深度的，还是浅层的，或是策略性的。"刚走进课堂时，"沃克评论说，"他们往往只想着成绩。"从上学起，这就是学生们关注的焦点。如此看来，一开始学生会问她一些诸如"在这个项目中，我需要列出几项"这样的问题也就不足为奇了（在另一个班里，类似的问题可能是"我写这篇论文需要列出多少参考资料"或者"该写多长"）。

她的回答会让他们感到很具颠覆性，但也会"让他们有点儿疯狂"。她总是说，"我不知道。你说呢？"

在有些人手中，这可能会变成一个复杂版本的"猜猜我在想什么"，即期望学生的成果符合某个提前设计好的标准，而这对于让学生明白他们究竟要做什么几乎毫无益处。对沃克来说，这的的确确是一个开放的机会。"这对他们来说很重要，"她解释说，"他们要制定自己的准则和期望，然后向别人证明其合理性。"这是以学生为中心的教育的终极目的。虽然他们以后会面对别人或外界对他们提出的要求，但那些明明白白地制定标准、捍卫标准并推动自己朝这一标准前进的时刻为他们掌控自己的教育提供了宝贵的经验。"我不断尝试着让他们思考从（了解自己）中获得的价值，而不是让他们盯着分数。"

为达到这一目的，沃克让全班同学一起做了个实验。在这个实验中，学生们可以探索各种想法，做各种练习，看哪些对他们有用。"我尽量鼓励孩子们，让能力整合课程成为一个开发他们创造力的游乐场或实验室，"这位舞蹈老师说。"我们想做一个实验，给他们一些空间和时间，这样他们就能对这次的课程体验进行思考，看看什么适用于他们，什么不适用。"

在传统课堂上，学生从老师那里接收到关于他们必须要做的事（任务）和必须要达到的标准的指令。如果达不到某些老师设置的标准，他们就会受到惩罚——得低分。其含义很清楚，得低分就意味着学生明显没有掌握完成任务所需的知识。能力整合课程则相反，它传达的是一种不同的信息。

"我一直跟他们说，并不是每样东西都适用于每个人，"沃克说。人与人是不同的，但没有谁有缺陷。坚持下去，努力和参与是最重要的。

如果不受标准方法的"暴虐"——即每件事情都有一个分数，所有的数字都会被统计出来，用以确定一个人是"好学生"还是"差学生"，学生就有机会成长，去探索那些刺激他们成长的事物。沃克觉得，这门课可以增强学生与他人的互动。"它可以提高你作为一个制造者和实践者的效率，以及作为一个学习者的生产率。你可以认识到你从哪里来，你是谁。"

最重要的是，斯科特·鲁德斯认为，它激发了学生的好奇心。他告诉我们："学生们在探索自己的生活并写下自传之后，对世界产生了永不满足的好奇心。这种好奇心的迸发给他们提供了学习历史、数学、科学及所有他们要学的课程的方法。"布克·T. 华盛顿表演和视觉艺术高中的学生除了要学习表演和视觉艺术外，还要学习以上课程。

学生在能力整合课上要写很多东西，但都是对自己所做的决定和自身习惯的思考。他们要审视、质疑自己制定的标准，还要捍卫它。他们可以用一样特别熟悉的东西练笔：自己。但有些练习除了文字之外，还使用了其他的交流手段（现在各学科的老师都称其为"非作文"作业）。其中一个项目要求学生在地上铺上一大张防油纸，然后在上面躺下来，摊开四肢，他的同学把他的身体轮廓描摹下来。在接下来的几天内，学生们要用各种能引起他们共鸣的物品来填充那个空白：色彩、文字或是从杂志上剪下的图片。然后，他们会写一篇文章，说明一下他们选了哪些东西做这张拼贴画，以及为什么会选这些东西。

内在生命之旅

第一个项目是写一本自传。让十几岁的青少年做这件事显得有些为时过早，但这会改变他们的人生。沃克说："我们谈话时会常常会想起童年，这是对你的做事习惯和过程的大规模思考。思考能跟你产生共鸣的事情，思考让你抗拒的事情，思考那些可能真正具有挑战性的事情。"学生们首先互相朗读上一章引用的保罗·贝克有关自我思考的内容。"我是一个西得克萨斯人！"在接下来的日子里，他们将用该模式思考自己的人生，探索自我，发现自我。

沃克的课上的大部分活动都取材于贝克在20世纪40年代的初创课程。贝克的创作过程五要素论依然会被提起（不过沃克对它们的顺序稍稍做了修改），学生们仍然在探索自己对空间、运动、声音和贝克所说的其他"形式要素"。他们会探索自己所崇拜的艺术家和思想家的生活，探究他们的工作方式、所持的态度、所遵循的仪式、所信奉的观念。这个活动的核心是让学生选择一位他们钦佩的艺术家,并考察这个人如何工作。他们要收集这个人所发表的一些言论,通过这些言论,学生可以了解这个人的工作方法。但沃克也将其他想法带进了她的课堂,她借鉴了一些艺术家和教育家的观点,这些人对由贝克的初创超级课程引发的对话做出了贡献。

例如,为帮助这些十六七岁的孩子探索他们的人生,沃克借鉴了崔拉·萨普(Twyla Tharp)的"创意自传"(Creative Autobiography)概念。这位著名的舞蹈家和编舞家提出了33个问题,这些问题很好地把握了贝克在20世纪三四十年代首次提出的观点。你的第一次创意是在什么时候?你有过的最佳想法是什么?是什么让你觉得它了不起?诸如此类。

沃克把琼·休斯敦(Jean Houston)的记忆练习和利兹·勒曼(Liz Lerman)的批判性反应过程都带到了她的课堂上。在做前一个练习时,学生们两人一组,在笔记本上记录下他们幼年时的经历,那些一闪而过的记忆。他们可以回溯到天真烂漫、懵懂无知的年代:某种最喜欢的味道或者气味;某个可怕的时刻;玩水;任何他们拥有的东西。当学生们轮流趴在地上,其伙伴在一旁做笔记时,他们在体会这样一个观点:穿越童年和儿时最早的记忆能增强人们唤起更多近期经历的能力,甚至能让心灵穿越时间,他们可以想象自己在观察威廉·莎士比亚观看《哈姆莱特》或林肯发表《葛底斯堡演说》的样子。

随着记忆力和想象力的加强,学生们想必可以了解自己,了解自己如何思考,脑海中的想法如何出现,但同时也可以学习该如何触发大脑产生创意。当他们谈论、探索自己在过去进行创造时的一些仪式和习惯时,他们开始考虑什么是最有效的,什么是无效的。他们开始回忆自己最早的创意行为。它是否成功?在他们看来,是什么让它卓有成效?他们想要在一个什么样的环境中进行创造:有嘈杂的音乐声还是安安静静?他们需要四处走动还是待在某处?

沃克在课堂上会利用形式要素来启发学生用全新视角看待学校教育及其

对学校教育的反应。有一天，她让学生们思考节奏：他们的一天通常是什么节奏？他们遇到的人是什么节奏？他们的班级和老师又是什么节奏和速度？沃克让他们思考：那些他们上过的好的课程是什么节奏？那些让他们感觉吃力的课程又是什么节奏？他们需要观察，这些事情是如何影响自己的。对于创造过程中的其他元素，他们也进行了类似的练习：空间、运动或线条、光线或色彩、轮廓、节奏、声音或沉默、形状，以及质地。

对每一项练习而言，并非每一组学生都会产生相同程度的兴奋和投入反应，但有一项活动却常年吸引着学生们的强烈关注。沃克在报告中说，全班都"在沉默中静坐六到七分钟，然后将大家听到的所有声音写下来，并对其进行分类"。是人发出的？还是机器或是大自然中的声音？是持续的还是零散的？是有节奏的还是嘈杂难听、不和谐的噪声？是从一个地方来的，还是环绕在我们周围的？学生们能听到自己的呼吸声吗？

在这一练习之后的几天里，每个学生都为自己的生活创建了一个音轨，将最喜欢的声音放入数字播放列表中。在这个练习中，他们开始收集那些定义他们的景象和声音，并思考这些刺激因素在定义他们的工作和创作方式时可能产生的影响。

贝克和勒曼式的反馈

在很多传统课堂上，给予反馈意味着指出或纠正错误。当学生走近并试图理解一种新的文化时——比如科学或其他领域——这似乎是恰当和必要的。他们首先必须弄清浩繁的事实，而这些事实的正确性是经过几个世纪的调查、测试、推理、辩论和评价确定下来的。要掌握繁多的材料，人们必须去理解和记忆那些可以用正确、错误或部分正确来标明的东西。

然而，这种学习方法未必能培养想象力，也未必能创造出爱因斯坦所称赞的那种新视角。在这位物理学家和小提琴演奏家对创造性思维及艺术在培养创造性思维方面的力量给予了积极的支持后，教育家们对何种教育和反馈应该占主导地位进行了长期的争论。如果学习只意味着让学生把事实弄清楚，那么把重点放在纠正错误上就有意义。而另外一些人关注的则是爱因斯坦对自己艺术家身份的推崇。

这些冲突熏陶了保罗·贝克的心灵，也催生出了能力整合课的一种不同的反馈方式。2003年，编舞家和乐团经理人利兹·勒曼抓住了许多在艺术院校、贝克的课堂和其他地方浮现的想法，赋予了它们一个系统性结构、整体上的意义和目的感。我们与凯特·沃克交谈时明显感觉到，贝克和勒曼都推动了这位来自达拉斯的舞蹈教师的思考。

沃克曾听勒曼和其他人争辩说，反馈的目的应该是让人更急于重新开始工作。这种方法和找出错误并纠正它们的反馈方式大相径庭。它不会残忍地告诉学生，他们犯了什么错。沃克已经开始担心——在她之前，勒曼也曾这样担心过——按传统方式来纠正作家和舞者的错误会扼杀他们的想象力和创造力。和勒曼一样，这位来自达拉斯的老师并不只是想克隆自己，而是想帮助学生探索如何才能找到自己的声音和节奏。

这种非评判性而又积极的过程指导着凯特·沃克对学生所做的批评。这与克劳德·斯蒂尔在研究中采取的方法颇为相似。这位斯坦福大学的心理学家和他的同事发现，当老师说出以下这些话时，学生通常会做出特别积极的反应：我们有很高的标准，但我们从你的工作中看到，我们有理由相信你能达到标准。正如斯蒂尔告诉我们的那样："高标准和肯定的结合就像是龟裂土地上的水，我们都需要这种滋养，但却极少能得到。"

意义

请设想一下能力整合课如何与本书中提及的其他超级课程互补。想想欧林工程学院、佐治亚理工学院或其他院校的工程系学生，他们在投入科学和工程学课程学习的同时或者可能在之前就体验到了这种环境（我们将在下一章探讨佐治亚理工学院的生物医学工程超级课程）。也许他们会看看他们所钦佩的工程师是如何工作的，并将其与某个艺术家的实践进行比较。记住，爱因斯坦自称是艺术家和科学家。

虽然众多大学强大的本科课程都重视批判性思维，但对于如何培养全体学生的创新能力和想象力，我们常常是在"开空头支票"。能力整合课可以帮助他们填补这一空白。

第 13 章
超级课程系

这是一个在科学、技术和数学等学科领先的学院的生物医学工程系的故事,但它对各系、各学科的教学都有相当重要的意义。历史学家、化学家、社会学家,甚至是艺术家和其他各种各样的人都可以从这个系的曲折经历中有所收获。我们向所有研究领域发出挑战,希望大家能思考这个故事的意义,设计出别出心裁的、高效的教学法,创造出自己的批判性的、自然的学习环境和超级课程。这个故事与我们刚刚探讨的那些关于能力整合课的材料也有重要联系。

创新始于打破常见规则和模式

20 世纪 90 年代,当生物医学工程项目在佐治亚理工学院出现时,唐·吉登斯(Don Giddens)和他的同事们迈出了不寻常的一步。和大多数名牌大学一样,在这所位于亚特兰大的高校任职的教师必须从事科研工作。这意味着他们的主要工作是学习别人不知道的东西。虽然教授们的学术背景都很雄厚，能对科研工作进行高水平的管理，但他们还有另外一项职责，对这一点他们几乎毫无准备。他们要培养未来工程师的深度学习能力，而这些教授中的大多数从未正式研究过人类的学习和动机，因此很难指导学生。

最近有位教师跟我们说："瞧，我费力地想帮助别人学习，虽然关于人们如何深入了解某种事物的研究和理论文献浩如烟海，而且越来越多，但我从没读过这些文献，也不知道它们对我自己的研究有什么帮助。"

在几乎各学科的研究机构中，这种情况都很常见，甚至对于一些培养本科生的文理学院来说也是如此。大多数研究领域的博士学位都要求学生进行极具强度和广度的研究，以至于当博士生拿到学位时，会觉得自己已经无所不知，可以帮助别人在其领域取得进步。有句老话说："夯实专业知识，关心学生，你就能'教得好'。"的确，很多老派教师并不认为在学习和教学方面有什么要学的东西。随着这些研究者们在自己的领域不断探索、进步，出于某种难以解释的原因，他们有时会更确信自己已经知道了做一名优秀教师所需的一切。

为解决这个问题，很多大学都成立了教学中心，由一位重要的教学大师担任主任。这种模式对大多数院校来说都很有效。我们发现，教学中心主任通常能给教师和学生带来真知灼见，使他们受益。不过，正如一位院长最近所说的那样，学校偶尔可能会过于在意能否得到"一个能赢得教师尊重的人"。虽然这听起来很重要，但从本质上来讲，不过就是招聘一个拥有博士学位、在某一学科发表了足够多的文章的人，之后便不管这个人是否对人类思维、学习和动机的研究有充分了解。说白了就是，只要你精通自己的学科，就可以帮助任何人学习。

由于某些原因，高端研究型院校似乎特别容易受这种做法和态度的影响。他们有时会任命某位核心领域的顶尖学者作为教学中心的最高负责人，再由另一位具有学习科学背景的人负责日常工作。很少有一流的工科、理科、人文或社会学系会真正聘请认知与学习科学家作为教师。

但这也正是唐·吉登斯当上佐治亚理工学院华莱士·库尔特生物医学工程系主任时发誓要做的事。该系是与埃默里大学医学院合作办学的产物。他和他的同事们想找一位主要研究人类学习的学者来系里工作。他们找到了认知和学习科学家温迪·纽斯泰特（Wendy Newstetter），她将帮他们改造这个系。她为学生们创造了一种新型学习体验，这门课不仅能启发本科生的深度学习，还能成为促进教师发展的强大力量，"某种孵化器"，就像一位教师所说的那样。在这个"孵化器"里，一些实验性教学法将帮助其他教师对教学产生更深刻的理解。其结果将引发课程设置上的连锁反应，在未来几年内充实其他课程，并如一位教授所说，"对某些教师产生重大影响"。

酷酷的一步和基于问题的教学法（PBL）

当副教授乔·勒杜（Joe Le Doux）谈起这个系的历史时，他自豪地说，"我们组建一个全新的系时，居然聘请了一位学习科学家"进入教师队伍，这多"酷"。他回忆说："她介绍给我们的，是'基于问题的教学法'（Problem-Based Learning，PBL）。"

20世纪60年代，加拿大麦克马斯特大学（McMaster University）的两位同事曾率先提出了PBL的技术和见解。神经科学教授霍华德·巴罗斯（Howard Barrows）和护理学临床讲师罗宾·汤伯林（Robyn Tamblyn）为这个方法制定了许多细节。他们首先观察到一个简单，但经常被忽视的情况。传统教育强调记忆。这就要靠考试来决定谁晋级、谁被淘汰。然而，在医学上，病人并不关心他们的医生能记住多少知识。他们需要的是一个能解开医学之谜的医生，他能做出正确的决定，并给他们提供最好的治疗。

不过，生病的人当然也希望医生能记住该记的知识。巴罗斯和汤伯林意识到，虽然科学上的准确性是做出正确临床决定的关键，但一个人如何获得相关信息、进行相关理解也很重要。人类有这样一种恼人的能力：我们能背下来东西，但却不能认识到它们与特定情况的相关性。坦率地说，这就是一个转换的问题。但如果医学院学生在试图解决一些问题时遇到一些知识（这些知识今后将解决这些问题），"这种学习对于创造一个将来可用的知识体系来说，就有效得多"。

巴罗斯和汤伯林创造了一个基于问题的教学法，加拿大人把它带到了位于斯普林菲尔德的伊利诺伊大学医学院。虽然他们开发这一方法是为了满足医学生学习的需要，但它最终会传播到包括工程学在内的其他学科。"我们甚至请了几位霍华德·巴罗斯的人过来给我们开研讨会。"回忆起早年在佐治亚理工学院的日子时，乔·勒杜说道。在20世纪的最后40年里，PBL渗透到了各个学科，但结果不一。我们将探讨这意味着什么。

佐治亚理工学院的 PBL

温迪·纽斯泰特和她的新同事们接受了巴罗斯和汤伯林的思想，并对其加以应用。他们丰富了教学过程，创造了一个具有相当影响力的超级课程。但正如巴罗斯和汤伯林在他们早期的著作中所指出的那样，这种方法并不仅仅是给学生提一些问题，然后让他们去解决。它是"一种非常具体的教育方法……由旨在促进具体教学过程的工具支持，"巴罗斯写道。它对"基于大量经验和研究"的学习进行了严厉的、结构性的打击。

温迪·纽斯泰特加入这个项目时，观察到两个重要现象，这引发了她的思考。"在工程学这类学科的学习中，学生们必须上很多必修课，"她指出，"但从来没有人去帮他们弄懂为什么要学习这么多'先修课程'。"很多学科都有这种情况——并非仅仅是在工程学。其次，她注意到，现在科学和大多数其他领域的研究之所以能发展起来，是因为有人要解决一个问题，需要一个答案。

这就是研究（学习）的本质，她总结道。12 年来，在美国国家科学基金会的资助下，她对研究实验室开展了——就像纽斯泰特所说的那样——"像人类学家一样的调查"。"我们提出了关于何为认知的本质及科学领域前沿的学习是什么样的问题"，她把这段经历融入了在乔治亚理工学院的超级课程设计中。"当人们有问题需要解决时，科学就会进步。"可能是关于如何理解某件事的问题，也可能是有助于实现某个具体目的的"实际"问题。"问题推动学习。科学家和学者在思考的过程中发现了问题，便着手去解决它，"她说。正如我们之前指出的那样，当人们试图解决一些问题或回答一些他们认为重要、有趣或美好的问题时，最有可能采取深入的学习方法。不过，纽斯泰特越来越认识到，在学校里，学习体系往往只是简单地把学习者往一个方向赶。先学这个，再学那个。在进入下一步之前完成这些要求。"这就像学习打某个游戏，"一个学生最近提出，"却只知道遵循公式，连最终目标是什么都不了解。"这个过程往往最多只能促进策略性学习。纽斯泰特希望能改变这种环境。

她计划让学生投入到一些几乎没有任何准备的问题中去。修完她的课程后，学生不会成为训练有素、学识丰富的专家，但却能拥有发现问题的能力，还能将问题分解成一个个小的部分。他们将学会提出问题，学会团队合作，学会创造实体样板，还将学会进行"基于模型的推理"。最重要的是，她的课程会帮助学生学会辨认并欣赏一些他们先前并不知道，但需要学习的东西。简而言之，这段经历将为学生接下来的工程学学习奠定基础，向他们灌注技能、输入动力，使其在后面的每一堂课上都动力十足。

建造这样一个论坛工程，需要大量脚手架。当论坛里的人遇到该领域的真正问题时，需要有人能帮他们将问题分解，确定难题中的关键问题，并决定从哪里开始解决。这需要一些技能，而他们尚不具备，他们要专心解决问题，因此需要掌握一些相对便捷的方法，来获取这些能力。

学生们必须认识到亚里士多德这一观点的力量："对于那些必须要在'做'之前学习的事情，我们可以通过'做'来学习"，并能自如地运用这一智慧。纽斯泰特称她的方法为"向前学习"。学生们在解决生物医学工程中遇到的具体问题时，将培养出新的能力——例如在数学和统计学方面的能力——这将给他们未来几年的学习提供指引。最重要的是，现在学这些学科，就像在品尝一碗汤、品味一本好书。先喝上一勺，刺激一下他们的胃口，让他们还想再喝。这种方法有助于彻底改变佐治亚理工学院的生物医学工程教育。

每学期都有 136 名学生参加这个班，他们被分成 17 个小组。第一次见面时，学生会收到一份教学大纲，在大纲的指引下，开始这种新型体验。大纲提示他们，生物学和医学领域的工程师一般都会设计医疗设备，并为其使用提供帮助。"但是，研究并解决一个需要'生理学、设计、工程分析、建模和构建'知识的多面性问题，会是怎样一种体验呢？"学生们听到老师说，他们在职业生涯中将面临的大多数挑战都是从一个"模糊的医学"问题开始的。他们如何才能一步步拿出一个"合适的设计方案"？

为回答这些问题，学生们以系统的方式，"通过解决当下的问题来体验生物医学工程世界"。这一有序的学习过程正是这门课程最有价值的地方。所有课题都来自于真实经历，直接来自于某人的医学实践。"有时候我们会从《纽约时报》上找点东西，"乔·勒杜说，"但必须是一个没有已知解决方案的真实问题。"

例如，在 2018 年，纽斯泰特问医生：面对帕金森病患者，他们的挑战是什么。他们告诉她，挑战是往往很难预测病人需要多少药物，以及该何时服用。"你们将运用物理学、数学、科学、生理学和电子工程方面的知识"来解决一个重要问题。

这种方法的效力大部分来自于对问题的选择和设计。这个问题必须在概念上很丰富、结构上不合理，并且意义重大，而不仅仅是如何在当地的三明治店修理一台吱吱作响的冰箱一类的问题。学生必须看到，他们有机会做出重大贡献。目前尚未有人能解决这个问题，他们有机会去破解它。纽斯泰特说:"如果学生感觉不仅仅是在学习课程,而是真正参与了重大项目和研究,他们的动机水平就会非常高。"最后,学生会制造出一个实际的产品,这就成了诱惑他们的诱饵。

从本质上讲,该学院摒弃了这样一个旧观念:必须先在死记硬背中"学习知识",然后才能开始对其进行创造性和批判性思考。无疑,它也拒绝了这样一个标准观点:学生必须听某个学识渊博的人给他们讲解所有关键知识,然后才能进步。佐治亚理工学院的教授们营造了一个细心架设了脚手架的学习环境,激发了学生的"求知需求",然后为学生提供"及时雨",让他们有机会获得解决问题所需的信息和能力。在课堂结束时,对于一些关键的技能,学生仍然需要拓展、充实他们的经验,但他们已经拥有了重要的能力,并能全方位理解为何必须学习各种各样的学科——比如统计学,才能成为一名优秀的工程师。从本质上讲,佐治亚理工学院的学生通过做优秀工程师该做的事,学会了如何成为一名优秀工程师。○

用于探索 PBL 的特殊教室

佐治亚理工学院对 PBL 所做的最大贡献或许便是创造了一种新颖的教室,

○ 佐治亚理工学院并不是第一个走这条路的工程学院。1992 年,当肯来到美国西北大学时,他拜访了时任麦考密克工程与应用科学学院院长的杰瑞·科恩(Jerry Cohen),并建议学校让本科生在学习初期就参与"做工程"。传统做法是,在他们在本科阶段后期接触真正的工程项目之前,必须先学习一系列先修课程。科恩和他的同事们已经在考虑类似的问题,并在接下来的几年里采用了一些办法,来落实这些想法。西北大学麦考密克工程与应用科学学院的"第一工程项目"于 1997 年开启,当时还没有学习方面的专家掌舵。它从一个由工程系教授和文理学院写作系教师开设的团队教学课程开始。学生们在学习"在竞争激烈的市场中制胜所需的演讲技巧"的过程中处理真正的工程项目,而有了学习方面专家的指导,佐治亚理工学院的 PBL 方案提供的不仅仅是在大一阶段"做工程"的机会,它还帮助学生开发出一种系统化的问题解决方法,同时更多地融入系统化的思维和实践,改变了学生和教授们。

使这种教学法可以在这里发挥作用。㈠这是一个新成立的学院，所以纽斯泰特和她的同事们拥有一些在老学院所没有的优势。勒杜回忆说，"我们甚至连教学楼都没有，"所以"可以设计一个"，这个建筑将体现这几位工程学教授正在探索的学习科学。

标准教学建筑的主体应该是一些大教室，可这里却相反。乔·勒杜说："我们将一半教学空间用作 PBL 室。"在这些狭小的区域里，八个学生围坐在一张桌子旁，触目所及的都是可以用作"白板"的墙面。当学生们绞尽脑汁思考问题时，他们可以在房间里的任何墙面上写字，然后在需要的时候擦掉、重写。

"我们把学生放在深水区，"乔·勒杜说，"让他们体验一下工程设计的整

㈠ 我们不知道这个房间在早期有什么用途，也不知道许多教授是否从老式的口头授课转向了互动性更强的教学法，但当我们来到西北大学时，似乎没人记得那些桌子为什么会放在那里。教师只是站在讲台后面，向全班同学说些什么，或者用 PPT 来讲点东西。新教师和新院长们猜测，要是把连着座位的木桌拆掉，换成一排排带软垫的折叠式剧院座椅，那这个教室能容纳更多学生，而且这样的话，学生听别人说话时也会很舒服。在他们有这种念头时，这间教室也就背离了它最初的设计理念。20 世纪 90 年代末，商学院院长获得了对该教室的掌控权，他动用高额财政拨款，拆掉了桌子，建造了一个能比原先多容纳近百分之五十的学生的教室。本来教师可以利用这个教室带学生轻松地做一些创新性、高互动性练习，现在这样的机会没了，不过一大群人可以聚在一起看表演——比如有一次比尔·盖茨来对着汹涌的人潮说了几句话，有人在他脸上贴了一个蛋白糖饼。类似的事情也发生在校园里的另一个教室里——当初这个教室是为了开展有灵活需求的小班教学而创建的。这是一个圆形房间，四周是玻璃幕墙，里面摆满了带轮子的椅子，这些椅子可以随意旋转。教师可以随心所欲地布置这个房间。这个高灵活度的空间也成了高层破坏性规划的重点，这次的考虑与教学、学习、研究或服务都无关。有一天，图书馆——现在它接管了这个房间——把所有能移动、旋转的椅子都搬走了，取而代之的是可以用螺栓固定在地板上的固定式座椅。为什么要这样？因为保管员发现，如果"永远不知道椅子在某一天会被移到哪里"，就很难在各排之间轻松清扫。似乎没有人想到，这些椅子之所以经常散落在各处，是因为各类班级需要对座椅进行不同安排，这正是带轮子的椅子所能满足的，而用螺栓固定在地板上的椅子则无法满足。

个周期，来一次旋风之旅。"

在这些特殊的 PBL 室里，学生们分为每八人一小组，奋力解决问题。一位之前上过这门课、稍微内行一点的本科生会加入他们，在这个过程中给予他们指导。他会向他们提一些问题，但不做任何解释。㊀一位辅导员在各 PBL 室之间走动，时不时与担任主持的同行碰头，并对所有小组的工作提出建议。乔·勒杜说："这八名学生会拿到一份不超过半页到四分之三页的问题陈述。"主持人必须对想让这些年轻弟子采取的行为做出示范。"不要讲课，不要说，示范解决问题的过程和团队技能。"

学生从"如何互相介绍自己"开始。怎样才能向对方提出开放式的问题？如何才能对彼此充满好奇？"我们希望学生对自己的同学有充分了解，能看到每个人都是独一无二的，每个人都有自己的特殊技能，能协助小组解决问题，"勒杜说。我们在听佐治亚理工学院的教授们解释这些过程和理念时，仿佛听到了保罗·贝克在他的能力整合课上用到的那些方法和想法。

学生阅读完问题陈述后，主持人会在一面墙上标出一片区域，让学生把自己知道的关于这个问题的一切都列出来。这片区域写满后，还有另一片区域等着全班同学把他们尚不知道的东西写上去。在列第二张表时，初出茅庐的工程师们也开始推测可能的解决方案，并将他们的想法记录下来。这一过程刚开始时，每个学生都要选取整个问题的某个方面，并围绕这个子课题进行深入的专业知识学习。当学生在课外根据他们对整体问题的特殊方面进行个人研究，然后开始相互分享时，他们做的就是内容学习。

这些小组每周开两次会，每次九十分钟。每次会都从同样的流程开始，连续几个星期都是如此。他们了解到了什么？哪些问题依然相关？从上次开会到现在，他们学到了什么？勒杜总结道："不管学生最感兴趣的是什么，每

㊀ 该系最初让教师担任辅导员，但后来改用本科生，因为他们认识到一点：相较于专家，在学习上只稍微领先于你的人更有能力帮助你学习。

个人都要认领一个或多个关键问题，并承诺在下次开会之前恶补这方面的知识。"⊖

在这门课中，学生学习了很多科学和工程学方面的内容，但这并非其主要的学习目标。相反，他们努力在这四个技能领域有所建树：参与探究、解决问题、掌握知识及在团队中工作。对学生的评估也看他们在每个领域的表现。"我们并非要打造学科专家，而是要培养新型工程师，"一位教师说道。"我们想要一些能深刻理解生物学的人，这样他们就可以将工程学与临床视角结合起来，从而改善医疗保健。"他们要有"认知上的灵活度和真正的全面思维"，还要有从多角度看问题的能力。为达到这个目标，学生必须要有无数机会来"实践这种整合，而不仅仅局限在一些顶级课程中。"

佐治亚理工学院的这些弟子从主持人、同学之间得到了源源不断的反馈。每人都有一本"工程师日志"，上面记录了自己"在小组会议之外"所做的工作。他们每做一次推动自己学习、为小组进程做出贡献的事情，都要做一条记录，并注明日期，作为工作的"持续记录"。学生们会记下他们查阅的每一份资料、脑海中冒出的各种问题和想法，以及掌握的主要信息。他们的教学大纲告诉他们，"一个工程师的设计手册，在你一步步设计产品的过程中，它应该展示你的知识、想法和解决问题的发展史。"在整个学期中，每个学生都要根据自己在该部分课程中所做的工作写几次感想。

⊖ 所有小组每周聚一次，一起开联席会，但这些大型会议并非课堂上的驱动力，也不是典型的"授课"。小规模解决问题的环节依然是课程的关键。"我们甚至可以取消大型会议，"纽斯泰特说，"重要的是学生将要做的研究，还有他们的解决问题的环节。"但那些全班同学都参加的一般性会议确实提供了几个机会。比如，学生们可以听帕金森病专家做讲座，或者听帕金森病友团团员做报告。"某次会议可以专攻这个疾病的技术细节，"纽斯泰特指出。"下一次会议可能是关于团队活力的，来帮助团队更有效地合作。"如果需要设计一个新设备，学生可以得到一些技术上的解释，他们得明白这些东西。"学生已经准备好听这些讲座，因为他们已经深入到了问题的内部。"

教师用各种方式不断强调成长的机会，强调人人都可以从新手成长为专家。最后的评估试图把握学生在该学习过程结束时已经掌握的能力，而不仅仅看他的平均水平。但评估也试图鼓励学生做出稳定而有规律的进步，日积月累地培养一些日常习惯，而不是临时抱佛脚，在最后一刻拼凑某样东西来交差。在这一点上，日志起到了一部分作用，但同伴评价也很有用，它打造了一个社群，让学生感受到对这个社群的责任。来自方方面面的反馈的核心是评语，这些评语阐明了对学生的期望，鼓励这些崭露头角的工程师专注于自己的成长，朝着明确的目标前进，而不是关注他们得了多少分。

每个学生都要进行大量写作。他们要做正式的展示，还要"积极参与所有报告的写作"。在学期结束时，每个人都要在课堂上写一篇文章，"在有限的时间内解决一个复杂的问题"。这是最后一次机会，人人都可以展示他学到的所有东西。

不过，将这门课定位为超级课程的并非是这些细节。我们之所以将其收录进来，是因为它采用了基于问题的教学法。整个课程都围绕着一些学生眼中重要、奇妙、优美，甚至是有趣的问题来构建。纽斯泰特的课程利用一个重要、奇妙的问题来培养深度学习习惯，然后让学生组成小组，在努力创新的过程中互相学习。这种体验让每个人都有机会在完全理解一门学科或用知识武装大脑之前就去实践这门学科。

我们欣赏的另外一点是：这门课程也说明了一个系如何引进一个人才，让这个人帮助同事们探索学习科学。

动机很重要

这门课程成败的关键在于学生对所解决的问题的积极性和投入程度，以及他们在多大程度上感觉自己做的是工程学的前沿性工作，是重要的、可以帮助别人的原创性工作。一个模糊的、有吸引力的、重要的问题；一个可以反复尝试、接受反馈、与他人合作的机会；一个过有创造力的生活的机会——这些都推动着班级成员深入探求方法，取得成就。从一开始，身处这种特殊学习环境中的学生就在他们得到的尊重中找到了动力。

这种动力首先出现在开场练习中。做这个练习时，学生们要进行自我介绍，他们知道别人对自己很尊重，因为自己给项目带来了独特的视角。

PBL 如何变成走过场，如何使其重新焕发活力

基于问题的教学法仍在传播，尽管没有人们预期得那么快。它往往在新兴大学，而非老牌大学中蓬勃发展。马斯特里赫特大学直到 1974 年才在荷兰成立，但它从一开始就使用了 PBL。最先应用它的是医学院。后来，它扩展到这所成长中的大学的每个领域：法律、经济、艺术和文化、心理学、人文、科学、工程及其他领域。

然而，在这个项目声名鹊起、享誉 30 年后，有些教师开始注意到，它的边缘已经出现了裂痕。在医学领域，学生像进行某种仪式一样完成这个过程，其初创精神已经在这个群体中逐渐萎靡。一位教师告诉我们，学生们"越来越不愿意分享信息和想法"，并产生了"搭便车"的态度。到了 2001 年，几位教授发文揭露导师如何"更多地采用教师指导而非学生指导的教学方式"。这些心力交瘁的导师并没有培养学生解决问题的能力，只是在给他们的弟子上课。

为解决这一问题，在马斯特里赫特大学教授公共健康的卡塔莉娜·恰巴诺丝卡（Katarzyna Czabanowska）和她的同事们对其 PBL 教学法重新进行了审视，并有了一些重大发现。他们发现了一些我们已经讨论过的问题，尽管他们从未用这种语言表述过。学生会带着根深蒂固的现实心理模型来到基于问题的学习环境中。为了刺激学生成长，必须使他们身处一个其范式无法起作用的环境中，还要让他们关注这种失效情况。正如那些荷兰学者所说的，学

习者应当"在认知上和情感上都与研究对象融合在一起"。或者,像我们所说的那样,学生必须有深度学习的意图。

当人们面对令其着迷、关心,会扰乱其心智模型的问题和难题时,最有可能采取这种方法。如果他们有信心能解决这个问题(得到正确的帮助),有自由(自主)掌控自己的学习(马斯特里赫特大学那位老师所说的"自我指导的学习"),有机会为更广阔的利益做出贡献(关联性),就会有很高的积极性。这就是佐治亚理工学院取得的成就,这一成就给其研究结果带来了极其正面的影响。㊀

孵化器

正如我们在前面提到的那样,纽斯泰特的超级课程成了其他创新项目的孵化器。在与这位认知科学家合作了几年并对人类的学习有了深刻的认识之后,乔·勒杜解决了一个困扰高等教育的重大难题。在这个过程中,他和同事们创造了一个属于他们自己的超级课程,该课程对于其他学科领域也有着巨大的借鉴意义。乔注意到一件事,其他教育工作者也都认识到了这一点:即使拿了高分,学生也并非总是在进行概念上的学习。因此,他们往往不能

㊀ 温迪·纽斯泰特在佐治亚理工学院设计了她的超级课程,多年以后,她发现了一个关于动机的解释。这个解释把握住了她在课程中所体现的原则。她现在用这个模式来阐释自己的想法。这一模式很好地告诉我们,为何她的超级课程如此成功,而其他课程却收效甚微。这个模式的创造者是弗吉尼亚理工大学的教育学教授布雷特·琼斯(Brett Jones),他采用了德西和瑞安及其他几位研究学习动机的专家的观点,将其概括成一个缩写词:MUSIC(不过第一个字母并非首字母):要想拥有深度学习的强烈动机,在校学生必须要感觉自己"eMpowered"(被赋能,相信自己能做到),要觉得课程"Useful"(对某种事业有用——人类福祉、将来的职业等),在这里,他们会"Successful"(成功),因为课程包含一些有趣(Interesting)的想法和事情,还有人给他们提供满满的"Caring assistance"(老师、辅导员和同伴会给予他们精心的辅助)。

解决复杂的难题，或者不能把在一个领域学到的东西应用到稍有差别的新情况中。

在许多领域，这意味着学生们往往会寻找一些可以遵循的固定步骤，一些可以记住的公式。他们认为，他们要做的就是找到合适的处方，或是输入正确的数字，这样就能得到解决方案。然而在生活中，这种方法无法应对佐治亚理工学院的本科生在他们的工程师生涯中可能遇到的那些凌乱、结构不合理的挑战。为解决这个问题，勒杜在 2008 年创建了他所说的"解决问题工作室"（PSS）。它将基于问题的学习提升到了一个全新的水平（现在被称为"问题驱动学习"）。虽然这个方法的出现是为了解决工程学学习的问题，但人们可以将其应用于各种学科。在本节的最后，我们将推测它在历史和其他学科的应用情况。

勒杜设计了一种新型学习环境——主要借用了建筑学和其他一些领域使用的一些老式结构——以及在这个空间内部的一些新式做法。经他改造后的教室有二十四张小桌子和四十八把椅子，全都带轮子，可以四处移动。桌椅的数量可以有变化，但其效果不会改变。一般是四个学生围坐在两张桌子旁，两人一组，来解决特殊类型的工程学难题。他告诉我们，这些问题除了让学生着迷之外，还"有着合理结构，但多少有些复杂"。就像我们将要看到的那样，为满足学习者的需要，教师可以或多或少地将问题的结构打乱，使其更为复杂。稍后我们再谈这个问题。

为了使学生的工作公开化——这是 PSS 的定义因素之一——每对组员都有一支钢笔或铅笔，还有一本宽约 43 厘米、长约 56 厘米的拍纸簿，而不是让学生使用计算机。毫无疑问，你会注意到，这个故事很好地阐明了本书第 1 章讲述的一个重要观点：在教育中产生巨大影响的并非计算机，而是我们对人类学习及如何利用一切最合适的工具最好地促进人类学习的进一步理解。

团队中的一名学生会拿着记号笔开始写，一边写一边阐述他或她的想法，在纸上写下一些数字、问题、想法、公式或假设，另一名学生则会倾听，并做出回应。几分钟后，两人交换角色，记号笔被交到另一个人手中。在学期初，学生可能需要一点练习和指导才能掌握这种"双打"的方法，用它来解决难题，但他们很快就适应了这个程式，运用自如。这不仅仅是对帅哥乔治（Gorgeous George）和其他健美运动员在20世纪50年代的电视节目中表演的双打式摔跤的智力演绎，这是他们将智力锻炼公开化的开始。

一名教师和几名学业略微精进的学生会在这些桌椅和人群中转悠，听着学生们念念有词，看着那些他们记在本子上的内容。

如果这些巡回辅导员或教师发现某个小组走了弯路，他们会进行干预，但并不给出解释。相反，这些教师和近乎同伴的教练会提出一些问题，目的是让全班同学重新思考。偶尔学生会两两相对，让两张桌子旁的四个人都参与到对问题的讨论中来。

我们的老朋友杰罗姆·布鲁纳（Jerome Bruner）把这个过程称为"搭脚手架"⊖。这个词来自于在施工过程中为了使物体保持直立而采用的临时支架和支撑物，拆除后物体就能自行立住。教授和辅导员用问题为学习者提供了恰当的智力支持，使其走上正确的轨道，但当这些学生学会独立思考时，他们就会小心翼翼地拆除脚手架。学生身边的辅导员很少会对全班四十八人说些什么⊜，大多数时候，学生们都在说话、思考、深入理解问题。

⊖ 21世纪初，肯和杰罗姆都来到了纽约大学。当时，杰罗姆已接近九十岁，住在"校园里"。他的卧室在一堵墙的一边，而肯的办公室在另一边。虽然肯和杰罗姆都没有在石膏隔墙上敲电报，也没挖隧道通到另一边，但他们确实成了好朋友，并经常就人们如何学习的问题交换看法。肯后来以杰罗姆的名字命名了教学中心的图书馆，这位杰出的心理学家则将他的一些个人藏书捐献出来，以充实教学中心的书架。

⊜ "我们管这个叫'及时雨'式讨论，"勒杜说。"我们很少用，用起来也很讲究策略。这种讨论可以帮助学生看清自己所做的事情，意义重大，我们只有在万不得已时才会用上，那时候班上大多数同学的大脑里都有着解决难题的强烈意愿，感觉他们需要讨论了，也做好了讨论的准备。"

混乱的问题

这些问题既重要又吸引人,其混乱程度和复杂性刚好能吸引这些年轻的工程师,但又不至于让他们产生挫败感。在这个介于太难和太容易之间的中间地带,学生们感觉恰到好处,是一种理想状态。他们可以一起工作、互相挑战、发起辩论、破釜沉舟——在一个公开可见的空间里捍卫自己的想法。

当然,一些对坐在某张桌子旁的同学来说特别合适的东西,在另一张桌子旁的同学看来,可能过于简单、侮辱智商,还有别的桌子旁的同学则可能会绞尽脑汁。这时就需要"动态脚手架"来救场。在这种高度流动的环境中,指导老师和教授可以对他们能给学生提供多少帮助及何种帮助做出调整。何时应该在一旁静静倾听,让学生自己去努力解决问题?该向学生提出何种类型的问题?这一切都取决于他们听到了什么,以及在学生的记事本上看到了什么。

在以讲课为主的传统课堂上,是否掌握了大量的演讲技巧将优秀教师与平庸教师区别开来。然而,这种正式的讲课却束缚住了教师,令他们难以对学生施以援手,也几乎没有空间来满足同学们的个性化需求。在这个新的 PSS 世界里,高质量的教学取决于好的问题和识别学生解决问题的方法背后的心理模式的能力。最优秀的教师必须随时做出判断和调整,了解学生新颖的想法,选择正确的问题,而不是仅仅提前准备好条理清晰的课件,然后再进行精彩的授课。乔·勒杜说,我们要"给每一组、每一桌和全班同学提出一个(具有挑战性的)问题,但不要太难,否则'他们会陷入僵局'"。

教授和同伴辅导员必须提供"情境反馈",以便了解学生是在前进还是感到了厌倦,以及需要什么样的反馈。他们必须能提供给学生各式各样的可以让他们独立使用的支撑材料,包括阅读材料和音频、视频材料。

在这门超级课程中,高效的教师还必须要知道如何及何时创建最佳小组。

学生在刚踏进乔的课堂时，可以随便坐。但到了第三周，教授和辅导团队会根据前两周对学生能力的把握，创立由不同小组组员混合而成的四人小组。这意味着知识背景雄厚的人可以向别人解释他们的想法，并从中受益。学习费力的学生可以从与好同学的合作中获益。所有学生都在这个尝试的过程中成长，他们会出现不足，会得到反馈（其形式通常是一个恰当的问题），并在有人给他们的工作打分前再次尝试。这些混合小组一旦形成，在本学期的剩余时间内组员就会一直待在一起，这就解决了经常换人造成的需要适应不同性格的同学的问题，保证了每次课的稳定性和连续性。教师让四个经过精挑细选后选出的学生坐在一起，这样就可以使学生体验到足够的多样性，享受适度的压力。为了在挑战和舒适需求间加以平衡，乔规定，任何学生都可以匿名提出一次请求，让某个同学加入到他（她）们小组。

学生们也有机会检测自己。每过一两周，他们就可以卸下训练轮，尝试完全独立解决问题，像考试一样。但是，和前面的一切一样，这些环节也都是用来玩和练习的。没人记分，没人给任何人扣分。他们就像田径赛开始前的跑步运动员一样，会跑一跑，学习一下，多了解自己，在大赛开始前进行改进。教授和同伴辅导员会向他们保证，他们在这里很安全，可以尝试、失败，并得到反馈，没人会评价他们。

除了能在工作室里得到帮助，学生还可以获得各式各样的支撑材料，供自己独立使用。这套材料包括要阅读的文章和书本章节、要看的视频，以及要听的录音。教师可能会提供讲解，让学生课后去听、去看，但绝不会利用课堂时间进行传统式的授课。学生每周在工作室碰面两次，每次两小时，而不是听老师讲四次课，每次一小时。在工作室的时间是属于学生的，在这段时间内，他们可以和自己、同伴，以及各种观点斗争，并在需要帮助的时候得到恰当的帮助。

这种求知的需求和不疾不徐的方法是否提高了学生的概念理解力呢？答案很简单：是的，肯定。它的成效确实就像关于学习的研究和理论所预测的那样。"我们的结果表明，"乔·勒杜和艾丽莎·沃勒（Alisha Waller）在 2016 年写道，"尽管 PSS 强调的是工程学领域的解决问题的技能，但学生对材料的概念理解能力也有显著提高。"[1]不仅如此，无论学生在踏进课堂时水平如何，他们的概念理解能力都有提高。那些拥有先修知识的学生取得了进步，对这门课几乎一无所知的同学也取得了进步。

为改进这个实验，我们还能做些什么？勒杜和他的同事们已经在考虑下一步的工作了。当我们在 2018 年和 2019 年探索这块教育瑰宝时，他们计划改变"PBL 和 PSS 这两个课程"的评测标准，以体现公平和正义的概念。"班级里的同学是否公平对待彼此？他们是否创造了一个人人都有公平的成功机会的氛围？"

勒杜明确表示，学校希望"毕业的学生能欣赏甚至重视多样化的团队"。这门课程该如何推进这个目标？评测标准如何帮助学生评估他们对这一目标的贡献？"我们想让学生看到，他们可以从与各种各样的人的合作中受益"，并希望他们能以多种方式定义多样性，比如从背景、观点、技能和文化等层面。在美国国家科学基金会的支持下，他们现在正在研究如何培养大学里的归属感和对个性的欣赏。

"你来自某片土壤，某个家庭，"保罗·贝克曾强调指出。"你在某个时间出生在某个房子里。你们每个人都有自己的理念、自己的观点、自己的身体张力和背景。"我们都可以互相学习。

在其他学科中使用 PSS

佐治亚理工学院的这一实验是否对其他学科产生影响，给它们带来希望？

---

[1] 勒杜和沃勒用沙尔克罗斯（Shallcross）的物质与能量守恒概念来衡量佐治亚理工学院一门名为"生物医学工程守恒定律"的入门级课程。

我们觉得，推测它在与工程学相距甚远的某个学科中的应用肯定既有趣又有用。比如，在"解决问题工作室"中，如果是历史课会是什么样子？想象一下发给学生一组关于冷战的文件的情景。我们的脑海中会出现多种可能性，包括几年前发现的那些关于诋毁菲德尔·卡斯特罗或者杀死他的提案的文件。这些问题肯定与守恒原则中的问题不同，但它们同样会对该学科及其重要概念有所体现。这些文件展示了美国在政策制定、优先事务等方面的哪些情况？学生还需考察哪些历史证据才能得出合理的结论？如果他们曾是肯尼迪政府的一员，会如何回应这些提案，为何如此？

如果采用历史编纂学的方法，我们可以给学生发一些互相冲突的不同思想学派的观点摘录。它们之间的关键区别是什么？它们是否回答了不同的问题或是对同一问题提出了一些冲突的主张？它们在信仰或（和）态度上是否有分歧？如果他们对对方关于某些事实的观点有异议，哪些证据有助于解决冲突？每个学派的背后都有哪些假设？这些文件在更为重大的历史事件中起到了什么作用？它们采用了哪些概念？

研究中世纪英国史的学生可能会拿到所有提及十三世纪伦敦重大火灾的已知文件。接着，他们的教授可能会让他们估算总共爆发了多少次大火，推测其可能的后果，然后再看一看历史研究者提出的观点。这些社会学新手可能会像查德·理查德森（Chad Richardson）的学生以前做过的那样，研究他们自己和同学收集到的人种学证据，以推测相关的社会学概念。⊖ 这些可能性几乎是无穷无尽的，但大多数都需要我们思考社会科学和人文领域的归纳法，而非传统的演绎法。它们还要求我们思考：如何让学生构建自己对概念和探究路线的理解，而不是简单地对其进行解释。我们要想象进行"翻转课堂"，在课堂以外的时间传递信息，还要利用每周与同学在一起的宝贵时间来促进

⊖ 记住，贝恩在《如何成为卓越的大学生》一书中写道，理查德森在社会学入门课上用到了这个方法。

更深层次的理解、分析、综合、评价及进行理论的创立和检验。

或许你可以想象一下，如何结合本书中的各种例子来把握并构建自己的超级课程。比如，你可以借鉴乔·勒杜的"解决问题工作室"，对其稍作重新构思，召集之前参加过该研讨会的学生，创建一门跨学科研究课程，让多个"研讨会"在一个教室里蓬勃开展，然后在最后的交流中将其重新联系起来。本书中的超级课程就是在这样的"狂想"中产生的，它来自于对重要概念的良好把握，来自于"远距离迁移"⊖，来自于精心的策划，来自于实验和对结果的认真评估，而不是未经任何深入理解便贸然采取的一系列步骤。

⊖ 当人们能在一个与自己的学习环境截然不同的环境中理解并使用他们所学到的想法或信息的含义和应用，且不需要直接指导时，就会发生"远距离迁移"。比如，一个学生学了几何，然后将其应用于台球游戏；再比如，一个学生将其在三角学课上学到的东西应用于在建筑师事务所做的实习工作中。阿尔伯特·班杜拉观察人们学习对付蛇的过程，利用这一经历发展出了他的自我效能感理论。

第 14 章
迈向超级课程的个人历程

1994年夏天的一天，我们站在西北大学校园附近的阿尔美食店外排队。就在我们等着吃黑麦玉米牛肉配卷心菜的时候，一位商学院的同事加入了我们的行列。一年多以来，我们一直对各自的学科互相取笑。

"我有两个问题要问你，"他溜进队伍时咯咯笑着说。"为什么会有人想学历史呢？这么做有什么意义？"他这种讥讽并不新鲜。多年来，历史这个学科一直遭受批判，被抨击为无关紧要、枯燥无味。批评家们说，学历史的学生充其量只是编纂了一堆孤立的事实，然后很快将其抛在脑后。太多的历史学学生难以通过必修的入门课程，造成了困扰美国高等教育的高辍学率和低毕业率。在一些大型州立大学，院系文化似乎更重视那些给出较高不及格率的教授。滥用权力的现象比比皆是。

一些劳累过度的研究生在评定本科生论文时会发现，批改他们在笔记本开头写的那些随笔比阅读其后来写的更深入的文章更容易些。得克萨斯大学奥斯汀分校的一位英国史教授曾经弄丢过一个本科生放在他邮箱里的论文，他便给了这个学生一个 F，然后吹嘘说这有助于使他的成绩呈正态分布。

我们和本学科的大多数人一样，认为教历史就是要讲课。然而，这位同事那天提出的问题却触动我们进行重大反思。夏天，在芝加哥郊区的那段漫长日子里，我们对教与学的理解发生了巨大转变。在接下来的几年里，我们创造的理念与方法为历史教育的重要转变奠定了基础，打造出了超级课程的另一种模式。㊀ 我们的旅程就从那位商学院教授在阿尔美食店外提出的两个问题开始。

为何学历史

从理论上讲，历史是一门解释性的学科，它邀请学生进行丰富的脑力搏击，让他们掌握新的思维方式。这些全新的思维技巧可以从多方面为他们提供良好的服务，但最重要的一方面莫过于帮助他们直面那些轰炸自己的历史见解。我们都会碰到一些关于过去的争论。它们出现在新闻、政治辩论、广告宣传语、歌词、电影、小说、笑话，甚至是与朋友的闲聊中。"我不知道，也不关心历史"可能是不喜欢历史的学生的一句口头禅，但大多数学生对历史都有一些自己的观点，这些观点影响着他们的思维方式，甚至是他们所珍视的价值观。有时，这些观念会潜移默化地进入我们的脑海，以至于我们根本意识不到它们的存在。很多常见的偏见都来源于对某些人和他们的文化中的一些虽然很模糊但却错误的历史观念。

不过，要想审视思想并提高其质量，我们就必须意识到历史信念如何塑造我们对自己和他人的看法、塑造我们的政治和社会观念及态度，甚至决定了我们的品味和感受。如此强大的力量在我们的大脑中飘荡，我们如何学会

㊀ 我们的新设计突出了一些能激励学生采取深入手段进行学习和练习的方法，这些方法在帮助他们发展具体的学习目标——包括更深入的阅读和写作——的同时，还能给他们带来乐趣。

权衡它们？如何识别那些融在文化中的微弱的历史观点？这些观点塑造了一切：从种族和性别到政治和个人事务。

可是，人们在学习历史的时候能学到什么呢？过去发生的一切吗？显然不是，那又是什么呢？历史学这门学科最强大的功能便是研究历史变化：它们如何发生的？为何发生？有什么影响？科学家研究自然界和它所讲的所有语言（化学、数学、物理等），而历史学家则研究人类事务中的变化。历史学使我们可以将自己的时代与另一个时代进行比较（就像一位前同事所说的那样，"这就像看颜色一样，有些色调我们不可能辨别出来，除非你把它们和其他色调对照着看"）。对历史变化的研究为我们提供了丰富的比较。作为一门学科，历史学现有的知识体系由一些关于过去的观点组成，学生如果不学会评价来自流行文化和学术研究者的历史见解，就等于没学过这门学科。有些同事会帮助学生处理原始资料，让他们能形成自己的结论。这是一个令人钦佩的目标，但这还不够。毕竟，没有哪一个专业历史学家会对他或她可能遇到的每一个问题都进行原始资料研究。历史学家依赖于同事的工作和自己批判性地阅读其他学者的著作，比较相互冲突的观点的能力。学生——即使是初学者——也可以掌握这些能力。

我们无意控制学生的想法，但确实希望他们在学习中能拓宽视野，并对那些用来收集和评估观点、印象和态度的技能产生影响。我们希望他们能认识到隐藏在其思想背后的历史假设，并意识到全盘接受自己所相信的东西会面临的问题。

当学生遇到历史上不同学派之间的激烈辩论时，他们可以依据当前的证据得出最合理或可能的结论。但他们也可以意识到，任何历史探究都有其局限性。历史可以使人萌发强烈的好奇心，养成终身质疑的习惯，还能促使人们更好地理解事物变化的方式和原因。当新信息出现时，就出现了更好的观察数据的方法。各种全新的视角出现，新的探究工具也能为人们所用，这时优秀的学生就会知道如何重新做出评价。历史课程可以培养学生的共情能力。

简而言之，历史课可以帮助学生学会像优秀的历史学家那样思考。

先掌握事实

大多数历史教师支持这种观点，但很多人会补充说，学生必须先学习"事实"，然后才能进行批判性思考（尽管几乎没人清楚应该学习哪些事实）。2009年，来自弗吉尼亚州的认知学家丹尼尔·威林汉姆（Daniel Willingham）写了一篇著名的文章《事实知识必须先于技能》。上百个班级都把这一观念记在心上，他们把全部时间都用于在学生的大脑里填满"他们需要记住的东西"，然后再用单项选择题来考学生，看他们能否回忆起这些知识金块，或者能否识别它们。

当然，没有人能对他们从未遇到过的东西进行批判性思考，但他们在哪里及如何"获得事实"确实很重要。⊖ 如果学生在学习基本信息的同时进行分析、综合、评价和理论化，而不是被动地听故事（也就是所谓的讲座）或做死记硬背的训练，那就会产生天壤之别。如果学生在进行批判性思考的同时熟悉了关键事实，他们就更有可能去思考其影响和应用，在各种情境下应用这些知识，使其专业知识更有适应性。⊜

⊖ 我怀疑威林汉姆很清醒，他并不是在呼吁在学生处理问题之前死记硬背。毕竟，他说，"我们必须确保学生在练习批判性思考技能的同时获得背景知识"。此外，他在他所任教的大学的校刊上发声说，自己不支持英国教育部长迈克尔·戈夫（Michael Gove）的计划，即把提高"死记硬背"作为提高创造力和批判性思维的一种方式。但他对此的讨论含糊不清，带有误导性。他的这些想法出现在一本名为《为什么学生不喜欢上学》的书中，但他从不承认，许多学生之所以讨厌上学，正是因为传统的课堂还没等让他们参与到引人入胜的问题中，就试图用事实来"填满"他们。

⊜ 如果不是在看电影和做游戏、进行引人入胜的课前阅读、沉浸在每堂课的巨大欢乐中或是（最重要的）解决每个单元提出的重大问题时做这个练习，它可能不会有好的效果。

是的，学生是否理解一些东西——比如事件发生的时间顺序——是非常重要的。但是，如果通过学习仅仅记住暗杀弗兰茨·费迪南的事件发生在亚伯拉罕·林肯被暗杀后四十九年零两个月，那么这种学习几乎不会让学生对这两起谋杀及其后果产生深入见解。

点燃学习火种

当我们在芝加哥的那个夏天思考这些问题时，我们意识到，要实现这些崇高目标中的任何一个，学生都必须对其研究采取深入的态度○。他们必须深入阅读历史学的学术研究资料，学会像大卫·邓巴（David Dunbar，见第16章）所说的那样"成为其作者"，拿出有说服力的论点，并清楚地表达他们的思想。从开始学习那一刻起，学生就必须认识到这门学科的解释性质，并领会其偶然性。如果他们不学会用语言交流，就无法形成成熟的想法，而只能用模糊的印象和情感来代替其观点。换言之，要想达到上述任何一个崇高目标，学生必须学会深思熟虑地阅读和写作。纯粹的讲座课程起不了这么大的作用。

不过，这种阅读和写作需要学生付出艰苦的努力。要想完成这个过程，学生必须有极高的积极性，每位老师都至少要做到不打击他们的积极性。因此，这门新的超级课程必须用新方法来推动学生。

正如我们前面所提到的，研究给出的大量证据已经证明，传统的外在激励因素（作业、成绩和严厉的眼神）实际上会降低学生的兴趣。那年夏天在埃文斯顿的西北大学新开设的这门超级课程，试图找到激发学生内在关注的

○ 我们教了这个班五次，每次都尝试一些新方法，改动实验中的一些重要元素。这里的描述是在第二次迭代中出现的，在接下来的两年里保留了下来，稍有变化。这些实验刺激学生采取深度学习的方法、进行深入思考，是最成功的。不过，我们的第一次尝试有重大缺陷，引起了学生的广泛不满。只有秉持继续尝试、以新方式进行实验的决心，去质疑并查阅关于人类学习的最新文献，我们的实验最终才大获成功。

方法，让学生掌控自己的学习。第一天，老师可以概述该课的目标，并邀请学生加入课程，而不能使用提要求的语言㈠。"我们现在共同做的这件事情是这所学校引入自由教育的一个不可分割的组成部分，"我们开始了。"不过没人可以强迫你们去体验这种学习。我只是希望能让你们相信，这是值得的。"㈡

用艺术来提问

帮助学生培养对学习的强烈掌控感可以得到丰厚的回报，但这还不够。一千多年来，各种艺术形式已经找到了激发心灵的方法。在 20 世纪占主导地位的艺术形式——动画片——能否吸引学生？毕竟我们也想让学生了解流行文化。在课外设置一个电影系列似乎是一个完美的方法。

我们选择了一组电影，在周四晚上放映，并准备了爆米花。这门课程涉及一系列重要的问题，每部电影的选择都是为了激发学生对这一系列问题的探究兴趣——不是为了提供答案，而是为了引起学生的关注。每部电影也都提醒学生，他们的历史观点来自于多方面，包括电影。㈢当学生们聚集在一起

㈠ 我们用这个方法好几年了，甚至在"必修课"上也用过。现在我们把它应用到了新的超级课程上。

㈡ 这些年来，我们轮流用这种方法和其他有趣的方式开场。每当我们使用这种开场白时，学生的出勤数就会激增，其作业质量也会显著提高。

㈢ 这个片单每年都不一样，但一般会有《教父》《失踪》《围城》（State of Siege）和三四部其他电影。《教父》最特别。导演弗朗西斯·福特·科波拉（Francis Ford Coppola）声称，这部电影不仅仅是一部黑帮片，更是广阔社会的缩影。它是否浓缩了国家之间的事务？毕竟，影片中五个虚构的犯罪家族之间会交战、互派间谍，也会召开和平会议，等等。迈克尔·柯里昂（Michael Corleone）这个角色声称："我父亲与任何强大的人、任何当权者——比如总统或参议员，没什么不同。"国家与一群暴徒有什么不同？每个人都是为了保护其个人（国家）利益。虽然学生们很快得出了这样的结论，但我们提出了反驳。我们的问题引发了对国际关系和理论文献的丰富讨论，如果不用问这种方式，学生就会觉得这些理论文献过于抽象、乏味。

观看电影时，他们收到了一份罗列了本单元将探讨的主要问题的清单。放映结束后，他们得到了一份具有挑战性的学术研究清单，在奋力解决手头的问题时，他们可以集体研究这些文件。㊀我们把学生们分成六人一组的混合团队。每个小组看起来就像整个班级的一个横截面。

看到学生们在打量那份令人眼花缭乱的学术研究清单时眼睛微微凸起，我们便建议他们在小组内部分工合作。每个小组中至少有两个人应该阅读同一篇文章。"记笔记并互相分享，"我们建议道。他们为自己制定了任务，让每个人都对材料的某一部分负责。现在这些小组有了目标，他们做的不再只是班规强加给他们的某项任务。

角色扮演

学生们还玩了一系列模拟游戏，这比电影的影响更强大。他们选取角色，沉浸在查阅原始资料和学术资料的过程中，然后来到课堂上，扮演历史剧中的关键人物或派系，为某个问题而战。不过，学生们并不只是重演历史，他们还进行政治和思想上的斗争，甚至想方设法改变结果，只要这些结果符合自己扮演的角色和立场。

例如，在一个教学单元中，全班同学围绕美国与智利的冷战关系进行了两次模拟游戏。第一次模拟游戏设定在1970年，背景是智利选举了一位公开的马克思主义者作为其领导人，理查德·米尔豪斯·尼克松总统开始寻求政治上的建议［此前全班同学观看并讨论了科斯塔·加夫拉斯（Costa Gavras）的快节奏惊悚片《失踪》，并阅读了对该片的批评性评论和关于里根政府阻止美国人观看该片的新闻报道］。每个小组被随机分配，扮演当年在美国真实崛起的政治派别之一。老师还发给他们一套文件和历史研究报告，让他们阅读。

㊀ 比如，学生会得到提示："假如一千年后，有人在一瓶蛋黄酱罐里发现了这些文件，他们会得出什么结论？会问什么问题？"

在第二次模拟游戏中，他们扮演智利的各政治领袖，向信仰马克思主义的总统萨尔瓦多·吉列尔莫·阿连德·戈森斯提出建议，告诉他该如何对付尼克松及他对智利发动的经济战。⊖

除了模拟游戏和角色扮演，课堂上还以罗兰·克里斯滕森（Roland Christensen）在哈佛商学院的工作为蓝本进行了一系列案例研究。每个游戏都围绕一个历史危机和历史问题进行（比如，如何应对"对犹太人的大屠杀"的幸存者，他们当中很多人都想来美国，而其他人则想在巴勒斯坦定居）。学生们在课外阅读了一个长达二三十页的案例，案例中提供了历史背景，然后围绕克里斯滕森所建议的五种类型的问题进行了讨论：探索性问题（这个材料提出的主要问题是什么？它利用了哪些主要概念？）、检验性问题（可以考虑哪些可能的答案？每个答案都会带来什么问题？）、关联性问题（如何比较解决方案？应该用什么标准来衡量每种可能性？在做出这些判断时应采用什么概念？）、优先性问题（哪一个是最好的解决方案或想法？为什么？你拒绝了哪些方案？为什么拒绝？）、还有总结性问题（我们在这里学到了什么？我们的结论有何意义？还有哪些问题尚未得到解答？该如何回答这些问题？）。有时候对话是以"思考 – 结对 – 方阵 – 分享"模式开始的，有时候则是全组人冒出各种点子，派组里的一位同学把它们记到黑板上，收集起来。我们还鼓励学生把每一个案例都看成是具有高度解读性的，是可以质疑的。

几个星期以来，学生们在参与这些模拟游戏和案例时流露出的兴奋感如此强烈，让人感觉它似乎是看得到、摸得着的。有一次我们偶然发现，在老迪林图书馆里，两个玩模拟游戏的小组无意中使用了同一个地方，都在那里聚会。那是一个清晨，周围没有其他人。随着讨论的开始，这个学院派哥特式建筑的彩色玻璃窗似乎都被他们的口舌之战所产生的智慧能量所震动。

⊖ 我们举行了选举，选出一个人当美国领导人，另一个人扮演阿连德的角色。班上同学有时会恶搞，提名最左派的人当美国共和党领导人，而让青年保守派（the Young Conservatives）的主席充当智利的领袖。

有几次，学生们来到办公室后，深深地陷入对一个又一个问题的争论中，不可自拔。一天早上，在智利模拟游戏中，出现了这样一个小组。这些人对阿连德政府提出的经济和政治改革产生了强烈的同情心。"但我们认为，如果没有尼克松政府的强烈反对，他是不可能完成这些改革的，"一位同学提出。"他已经成为一个两极化的人物，尽管这并非他自己的错。"这些年轻学者用大量的细节阐述了他们对历史发展的理解，他们引用的事件远远超出常见读本中所列举的。他们努力为尼克松和阿连德共同面临的挑战找到一些解决办法，对一系列被加以微调的替代方案进行推敲。他们问自己，阿连德是否必须成为事业的殉道者，才能取得胜利。

当这个班在星期二和星期四的一点钟开会时，房间里总是很快坐满了学生，他们在讨论当天的案例或模拟游戏。关于这些激烈辩论的传闻在校园里不胫而走，所以外来人也会加入到他们当中，这种情况极其常见。如果有哪个选课的学生没来上课，就会有十个或十五个蹭课的学生挤在教室边上。还有人在外面等着，焦急地问："今天有我的位置吗？"同样的场景也会出现在电影放映之夜。不过吸引外来人加入的不仅仅是看免费电影的机会，他们中的大多数人是为了放映后的激烈讨论而来。

游戏、案例和电影都有助于激发学生的兴趣，令其兴奋，但另外一个手段也达到了同样的效果。对于学生的第一次阅读，我们选择了一篇极具挑衅性的文章，即使这篇文章按传统顺序出现，也会吸引学生参与辩论。超级课程是否需要一个火花塞？一个能迅速让学生产生兴趣并获取学生信任、让其相信这门课有价值并且与众不同的东西？

为达到这一目的，该课程从马克·丹纳（Mark Danner）扣人心弦的《埃尔·莫佐特大屠杀》（*The Massacre at El Mozote*）一书开始。这位记者探讨了1981年12月发生在萨尔瓦多的一次事件：当时左派和右派发生了内乱，一支在美国接受训练的军队横扫了一个叫埃尔·莫佐特的小村庄。尽管小村庄的居民在战争中坚持保持中立，但军队还是杀光了村里所有人：男人、女人和孩子，只有一个女人因躲在树上而幸免于难。很多人在临死前遭受了折磨。士兵们强奸了几十个小姑娘，然后把她们全部杀死。

里根政府否认这一暴行发生过，而美国右翼监督团体则嘲笑那些在《纽约时报》和《华盛顿邮报》上率先报道该事件的记者，有时还否认这一事件发生过。

上课的第一天，我们要求学生在下周前读完这本书，届时他们将有机会"展示'自己'对作品及问题的出色理解"（我们特意避免使用"测验"一词）。丹纳是否提供了足够的证据，证明大屠杀确实发生过？㊀他说大屠杀代表了"冷战的核心寓言"㊁，这是什么意思？

来，开个派对

在参与了《埃尔·莫佐特大屠杀》阅读、模拟游戏、案例、电影等活动，回答了这些活动提出的挑衅性问题后，研究冷战的学生们已经充满能量，现

㊀ 他用在 20 世纪 90 年代挖出尸体的阿根廷法医小组的报告来支持自己。

㊁ 一周后，学生来上课时，我们问有谁没读完丹纳的书。有几只手缓缓举起。"如果你还没读完整本书，下周四还有一次机会。我不会问问题。我不会记录谁读了、谁没读。"我跟学生简短地讲了一个简单事实：没有哪个老师会给你更多时间，只有死神才能这样做。你现在多花了几天来读书，就必须从你的余生中借这几天。你要掌控你的时间，并制定相应的计划。"没人要求你来上这门课，但如果你决定上了，就意味着你做出了承诺：会完成阅读任务，以便能参与讨论。你现在已加入一个群体，如果你打算留下来，就要履行自己对同学的义务。"全班约四分之一的同学接受了"第二次机会"，有些人是因为没完成阅读，有些人则是因为尚未开始。接下来的那个星期，所有人来补课时都已读完那本书。在该学期剩下的时间里，几乎每个学生都按时完成了阅读。埃尔·莫佐特大屠杀发生在 1981 年，而冷战早在 1945 年就已开始。但是，一旦学生们阅读并思考了丹纳的记述，他们就能怀着更浓厚的兴趣、带着更强的动力重新回到起点。现在，当他们思考关于"冷战"性质的辩论时，他们的意图更为深刻，而在课程刚开始时，这种思考在他们中的一些人看来似乎很愚蠢。

在他们需要练习高阶阅读和写作技能,还需要有机会获得反馈。⊖为此,他们参加了一系列阅读和写作派对。我们给他们发了一些精心挑选的段落——有时是一个单独的段落——他们要在课堂上阅读这些段落,并要对其进行分析。学生们怀着极强的敬业精神,六人一组,寻找论点(并非所有的陈述都是论点),将证据与结论分开,区分不同类型的一致意见和分歧(在信仰和态度方面),并判断证据是观察到的还是推断出来的。⊜他们发现了一些常见的逻辑谬误(正式的和非正式的),寻找各种假设,识别出抽象概念,并将其与具体主张区分开来。⊜"有时候我还以为这是一门逻辑课,"一个学生赞许地笑着,告诉我们。

有时他们会在课堂上运用一些刚学到的技术处理材料,对其进行分析。他们剖析一些包含矛盾主张的段落(用来讲争议),并问:"这个分歧的本质是什么——是信仰上的还是态度上的?"学生分组工作时,我们则在教室里穿梭,准备在必要时进行干预,提出问题或做出解释。学生学会了在每一个自己碰到或提出的主张的末尾加上"可能是",这是一种健康的怀疑习惯,总是为其他概念、假设、证据和结论留出空间。我们使用了精心挑选的段落,并以探索的态度对待每一个段落。读书会很好地提高了学生的理解力,培养了

⊖ 虽然几乎所有学生都参加了如何阅读戏剧、小说、诗歌和短篇小说的课程,但很少有人在理解那些关于历史(或科学)的高深学术文献方面得到任何显而易见的帮助。于是,他们只能去读那些由出版公司编纂的枯燥乏味的教材,这些公司根本无意挖掘丰富观点,它们更关心如何才能不引起争议,以及能卖出多少书。难怪学生经常完不成阅读作业,觉得它们乏味而无用,有的人还采取各种策略,以便能"假装通过"阅读测验。

⊜ 比如,人们的信仰可能相似,但所持态度却可能相互冲突。如果出现了历史证据,我们可能想知道是谁、从哪个视角看到或收集了这个证据;如果这个证据是推导出来的,它又来自哪个证据。

⊜ 我们给学生准备了一份简明扼要的逻辑学重要词汇表,还告诉他们可能会听到哪种类型的肯定或反对意见。

其强大的思维习惯[1]。非评判性的反馈推动了学生进行探寻,并激发他们深入研讨下去。

高效利用课堂时间

教师和学生可以利用在一起的宝贵时间做很多事情,而不是去了解一些学生自己可以掌握的信息。不过,读书会确实包含一些传统课堂上老师会讲到的关键"事实"[2]。有一次在课堂上,我们帮助学生理解什么是"像一名优秀的历史学家那样思考"。在做这次重要练习时,我们要求学生对历史思维的含义做出自己的定义。他们默默地思考,整理出一些想法,然后把其中一些想法写在纸上。几分钟后,他们听到这样的指令:"现在转向坐在你旁边的一位同学,与他/她分享你的想法"。教室里会充斥着谈话声,而我们则在过道里穿梭,听学生谈话,在本子上做笔记。关于"历史思维"这个奇怪的观点,学生们要探讨大约五分钟。"现在每一对同学与另外一对组成一个方阵,继续你们的谈话。仔细记下你们的想法。大约十分钟后,你们要与全班同学分享你的主要观点。"

学生们思索着,努力对新的含义做出定义。他们也试图加入一个以教授和研究生为代表的、由一些知识渊博的同龄人组成的新群体,将自己的想法与该群体的想法进行比较。在学生们整理了自己的想法并在集体练习中对其进行推敲后,每个方阵都把他们的主要观点写在黑板上。思维的公开展示引

---

[1] 每个段落的阅读难度仅仅比之前的选段稍高一点,这样既能给学生带来挑战,又能锻炼学生的阅读能力。

[2] 这并不是说我们从不做任何口头解释。我们也做,但很少。每一次拓展解释("讲课")都是以论证的形式进行的,其中包括这些内容:提出一个问题;努力帮助学生理解这个问题的意义和影响;开展一个互动的学习活动,在这个活动中,学生寻找可能的答案(有时采用思考-配对-方阵-分享模式);对暂定的答案进行解释(决议)并提一个跟进问题。

发了新一轮讨论。"你在这里看到了什么？哪些想法让你感到困惑？哪些是你喜欢的？"在简短交换意见后，学生们读到一些历史学家对历史思维的简短定义，然后花一点时间写出他们自己的想法。

在其他课上，学生可以体验到对自己的学习进度进行的评估。他们不仅会遇到了一堆信息和想法，还掌握了适应性专长和批判性思维、创造性思维等方法。在碰到一个重大的历史新问题时，学生在对任何相关问题进行学术研究前，常常会花时间推测可能出现的答案。

授之以渔

大学里的传统教学会花大量时间告诉学生该记住什么，但几乎从不告诉学生该如何回忆、理解、应用、分析、综合、评估或理论化。这就好比棒球教练只讲授如何投球或挥棒，但从不让球队操练，更不会让他们混战一场，试试身手，并获得反馈。学生要想从大脑中获取想法和信息，需要进行练习。

当时，"回溯练习"（retrieval practice）这个词还没有被普遍使用，但这门关于冷战的课程却通过一些活动，实践了这个想法。很多天里，学生都要在下课前围绕以下三个提示的某种组合写三分钟：你从今天的讨论中得出了哪些主要结论？为何得出这些结论？你的脑海中还有哪些问题？这个训练让班上的学生练习从其记忆中找到想法和信息，然后将它们充分联系起来。

现在有相当多的证据表明，与无休止的复习相比，这种练习对"强化记忆"的帮助要大得多。我们在冷战班偶尔也会使用另一种手段，同样有效。我们让学生想象他们在教这门课，他们想根据之前老师让他们阅读的一些书或文章向学生提一个深刻的问题。"会是什么问题呢？"

当我们建议学生为小组其他成员准备阅读笔记时，这种行为就已经是在做回溯研究了。"当你读完一章或一篇文章后，合上书，然后记下核心问题、主要论点、主要证据、可能产生的影响及重要的新的抽象概念。"

学习优秀写作的意义

在第三次课上,学生们拿到了四份由另一所知名大学的本科生撰写的关于论文的介绍。其中两篇论文最终得了奖,还有两篇得了 B⁻(比较平庸,但并不糟糕)。"你们的任务是判断哪两篇得了奖,哪两篇是 B⁻,然后列出你们做出选择的标准。"

在每个小组研究了 15~25 分钟后,大家聚到一起,进行了投票,每个小组都把他们的评估情况写在黑板上。学生们进行了简短的讨论,主要是提出一些问题,而非陈述观点,然后阅读了一份关于这些文章的评判标准的摘要。没人告诉他们什么是"正确答案",但在拿到评判标准后,在老师的要求下,他们再次对文章进行了评估。通过两次机会的锻炼,所有学生都提升了他们对优秀文章的理解,其思维和写作都成熟了许多。

"这是我在大学里学习思考和写作最有用的一小时,"一位同学在学期末的课程评价中写道。很多人也表达了类似观点。[一]

在学期结束时,每个学生都对其所达到的学习水平及其应得的分数提出了一个观点,并附有支撑性证据(班级之前已经共同创建了一份在历史思维方面的 A、B、C、D 级评分标准)。老师问他们,作为一名历史思想者,他们认为自己的优势和劣势分别是什么?到了发成绩单的时候,我们先做出评估,然后再看他们对自己的评估。如果师生意见一致,那就定下来(约 97% 的情况是这样)。如果不一致,我们就会更深入地研究学生的证据和理由,运用组合方法对他们做的各种各样的任务进行评估,而不是简单地把过去的试卷分数相加,再除以某个预先确定的数字。从本质上讲,期末成

[一] 感谢印第安纳大学生物学家克雷格·尼尔森(Craig Nelson)提供该练习的灵感。

绩来自教授和每个学生的沟通。

项目

对于冷战课程来说,这场学习革命的最终成果就是学生学习的高度个人化和所取得的进步。每个人都提出了关于历史的问题,然后用学术研究的方法来对待它,通过阅读、分析原始资料对其进行调查,并找到一种方法,与他人分享自己的观点。

"这个项目不是为了追逐某个话题,"学生们不断听到这种说法。"而是为了探索并尝试回答一个问题。你们一定要相信,你们做的调查非常重要,它十分迷人、美丽、有趣。"很多学生不遗余力地研究他们的问题(利用假期的延长阶段,前往遥远的档案馆或进行采访——其实我们并未期望他们能做到这些)。大多数学生写了论文,但也可以选择用电影和其他媒体形式来表达。有几个学生写了一出戏。

"我想写一部关于埃尔·莫佐特大屠杀中的人们抗争的剧本,"在听说了这个项目的那天,乔尔·费恩曼(Joel Feinman)宣布。"但我需要更多时间,希望您能延长截止日期,我想做更多的研究。"六月,在课程"结束"后,他去了萨尔瓦多,采访了那个因爬到树上而躲过大屠杀的女人,阅读了阿根廷所做的关于此次大屠杀的法医报告。回到家后,他写下了剧本。那年秋天,他召集了演员、服装师、道具设计师、舞台灯光专家和其他人,让他们参加了为期三周的关于萨尔瓦多内战的研讨会,然后开始为舞台剧排练。他的戏剧在校园里上演了两个星期,现场座无虚席,在学校掀起了一股热潮。

但故事并没有就此结束。第二年,乔尔回到了中美洲,在一个难民营待了一段时间。在那里,他遇到了一个女人。20世纪80年代的一天,她不小心走进了两支冲突部队的交火现场。为躲避枪弹,她背着儿子跑了几英里。当她最后停下来时,发现孩子的头部已经被射穿。她埋葬了孩子,却失去了理智，像动物一样赤身裸体在崇山峻岭中生活了好几年。法拉本多·马蒂民族解放阵线的士兵将这个女人带到了一个难民营，乔尔在那里见到了她。她给他的生活带来了深远影响。㊀

乔尔的冒险从一个问题开始，以合作的方式继续，最后以对他认为重要的问题进行深入研究而结束。整个过程中，乔尔和其他学生都享受着"教师的特权"，尝试、失败、接受反馈、再尝试。他们可以通过表演历史来进行推测和学习。这门课程调动了他们的情感和聪明才智，让他们来掌控自己的学习。课程有意挑战主流范式，给他们提供了可以进行归纳式学习的场所，并在深度阅读和写作方面给予了他们有教师指导的练习机会。

新玩法

大约在同一时间，巴纳德学院的历史教授马克·卡恩斯（Mark Carnes）发起了一场革命，这场革命的影响扩散到了世界各地。当时我们与马克未曾碰面，对彼此的工作也未产生什么影响。我们之所以都对角色扮演游戏的价值产生兴趣，纯属巧合。马克的革命将这个想法带入了新的领域。这场革命还转移了学习目标，拓展了关于内在学习动机的讨论。卡恩斯将他的课程称为"对过去的反应"（该方法现在被称为"反应式"教学法）。凭借出色的组织能力，他建立了一个历史教师网络，将角色扮演游戏带到了世界各地的教室里。

对于这位来自纽约的大师来说，一个成功的课程可以激发出三种相互交织的学习动机：赢得游戏的动力、扮演颠覆者的欲望和成为他人的快感。他推测道："大多数人都渴望抓住每一个参与颠覆性游戏的机会，即使它出现在

㊀ 他后来去了法学院，毕业后当了一名公设辩护人，为穷人进行辩护。在贝恩的《如何成为卓越的大学生》一书中，我们对此做了详细介绍。

一个看似不可能的地方，如大学教室。"

在这个他和别人一起创造的游戏中，学生扮演了一个被卷入某个关键历史时刻的人（和冷战班级的模拟游戏差不多）。他们可以是接受审判的苏格拉底，可以是罗德岛初期的安妮·哈钦森（Anne Hutchinson），还可以是面对教会指控的伽利略，或任何人。㊀

每个游戏都有两个相互竞争的派别（例如，想杀苏格拉底的人和不想杀苏格拉底的人），另外还有一组"公正人士"，前两个派别要尽量说服这一组。"公正人士"的投票将决定哪个派别获胜。卡恩斯后来写道："这种竞争的存在本身便会引发颠覆，因为它鼓励竞争者把自己想象成另外一种人，而这是最深刻的颠覆形式。"（冷战班也同样拥有这种叛逆精神，称其为"实验"，将会"动摇教育的基础"，唤醒了反叛意识。）

这位巴纳德学院的教授注意到：学生们虽然对课堂越来越厌倦，却疯狂地玩电子游戏。一项研究发现，三分之二到四分之三的大学生每天都在玩电子游戏，而这些游戏玩家更有可能饮酒，学习成绩也很差。如果他能把学生的竞争精神引导到学习上，历史游戏将彻底改变教育。卡恩斯创造出了一种受激情驱动（尽管他从未这样表达过）的课堂，诱使学生去做一些事情（玩一个基于角色的游戏），在这个过程中，他们会更深入地了解历史，并对那些颇具争议的历史人物产生共情式理解。

学生们接管了课堂时间：他们不用再被动地听讲。虽然这些游戏几乎并

㊀ 虽然反应班和冷战班都率先使用了角色扮演，但它们是有所不同的。我们采访过的几位反应班的教师都没有在教授阅读和写作技巧方面做出任何努力，而冷战班的教师则做到了。反应班注重阅读原始资料，而冷战班则强调阅读历史学术著作和原始文件。对历史变化的研究是冷战课程的一个不可或缺的组成部分，而所有反应班的老师都认为他们的游戏结构并不适合这样的学习目标。反应班的游戏结构更具体（反应班的游戏有"赢家"和"输家"，而冷战班的游戏则没有）。反应班一直受到广泛研究，至今在几十个院校中蓬勃发展，而冷战班则只在西北大学和纽约的几所大学开设过。

未研究历史变迁，也没有刺激学生阅读历史文献，但它们确实激发了学生对思想史上经典文本的极大兴趣。在扮演破坏者的兴奋感和游戏中的激烈竞争的驱动下，学生们遍阅那些古老的历史文献、准备演讲稿、写文章、出版以古代为背景的报纸并投入到辩论中，在可感知的紧张和兴奋中，对知识的热情在沸腾。

几项进行了多年的大型研究发现，卡恩斯的方法取得了有口皆碑的效果，这些都与冷战班的成果非常相似。与传统课堂相比，学生的参与度飙升，出勤率也大幅提高。学生信心大增，他们记住并理解了更多信息，提出了更复杂的论点。学生的口头交流能力也大幅提升，其写作能力至少跟上了传统班级学生的步伐（在冷战班，学生的写作能力的提高超过了口语的提高）。

印第安纳大学南本德分校的一项研究发现，玩这些游戏的学生更相信自己的学习能力，这反映了他们自我效能感的提高。因此，这些游戏培养了卡罗尔·德韦克和她的同事们所认可的那种对学习非常重要的成长心态。或许最重要的是，那些做出反应的学生对自己有了更多的了解，开始重新审视他们长期秉持的观念，这既是为了建立更强大的信念，也是为了往新方向发展。

尽管这种智力练习"沐浴着"竞争精神并受其呵护，但它并不是为了成绩和在班级中名列前茅而进行的那种老式竞争。这些游戏并没有让学生们在分数之争中相互对立。三位学者写道：这种教学法利用了学生们与生俱来的求胜欲，"迫使他们努力应对历史上的种种事件和人类的复杂性。"学生说，他们在角色扮演课上更卖力、花费时间更多，但他们对这个课程的喜爱之所以超过传统课程，是因为其动力来自内心，而不是来自教师派给他们的任务。㊀

这类关于学生的学习激情的故事比比皆是。当艾奥瓦州道特学院（Dordt

㊀ "学生和教师，"马克·卡恩斯宣称，"应该有一个像校际足球赛一样令人兴奋，像《魔兽世界》一样令人陶醉，像非法酗酒一样具有颠覆性，像兄弟会入会仪式一样荒谬的学术世界。"

College）的学生得知他们的时间不够、无法完成一个游戏时，他们自愿每天早上七点半上课，以便完成游戏。

现在有近400所学校的教授使用这种"反应式"教学法。他们已经编写了几十个游戏，一些先行者正在将这些想法引入科学课和其他学科。那些持怀疑态度的人通常认为，这种教学法只能在一些生源经过严格筛选的大学起作用，而且只能在小班进行。可是，在一些免试入学的学校中，这种教学法也改变了学生的学习状态，甚至使大班教学也发生了变化。请记住，冷战班有60~100名学生，是让小组而不是个人来扮演角色。加利福尼亚州立大学东湾分校的历史教授布里奇特·福特（Bridget Ford）在一个125人的必修概况课程中使用了类似的方法。这一举措，再加上对学生学习进度的密切监控，使学生的不及格率减少了一半以上。在东密歇根大学，"反应式"课程吸引了一大批学生，他们中的很多人学习都很费劲，成绩也比其他人低。然而，他们也在游戏中茁壮成长，并乐在其中。

下一步干什么

要想充分挖掘这些创新的潜力，提供丰富的批判性的、自然的学习环境，让学生以全新的方式来学习，仍有许多工作要做。从教育角度看，冷战班并没有影响每一个学生。它并未一直做到像马克·卡恩斯那样，几乎每节课都由学生来管理班级。西北大学的课程可能强调了对历史变迁的研究，并给具体的阅读和写作能力带来了明显的帮助，而"反应式"课程则培养了成长心态和自我效能感。新一代教师正不断加入学术界，他们带来了丰富的经验和观点，这使得他们能利用对人类学习的研究帮助每个学生实现其学习和创造的潜力，让人们摒弃"学校只是一个选择好学生，拒绝坏学生的地方"这种观念。

就在2020年，我们还听到一些年轻的教育工作者们在探索如何扩大这些新思想的应用,以帮助学生学习历史。2019 年 8 月,《纽约时报》推出了一系列文章,称其为"1619 项目"。第一篇稿件来自调查记者兼麦克阿瑟奖学金得主尼科尔·汉纳·琼斯(Nikole Hannah Jones)。她的文章最终获得了普利策奖的评论类奖项。她整理了海量历史学术文献,提出了一个观点:非洲裔美国人在推动美国走向民主的过程中发挥了关键作用,奴隶制是美国故事的核心。由于传统主义者涌上舞台,拒绝接受其结论,这篇文章开启了一场关于一个历史问题的公开辩论。

  这场斗争能否成为课堂辩论的典范,将卡恩斯的游戏和我们的案例研究在某种程度上结合起来,将学生带入历史争论中?与其将一系列案例集中在历史中爆发的分歧上,不如部分集中在历史学家之间或在学术讨论和公共话语的交叉处出现的争论上?这些史学研究方面的辩论长期以来一直为一些教师所用,但往往是用在传统的讲授型课堂或讨论课堂上。将其整合到一个模拟游戏或案例研究中如何?它们能否创造出这种学习体验:学生学会提出问题、进行研究、探索丰富的思想调色板、进行逻辑思考、增加其同情心和兴趣,并理解他们在得出任何结论时所面临的问题?

第 15 章
一切知识皆相关

珍妮特·诺登教授成年后,多数时间都在研究神经科学,也帮助他人探索与人脑运作相关的问题。不过诺登教授还有其他的兴趣爱好,19 世纪欧洲哲学和二战历史就是她一直痴迷的。诺登教授现已从范德比尔特医学院退休,她告诉我们:"我很喜欢一家古董书店,里面堆着一箱箱的二手书,经常能在里面翻到和这两个主题相关的内容"。在这里寻书如同探险,有一次,她看到了一本薄薄的绝版书,作者是一位奥地利精神病医生,曾在两个纳粹集中营待过。

埃拉·林根斯·雷纳(Ella Lingens Reiner),不是犹太人,不是波兰人,不是斯拉夫人,她不属于任何纳粹集中迫害的民族,但希特勒的盖世太保逮捕了她和她的丈夫,理由是他们支持社会民主主义而且还批评富勒(Fuhrer)。警察将这对年轻夫妇送到奥斯威辛 – 比克瑙集中营,然后又转移到达豪集中营。其实在战争爆发之前,雷纳夫妇还没被监禁,他们本来有机会离开奥地利,却选择留下来帮助犹太邻居。政府反犹倾向十分明显,如同

超级课程
教育与学习的未来

———

一场越来越可怕的噩梦。解放后,雷纳写了一本书,披露右翼独裁政权残酷统治下人民的日常生活,也就是诺登教授在二手书店里发现的那本——《恐惧的囚徒——抵抗的一生》。

诺登教授买书时可能想象不到它在高级神经科学课上能发挥什么作用,但多年以后,她首次在文理学院为本科生开课时,埃拉·林根斯·雷纳的书在她脑海中浮现出来。诺登教授以此作为材料设计了一门"超级课程",她的做法很能说明问题,创造力和想象力确实是教育改革的标志。诺登教授的经历还说明,自身教育背景多元的人能打破学科界限,营造出不同的学习环境。尽管她的这门超级课程开设在一所录取率极低的高校里,开课形式是小型高级研讨会,但其核心设计原则具有更广泛的价值。即使是没有录取门槛的开放式学校,即使是大型"讲座"课程,也能从这门课程中受到有效的启发。但是,你必须从理念的高度思考问题,效果立竿见影。

诺登教授最近跟我们聊过,她希望为研究脑科学的生物学高年级专业学生开设一门基础课程。继文理学院邀请这位富有创造力的医学教授为本科生授课后,她又开始着手开发新的本科课程了,自愿为本科生开课的第一批教授中就有她。

诺登教授希望学生能全面而彻底地掌握专业知识,她一直在为之努力,从她的想法中我们可以很明显地看到这一点。她说她"希望能让每一位神经科学的毕业生都能解释清楚"该领域的"基本原理"。但她也期望参与她的研讨课程的本科生能明白,"所有知识都是融会贯通的",受教育不仅仅意味着学习一两个学科,应该要整合不同领域的知识,同时也要培养在不同领域间进行知识迁移的能力。最后,她希望学生上过她的课之后,能够合理有效地推理,从科学证据中得出结论,以清晰明了的方式捍卫自己的立场,坚守信念的同时不惧挑战和质疑。

为了实现这些目标,诺登教授本可以选择用相关内容为学生"授课",毕竟她的课不仅条理清晰,而且趣味十足,甚至多次因此获得荣誉,颇具传奇色彩。诺登教授实在是才华出众，医学院的每项重要教学奖她都拿过，最后，因为获奖次数太多，管理部门"剥夺"了她继续参赛的资格。20 世纪 90 年代，范德比尔特医学院设立卓越教学教职，诺登教授成为第一位荣获此殊荣的老师，她出众的教学能力在甄选中起到了决定性的作用。但高超的讲课水平绝不是她唯一的长项。

赋予学生更多自由

诺登教授十分清楚人们是如何深入学习的，她也知道怎样才能更好地帮到他们。1999 年，当她第一次为本科生开课时，这些经验启发了她的教学理念。最根本的一点是，她让参加研讨课的学生自行负责学习，思考和讨论也以他们为主。同时，她设计了一个巧妙而简单的辅助方案，让学生们参与到学习中，如同为攀高者搭起了脚手架一般；到了关键环节，还会提供相应的指导。总而言之，诺登教授打造出了与众不同的课堂氛围，学生可根据自己的情况，选择不同的学习侧重点，在学习的过程中劲头十足。可以看出，她的整个教学法包含了批判性的、自然的学习环境的许多要素。

很多选高级研讨课的学生都带着一个有趣的问题前来：人脑如何工作？它如何看、听、嗅、品尝和感觉？在黑暗的环境中，颅骨里几百万个微细胞如何学习语言，如何与其他人交流？突触体如何控制身体各处的其他器官？

但是学生们很快要面对别的问题，这些问题牢牢吸引着他们的注意力：我们如何及为什么喜欢音乐？人们通常如何发展道德行为意识，为什么有些人在极度恐惧中会违反这些准则？邪恶起源于何处？我该如何应对生活中经常出现的道德问题？万一厂家雇佣童工，那里的东西还能买吗？我应该如何面对在遥远国度爆发的重大医疗事故？

学习者制订课程计划

诺登教授每次开课前都不准备现成的教学大纲——我们必须要了解她是如何设计超级课程的。其实在前几次课上，学生们会参与构建他们将要学习的课程，从而掌控自己的学习。诺登教授解释说："正因如此，我每个学期的课都完全不一样。"不过这并不意味着学生上课完全靠自己，诺登教授的作用不可忽视。我们在这本有关"超级课程"的书中选择了诺登教授的案例，正因为她在让学生主导的同时还引导着他们。

"我带了五六十本超级有趣的书去上课，还发了每人一份问卷，了解他们的个人信息。"她解释说。小小的书目为她想建造的大厦奠定了基础。

学生可以从中选 3～5 本书来阅读。上课，从本质上来说，就是让他们帮助其他同学了解自己所选书籍的关键信息、思想和话题，并思考其含义和应用。他们读到的内容看起来都似曾相识，毕竟是各行业作者的畅销书。数以百万计的读者已经表达了对这些作品的兴趣，每本书都有重要的内容。这些书已经成为广义上的学术对话的一部分。

贾雷德·戴蒙德（Jared Diamond）因意义非凡的畅销书《枪炮、病菌与钢铁》（Guns, Germs and Steel）而走红，这本世界史著作涉及面广泛，重点讨论了为何有些地方如此富裕，而其他地方的人却处于极度贫困中。史蒂文·平克（Steven Pinker）和史蒂芬·杰伊·古尔德（Stephen Jay Gould）的作品也被诺登选中。坎迪斯·珀特（Candace Pert）的《情绪分子的奇幻世界》（Molecules of Emotions）[一]同样入选。2003 年，苏珊·亨特（Susan Hunter）的

[一] 珀特的作品不将讨论范围局限于科学研究。1978 年，她参与的工作获得了久负盛名的阿尔伯特·拉斯克奖，但颁奖词中并没有提到在研究中起主要作用的珀特，也没有提到除实验室负责人以外的其他任何人。珀特向授予该奖项的基金会负责人抗议，她在信中提出了"女性在科学职业中所面临的负担和障碍"的问题。

《黑死病：非洲的艾滋病》(*Black Death：AIDS in Africa*) 刚出版，便入选了书目。历史学家、人类学家、古生物学家、进化生物学家、哲学家及其他各领域的学者的作品都汇集于书目中，其中一些颇有影响，也颇具争议。但这些人对研究人类大脑有什么助益呢？这正是学生必须弄清楚的主要问题。很多学生的目标是进入医学院或研究生院深造，这些参考书目对他们成为医生和科学家又有什么助益呢？

任何人都可以把自己想读的书添加到书目中去。他们只需要跟老师打个招呼，说明要添加哪本书及原因，就行了。诺登教授告诉我们："一直以来，学生们都在创建和修改着书目清单。后来补充进去的作品就来源于之前的学生的推荐。⊖"

了解学生

学生选择要读什么书之前，先要填写诺登教授发的个人信息收集表。这一步看似没问题，对某些人来说却是大问题，他们认为这样做可能侵犯了隐私，会导致对某个人的偏见与刻板印象。但实际情况并非如此。诺登教授会征求他们的意见，如果课堂讨论中可能会用到相关的个人信息，是否愿意公之于众⊖？

⊖ 第一次上这门课时，她选了弗朗西斯·克里克 (Francis Crick) 的《惊人的假设：对灵魂的科学探索》(*Astonishing Hypothesis：The Scientific Search for the Soul*)。但是随着时间的流逝，但凡受过良好教育的人都完全认同克里克的主要观点，"他的话"再也"没有什么令人惊讶的"。学生们的想法完全跟他推测的一样。诺登教授回忆说："这门课上过多次之后，已经有更前沿的作品，但我仍然会问学生，他们找到什么证据可以支持克里克的观点。"

⊖ 诺登教授要求学生不在作业中标注姓名，而是使用代码，他们"交上来"的论文也好，其他作品也好，都是如此，以防可能出现的偏见。部门秘书会记录代码的所有者，因此，诺登教授从来不知道她评阅的材料究竟是谁写的。

她的措辞是这样的:"我想了解你,了解你的兴趣爱好,了解你的所作所为。"没有任何强迫,所有内容都是自愿告知。她的问题覆盖面广泛,例如:你会说什么语言?来自哪个国家或民族?有宗教信仰吗?你有什么让自己感到自豪的特长或爱好吗?你有与众不同之处吗?是好,是坏,还是无关紧要?诺登教授回忆说:"他们想把自己的一切都告诉我,这太让人惊喜了。"

大家都知道,一旦将个人信息写到纸上,就可能在讨论中引发关注,但并不会造成偏见和歧视。诺登教授解释道:"当我们研究语言和大脑的关系时,我可能会邀请一位具有多种语言能力的学生,用他会的某种语言作为例子。"在某一个学期,有一个女生填表说自己有音乐才华,正巧班上有一个小组想探索音乐和大脑的关系,于是诺登让女生上课时带上大提琴,演奏巴赫的协奏曲。表演引发了热烈的讨论,学生纷纷对大脑如何处理各种不同音乐发表意见。比如说,乡村音乐在范德比尔特医学院所在的纳什维尔非常流行,那么,大脑处理巴赫曲的方式与处理乡村音乐的方式是否有所不同?

诺登教授还有一个办法让学生们积极主导自己的学习:确定目标分数。打算拿 A 等的学生从书籍清单中选读 5 本书;打算拿 B 等的学生选 4 本;想拿 C 等的学生选 3 本。诺登教授通过不同的方式为学生提供多种选择,逐渐培养他们的自主意识。学生们还要自己确定讨论话题,我们将会看到,课堂活动及活动质量也由他们自行掌握,以便让他们学得更好。

用提问来设置规范

第一次上课时,诺登教授会制定一些重要的规则,但不会生硬地让学生遵守,相反,她会和学生沟通,帮助他们了解自己本学期对他们有哪些期望。学生们将组成不同的学习自治体,每个自治体都有不同的准则,但他们同时又属于更大的"学术村",每个同龄村民都拥有渊博的知识。如何加入一个现有的学术团队并接受其标准,但又不让自治体的自主意识受到挑战或破坏?

怎么帮助学生同时满足前后两个部分的要求？

诺登教授通过提问让学生讨论，然后开始引导他们，整个学期都以这样的方式进行教学。考夫曼教授第一次上课时，让学生思考的问题是艺术作品如何影响人生，通过讨论，定下课程基调，诺登教授的教学方式与他类似。请注意两位老师跨越学科界限的方式，他们为学生接下来的"跨学科旅行"做了充分的准备。

诺登教授提出了一个问题：贫穷国家的人是不是智力低下，而富裕国家的人则更聪明？是否有些地方的人民及领袖比其他地方的更聪明，因此发达程度也更高？诺登教授抛出来的问题争论已久，至今仍有人对此看法不同。几个世纪以来，西方国家的人去物质财富较少、技术较原始的地方之后，得出结论说，当地人显然智商低下，他们发展成现在这样毫不奇怪。

到20世纪末，已经有许多学者反对这种赤裸裸的种族主义观点。戴蒙德在《枪炮、病菌与钢铁》中明确反对"白人至上"的论点。但种族主义观念由来已久，还渗透在整个文化中。希特勒鼓吹的就是种族主义思想，正是因为他，人们开始警惕种族偏见，不过这并没有阻止其思想残余入侵彬彬有礼、聪明睿智的大脑，他们的对话中不经意还会流露出种族主义的声音。

诺登教授的提问基于两个根本原则。一方面，它充分说明看似相距甚远的学科如何相互关联，对低等智商的质疑既关乎历史，也关乎生物学；另一方面，她想用这个颇具爆炸性的话题来示范，受过良好教育的科学家该如何回应各种问题。无论学生如何作答，诺登教授都会以同样的问题反问他：你有什么证据？数据是如何得出的？哪些证据算证据？如果他人认同你的推理和论据，他的理性思考是否会对你提出质疑？如果你的观点没有论据支持，你能不能公开承认这一点？

师生之间的交流既细致又得体。教授引导学生用科学的方式来思考——只有反复确认，运用批判性思维，才能做到这一点。学生在课堂研讨中不断质疑询问，逐渐养成习惯。

诺登教授教的是生物学专业高年级的学生，他们经过几年的专业训练，已经习惯了"证据要明确"的要求，但这门课要求他们按同样的标准来思考社会、政治和文化问题。如果学科跨度太大的话，即使思维极度缜密的人也免不了要发怵，然而学生们必须克服这个困难。他们必须认识到，没有人会帮你把知识放到贴着学科标签的漂亮小盒子里。诺登教授说："我希望他们意识到，一切知识都是相互联系的。"受过教育的人都知道，学校也许赞成将知识划分到各个不同的学习领域里，其实这种划分会妨碍我们的理性学习。她提醒大家："大学分成不同学科，你也只是主攻其中一二，但我们思考问题时，会涉及多个学科。"

初始讨论和后续交流是诺登教授挑战学生的方式，她并不会简单粗暴地吓唬他们。她设定了交流标准，而这些标准全部出于尊重，绝不带有一丁点"老师高学生一等"的优越感。同时，她坚信学生可以达到新标准，她认为学生有自省的能力，他们能够心平气和地问自己：为什么我相信这是对的？如果对方证据确凿，我愿意改变自己的结论吗？如果我的观点缺少证据支持，但仍出于情感原因或惯性思维坚持己见，我敢承认吗？尊重和信任决定了课程会大获成功。

很多时候，类似的课程可能会陷入僵局，因为教授的要求在学生眼中变成了控制乃至羞辱他们的企图，他们并不觉得这些要求是为了帮助他们提升自我。（如果你觉得"我的学生考虑问题不可能成熟老练"，结果可能正如你所想的那样。但造成他们思维不成熟老练的最大障碍之一可能是你的看法。）

在第一、第二次上课之间，诺登教授根据学生选的书，找到他们想要学习的内容，比如大脑如何处理语言并做出符合道德标准的决定，等等。她还制定了一个时间表，列出各小组主持研讨会的具体日期。全班可能花几天时间来讨论某个主题，在主持研讨期间，相关负责小组可以自由决定如何让同学们参与进来。

但在有些方面，学生仍需按老师的要求来。他们应帮助他人理解阅读材料的基本内容,但同时可以对其含义、应用、可能性和证据进行提问。这本书及其主要观点提出了哪些普遍性问题?你对不同观点持什么态度?最重要的是,在各种情况下出现了哪些神经问题,凭你对人脑的了解,这些问题该如何解决?在某一天,有一组学生负责主持课堂研讨,班上的其他人则均肩负提问、厘清、收集例证和证据、提出替代的解释和理论的任务。究其本质而言,诺登教授想邀请年轻学者们围绕重要主题进行充分交流,把他们培养成成熟的思考者。

哪些环节可能出问题

最理想的情况是,这样的体验可以解放思想,激发灵感,让大学生们有机会思考、探索、想象并加深洞察力。但有些学生已经习惯了为考试而学习,一心追求分数,不断寻找"完成作业"的最简单方法。他们有时会"假装读完了"一本书,其实完全没有认真读。学生没读本该读的书,但在评论时信口开河,这种情况简直不胜枚举。有人谈到自己的大学时代,是这么说的:"如果我没有认真阅读,就会断章取义来评论,有时候我甚至会臆造一些内容,把它当成作者的观点进行批判。"

诺登教授如何对待这些眼里只有分数的学生呢?她如何让每周上两次课的学生深入交流呢?首先,她明确告诉学生,自己读过清单上的所有书,对它们了如指掌。仅凭这一点当然不能解决问题,她还必须营造一个能激发学生内在兴趣的学习环境,让学生们全身心投入到有趣、重要的问题中。她做到了,这个目标主要是通过课堂研讨中的各种提问实现的。跨学科教学法会激发出各种问题,问题之间的联系千丝万缕。诺登教授对脑科学的兴趣热烈而真诚,她的好奇和迷恋让学生也深受感染。"这个器官决定着你的每一个想法和你采取的每一个行动,怎么会有人不感兴趣呢?"

此外,诺登教授还十分关注学生的个人成长和学业进步,对他们有着坚定的信心，她用多种多样的方式将自己的感受传达给学生。她第一次上课时发放的个人信息问卷就传递了她对学生的关注，每次她邀请某个学生发表个人观点时也是如此。通过这些小小的关注，她帮助学生建立起对自己的身份、文化和语言背景的自豪感。

但是，这位神经科学教授还要让学生们通过选择走出属于自己的路。我们注意到，学生可以自行选择阅读数量，还可以自行决定研究的主题和方向[一]。不仅如此，在学期中间，他们可以选择开一次"安全阀"来释放压力。也就是说，如果有人没有按时完成阅读任务，只要他/她告诉同学一声，就可以另选内容，在指定日期内读完就行。"我想让选了这门课的学生明白，他们对自己负有责任，也对彼此负有责任，所以每堂课都要做好准备。"

教授面临的挑战

诺登教授也挑选了一本书，这本书是必读的，到学期末时，大家都要读完。选必读书必须十分谨慎，它既要吸引眼球，也要出人意料，它要让学生

[一] 诺登教授仔细考虑了可能出现的各种情况，每一个决定都旨在帮助和鼓励学生学习，而不仅仅是给学习成果打分，或者像玩学术游戏一样奖励一些积分。要是有人没有读完事先选定的书，该怎么办？或者有人最初只选择了三四本书，但后来不满足于只读这几本，又该怎么办？诺登教授告诉我们，在她教这门课的十一年中，"印象里只有一个学生未能充分讨论他承诺要读的 B 级的书，最后选择了 C 级"。但诺登教授不记得"任何一个想要 A 却没有达到预期的学生"。相反，她在一封电子邮件中告诉我们："有几个学生的实际成果超出了最初的选择。"他们可能会在学期开始时定的目标是 B，"后来告诉我，他们想读更多书，并且保证会说到做到，而且会做好。那他们就可以取得更好的成绩"。如果学生上课前还没有准备好，怎么办呢？她解释说，如果"没有读过这本书，没办法参与讨论，那你必须告诉全班同学。从根本上说，学生选择要讨论什么书，我希望他们能自己承担对团队的责任。这样一来，学生要想得到他们想要的绩点，就不得不选择另一本书（这种情况确实发生过）。不过每个学生只有一次这样的机会。"

走出舒适区，开始质疑自己一贯的想法，它还要让学生明白，一切知识皆相关。普通人看必读书，会觉得它们与神经科学相距甚远。

比如有一年诺登教授选中的雷纳的作品《恐惧的囚徒——抵抗的一生》。几年前，她在那家二手书店里发现了这本沾满灰尘的小书。对残酷的法西斯主义的描述如何让人洞察人脑的运作？一旦我们弄明白这个问题，就可以理解诺登教授的超级课程里蕴藏着多少本事、智慧和想象力了㊀。老师们的背景各不相同，每位老师都可以凭借自己的经验为学生打造一个独特的学习环境。广泛的兴趣和跨学科方法是超级课程背后的推动力。

诺登教授总是通过提一个问题向学生介绍一本书，她对这本书提的问题是："讲纳粹集中营的作品如何让人了解大脑的运作"。任何人来征求她的意见，得到的答复都是"这是你们小组要弄清楚的"。诺登教授的回答传递出一个重要观念，尽管师生们没挑明说，但它其实已经渗透到双方对学习的理解中了。

传统课堂给人留下一个印象，老师是可以把对知识的透彻掌握"传授"给学生的，学生侧过头去，老师对着他们的耳朵念念有词。老师当然要分享思想和信息，但学生必须消化他们听到、阅读或体验的内容，并加以理解，然后与之前学习的知识相比较，思考其含义和应用，以便触类旁通。

学生必须活学活用，精通专业，解决未知难题，才能学会批判性思维和想象性思考。关于这一点，没有人可以依靠别人直接传授，必须亲自实践、反思和琢磨。约翰·杜威在著作中写道："如果不重建、不改造所学知识，学识就不会提高。"我们前面也提到，这位美国教育哲学家认为，只有当我们

㊀ 经常有教授说，科学课程容易调动学生参与，因为搞不好会爆炸，学生必须专心点。科学家和工程师反驳说，人文类的课好教，因为人文学科涉及不同价值取向的争议性话题和事件。双方都忽略了专业领域里的机会及以多学科方式"跨界"的机会。诺登教授成功了，其他老师成绩斐然，正是因为他们认识到学科之间是如何相互联系的。

"停下来思考"之前的经历，摆脱"即刻的异想天开"时，"智慧的判断"才可能出现。

然而很多秉持传统理念的教师却只是鼓励学生记住老师讲了什么，只要考试时不忘就行，哪怕考完全还给老师也没关系。而诺登教授给予了学生充分消化的机会，他们的所学经得起考验。在她创造的学习环境中，学生不仅可以理解神经科学的基本概念，还可以在看似不相关的知识点之间找到关联，并用于解决社会、政治、道德等重大问题。学生会意识到，《恐惧的囚徒——抵抗的一生》帮助他们深入了解了大脑及其运作的奥秘。他们的选题让人十分震惊，这也反映出诺登教授教学的成功。

比如有一个小组选择的是雷纳对不同组从纳粹分子处获得食物量的记录。纳粹根据他们划分的种族类别，给关押者分配不等量的每日口粮。没人能分得到很多口粮，但波兰基督徒比犹太人得到的食物更多。学生根据书中的记录，计算出每个组的进食量与生存所需量之间的比例。大脑会对整个身体的卡路里进行分配，当总供给不足时，这位"操作员"就会从其他器官中窃取营养。当人体处于饥饿状态时，大脑如何存活？食物匮乏到哪种程度时，大脑会因为运转失常而窃取不到能够保持正常工作的营养量？

经过计算，学生得出结论，犹太人的每日口粮只能让大脑的运转维持三个月左右。这是打算在开动毒气室之前饿死所有犹太人吗？对人体所需卡路里的计算是否足以证明，纳粹从一开始就存在这样明确的企图？有没有其他因素促使纳粹打开毒气室？学生在分析自己收集来的生物证据时，他们也在对历史问题的意义进行思考。同时，他们也开始质疑医学和神经科学的重要性，例如对于厌食症患者来说，某些饮食方案的意义何在。

这些有价值的思考之所以产生，主要是因为学生。在整个学期中，学生们学会了如何提出重要问题，学会了如何忽略研究中普遍存在的学科界限。他们养成了要求自己提供证据的习惯，还养成了进一步探索影响和可能性的习惯。

假如诺登教授在考试中出一道关于营养和配额的题目,有些学生的思路可能会因此打开,甚至开始质疑自己根深蒂固的思维习惯;但更可能的是,很多学生会倍感不适,因为考试会产生压力,让他们灰心丧气。然而,在研讨课中,他们可以把自己想到的问题提出来,在学习过程中感受自主、自信及蓬勃的人际联系。

另一个小组的问题是,人们如何做出道德判断?大脑的哪些部分会对道德判断发挥作用?一旦人们做出是非判断,这些判断如何转化为行动?怎么会有人接受了纳粹的做法,更夸张的是,怎么还会有人愿意实施?他们准备了一场演讲,向全班同学详细介绍了大脑中涉及这些心理活动的所有区域,面面俱到,毫无遗漏。这门神经解剖学课程并不能把所有知识都灌输给学生,但对学生来说,它远比传统的关于大脑科学的学习更有意义。

老师主导的讨论

诺登教授偶尔也主持讨论,为学生示范一些重要内容,也为学生主导的讨论定下标准和基调。如果某本书的阅读进度稍微超前,留出了一段"没有安排的时间",她就会这样安排。这种师生交流的方式与其他时候稍有不同,在那几天里,学生们会更主动积极地研究大脑,对大脑更好奇。这段时间充分说明,人们认为无关的活动也可以促进深度学习。即便如此,教授仍然不会高高在上,也不会让学生围着自己转。

诺登教授在这几天里,采用的是劳伦斯·科尔伯格(Lawrence Kohlberg)在哈佛大学任教时设计的道德困境。科尔伯格是著名的心理学家,尽管他并未将自己的教学设计命名为"思维模式失效",但实际上就是如此,当人们的现有思维模式无法有效运作时,新思维才有望破壳而出。科尔伯格设计的道德困境需要人们做出艰难的决定,正是因为它带来道德挑战,诺登教授才将它引入了自己的神经科学课程,让学生在更广阔的视野中对大脑的运作进行讨论。

诺登教授设计的道德难题大致如下："你看到了一块地毯，很喜欢它，却发现生产地毯的厂家使用了童工。作为一个有道德的人，你会买这块地毯吗？"诺登教授向全班同学简要介绍了这个道德问题，然后，她会离开教室十五分钟，学生们按"买"或"不买"两种观点自行分组，为辩论做准备。等教授回来后，双方开始辩论。

有几个学期，诺登教授要求学生在辩论中选择自己反对的立场，每个团队都有几天时间查阅文献。这种交流十分活跃，学生既增长了知识，也增进了感情。

但这样的交流对神经科学教学有什么用呢？诺登教授认为，万物都与神经科学有关，因为我们用大脑来认识世界。在活跃的课堂讨论中，教授可以将大脑中心观灌输给学生，学生们通过对实际问题的讨论，不断探索，消化吸收教授传授的内容。大脑的特定区域控制着道德决策的制定，交流讨论引出了大量与神经系统相关的问题。

大脑的哪些区域如何发挥作用？当这些区域受损时，道德判断力会如何变化？人们为何会观念一致却态度不同，或者观念各异却态度相同？诺登教授十分擅长授课，她的讲解清晰且全面，但在研讨课上，她却把宝贵的时间留给了学生，激发他们的想象力，提出问题供他们思考，培养他们的兴趣，让学生在逐渐熟悉的过程中锻炼思考和交流的能力。

巩固专业知识

无拘无束的讨论让学生们瞬间兴奋、好奇起来，他们成为自己学习的主人。在讨论中，他们看到万物间的联系，掌握了跨学科学习的方法。上完这门课之后，很多学生的想象力变得极为丰富，面对问题时也具有批判思考的能力。但如何让学生掌握神经科学知识？如何能让他们有机会自行验证这些知识或者向他人展示？

　　传统教学大概是通过一系列课程讲座，将整理好的重要内容教给学生，没有讨论时间，学生的积极性调动不起来。诺登教授没用"翻转课堂"这个术语，但其实她已经做到了。对于学生们要研究的每个主题——阅读书目确定之后主题就定好了——教授都会给十道思考题，并让全班同学一起思考。这些问题五花八门，可能是关于大脑进化的，可能是关于知觉的，可能是关于道德抉择的，可能是关于语言形成的。诺登教授解释说："我设计问题的出发点，是考查他们寻找证据及得出结论的过程，同时也让我跟他们一起，衡量自己对神经科学的实际掌握程度。"

　　譬如有一年，有一组的关键主题是大脑如何处理感觉信息。其中一个思考题是："视网膜中没有蓝色视锥细胞，那我们看见某样东西，如何知道它是不是蓝色的？"学生必须知道什么是蓝色视锥细胞，了解它有什么用途，还必须了解中央系统如何处理颜色信息。

　　然后，学生"在课后"以小组为单位对问题进行研究，尽量全面回答问题，也可以做些笔记，相互抽查。到了期末，诺登教授会专门安排一天，从每组的研究问题中选出一个，让他们为全班同学解答[一]。到了那天，学生们将之前合作整理出来的资料全放到一边，仅凭记忆来讲解介绍。他们已经养成脱稿回顾知识的好习惯了。

　　她还会另外向学生们提一个之前没问过的新问题。即使问新问题，诺登教授的问法也让学生可以按自己的方式来回答。例如有一个学期，她问了一个很简单的问题："你学完这门课之后，思维方式有没有重大改变？"

[一] 按传统说法，该环节应该叫作"期末考试"，但我们刻意避免使用这种措辞，不是要向任何人隐瞒重要细节，我们只是希望重新审视测试和评分环节。学生必须准备好回答教授提出的所有问题，但教授只选择其中一个问题作为最终考核。

保持小班教学，保持亲密联系

这样的沟通交流可以引起深层次的学术和情感回应，因为学生们不仅为了掌握大脑的运作原理而奋斗，也在理解它对各种情况造成的影响时携手合作。在诺登教授的课堂里，他们可以放心大胆地探索生命与社会的本质意义、道德与正义的关系、意识与存在的含义等问题；在这里，无论是在学业上还是在情感上，他们可以相互扶持，相互帮助，科学证据、宗教信仰、家族传统交织在一起，共同作用。不管班级人数有多少，不管课程具体内容如何，营造这样一种教学环境应当成为所有老师的核心目标㊀。

"我就是喜欢那门课，"项目结束十年后，诺登回忆说，"我爱我的学生们。"但教授并未将功劳揽到自己身上，她十分谦虚："没有学生，课程不可能成功。老师只需要为学生创造一个环境就好了"。而环境的关键，她认为，是自由。"课程类型决定了班级氛围是非常亲密的，学生们自行决定讨论什么话题及如何讨论话题。"有几次，学生提出了十分有挑战性的道德问题，或者选择了与基本信念相关的话题，课堂讨论非常激烈。人们对彼此负有什么样的责任？我们从哪里来？我们是仁爱的神的造物，还是进化过程中的随机产品？我应该为自己的传统感到骄傲，还是应该接受大众偏颇的成见？是不是有了道德责任感，我们就与其他动物有了本质区别？面对可怕的灾难，比如非洲艾滋病大流行，我们应该承担什么道德责任？

㊀ 诺登教授最初将选课人数上限设为20人，所有学生都来自生物学专业神经科学方面，但课程声名远扬，其他专业和生物专业的其他方向学科学生也希望能够选修这门课。有一年工作人员误操作，选课人数达到了40人，事实证明这个规模过于庞大，无法保证每位选课学生都有机会充分参与。在之后的学期中，诺登教授将人数上限定为22，但是仍然有很多学生来找她，表示即使不能选课，也希望有机会旁听和参与讨论。

不过请各位注意,提出这些问题的是学生,而不是诺登老师。学生们在激烈的争论中会采取行动,有时他们会把椅了拉近一些,好让交流更充分。他们并没有因为棘手的问题而回避,彼此反倒更加亲密。诺登教授总结说,"我很难用语言说清楚他们的交流讨论有多么丰富多彩,我只能说,很荣幸见证。"他们不武断地下结论,而是有商有量地讨论。

第 16 章
走出教室去教学

40 年前,俄克拉何马州的一所小型文科学院将学生带出教室,让学习更丰富、更深入。采用这种教学法的学校,它不是第一所,也不是最后一所。这所学校与当时的大多数学校一样,一月份单独算作一个学期,在这个特别的学期里,学生只需要选一门实验课,就可以享受走出教室的自由。1976 年,他们开设了一门融合课程,将学习南北战争与研究种族主义、种族隔离和民权运动整合到一起,大约有 15 名学生选了这门课。

学生们一路搭乘房车、客货两用车及旧皮卡车,奔赴南方战场。联邦政府在这个战场上建起了公园,纪念那些因这场战争而牺牲的人。官方公开的历史资料里提到夏伊洛(Shiloh)、维克斯堡(Vicksburg)、奇卡莫加(Chickamauga)、亚特兰大(Atlanta)及其他一些地方时,都用到了"英勇"和"英雄"这样的字眼,语气里带着对本应被战争消灭的"失去的文明"的缅怀,但学生们却从不同的角度提出了不同的问题。

20 世纪的南方白人和黑人如何看待 19 世纪中叶的这场南北冲突?他们对

于战争的概念,尤其是他们对民权运动和对攻击强制种族隔离的态度,如何塑造了当代的政治和社会观点?

这所文理大学从属于一定的基督教派别,因此,在为学生寻找留宿家庭时,完全依靠了该教会的附属机构。师生们将讲义、书籍和文章带上车,他们一路穿越阿肯色州、路易斯安那州、密西西比州、阿拉巴马州、佐治亚州和田纳西州时,也在车上阅读资料。白天,移动的车厢里俨然变成滚动的研讨会现场,人们一路交谈,在加油站里聊,在小酒馆里聊,当然也在战场上聊。有一次,这些游牧学者借宿在田纳西州夏伊洛附近的一户人家里,他们家把房子改造得如同内战祭拜场一样,到处是南方邦联政府的旗帜复制品,还有从附近战场上收集来的废旧炮弹和其他纪念品,全都是真实遗物。

学生们睡在四柱大床上,床上铺着南方分裂势力的旗帜。这些人如何看待美国内战?他们认为自己对其起源和结果有什么了解,对马丁·路德·金和其他民权领袖持什么态度?学生们参观了马丁·路德·金博士最初任职的教堂,来到了阿拉巴马州塞尔玛的埃德蒙·佩特斯桥(the Edmund Pettus Bridge)附近,之前警察在此血腥镇压了约翰·刘易斯(John Lewis)和其他争取投票权的示威游行者,不过是10年前的事情。学生们发现,阿拉巴马河的这座桥的冠名者竟然是前邦联政府的一位将军,也是三K党的狂热支持者。

15名学生原本是散沙一盘,现在却被锻炼成了肩负使命的学习团队,民权运动的兴起及其与国家、地方政治权势的相互作用都将是他们的研究课题。民权运动完全源起于底层吗?还是因为相当部分权力精英当时希望跟亚非拉等广大的"非白人"社会做生意,导致他们开始不满旧的种族隔离和歧视,因此让民权运动有机会崭露锋芒?

如果学生们回到校园后能提出这些问题,那么他们的学习就有了肥沃的土壤,但从一定程度来看,正是游学探索让他们有了切身感受,从而激发出深刻的思考和反省。这样的教学环境拆掉了传统教学立在真实世界和学校之间的隔墙,破除了赫然耸立、危害四方的"无效思维模式",这种模式在某些游学项目、野外发掘项目和实地科考项目中都会对学生造成干扰。

城市学期（CITYterm），当地景观用起来

大卫·邓巴是新英格兰人，在新墨西哥州等地的独立中学任教，教龄20年，经验十分丰富。1996年，他到纽约多布斯·费里（Dobbs Ferry）担任特殊教职。多布斯·费里是哈德逊河边的一个老村镇，在曼哈顿和布朗克斯北面几英里处。邓巴教了20年书之后，执着地想要解决一个重大教育问题：如何让一门课成为一次"体验"，而不仅仅是为了毕业必须完成的任务？如何让所有学生——优生和差生——都成为深度学习者？

2019年8月的一个星期二，天气酷热。那天早上，邓巴回忆说，"我想知道，青少年的成长背后，有着怎样的认知和情感？为什么有些学校教育会带给学生理智与情感的双重体验，永远地改变了他们？而许多正式教育却使人失望透顶？"邓巴越是思考这些问题，越是产生了强烈兴趣，他要搞清楚共鸣是什么，及其对人们有什么不同影响。

邓巴阅读了巴里·洛佩兹（Barry Lopez）的一些代表性作品，包括《狼与人》（Of Wolves and Men）和《北极梦》（Arctic Dreams），于是开始思考"是什么让人们对文本产生了生理反应"。是因为走出教室后发现了特殊的香膏吗？邓巴引用洛佩兹的话说，游学是否"让人们开始思考环境因素"，并且"将思想从人类绝对真理的桎梏中解放出来"？它是否帮助"人们认识到，并非所有人都想走同一条路"？

邓巴的神气仍是大男孩的样子，咧嘴一笑，常常让人看不出他的实际年龄。他于20世纪70年代初期在阿默斯特学院（Amherst College）求学，后来到耶鲁大学念研究生，专注于宗教和哲学方面的研究。他获誉不少，学业和体育两方面都有，体育方面主要是足球和曲棍球。在耶鲁大学求学期间，他还曾担任校男子足球队的助理教练，尽管如此，他却很少向人提及。邓巴喜

欢运动，体魄强健，同时也喜欢研究，热衷于精神探险，这些经历可能对他的教育思想产生了很大的影响，不亚于学术研究及其成果对他产生的影响。

"当学生真正有了'体验'之后"，邓巴说，"身体就会产生反应。"他想知道"是什么引起了人们对文本的生理反应"。他同意"强化认知"理论，这一理论认为，思想不会独立于身体而产生。当人们构建高级概念时，或对某个问题进行推理或判断时，他们的整个身体都在为之工作，运动和感知系统、身体的一举一动，以及身体与环境之间的物理交互，全都在为各种心理和精神活动工作○。

邓巴开始和自己所读的文字进行对话，渐渐地，他考虑要提供一种特殊的学习体验，可以促进和利用学习者的身心互动。多布斯费里研究生院的领导愿意给他实践的机会。这里每年都有空闲宿舍，随着邓巴对心理学和哲学的理解日益深入，他很有可能实现一次极有影响力的教育创新。在接下来的20年里，邓巴与同事和学生们一起，建立了一门超级课程，批判性的、自然的学习环境因此又扩大了一些。

邓巴不打算让学生到郊区的研究生院来安安稳稳地当全日制学生，按他的想法，纽约市才是教室，来自世界各地的高中高年级的学生可以在城市里度过这个学期。"城市学期"（CITYterm）的体验将让很多学生成为敬业而投入的学者。邓巴解释说："学生来上课之前，多半以为他们只要像以前那样，做个好学生就行了，然而课程结束时，他们都知道自己应该成为优秀的学者。"

好学生与好的学习者

艾丽卡·查普曼（Erica Chapman）来自田纳西州的查塔努加

○ 亚瑟·M. 格伦伯格（Arthur M. Glenberg）在亚利桑那州立大学任教，他和学生也一直在研究这个概念，他们发现了具体化认知的躯体证据。他们做了几个实验，发现人们阅读时使用的肌肉会影响他们处理某些文本的速度。格伦伯格的研究及探索具体化认知的心理学实验室不断提出的问题意味着什么？

（Chattanooga），20多年前，她曾参加过CITYterm的学习。艾丽卡的高中学校是查塔努加文理学院，这所学校提倡多样化和博雅教育，很受家长和学生青睐。尤其是博雅教育，源自苏格拉底式对话，由莫蒂默·阿德勒（Mortimer Adler）提出，该校一直践行着这一教育理念[一]。她上邓巴老师的课之前，只去过一次纽约。

艾丽卡念完本科和硕士后，又回到了多布斯费里，加入邓巴团队，从事创新教育，并最终成为这个项目的负责人。最近，她回忆说："我初次（作为一名学生）加入CITYterm的那一刻就明白，这里的学习方式与以前的任何方式都截然不同。"正是这些差异和不同，让她和其他学生摆脱了以前在学校学习时形成的模式，接受了CITYterm的一切。"我们不会每天都待在传统意义上的教室里，从教室到城市让人活力满满，每一个细胞都想去探险，我们将在'真实世界'中检验自己。"这个在卢考特山（Lookout Mountain）庇护下长大的年轻女孩儿觉得，"教室的围墙似乎打开了，我的头脑也打开了"。她和同学们将要面对各种不确定性，还要学习在全神贯注的冒险中应对这一切。

那么，CITYterm究竟是怎么回事呢？简单地说，CITYterm并不仅仅意味

一 阿德勒将自己的想法称为"派地亚（Paideia）（派地亚指古典希腊与希腊化文化的教育和训练体系，包括体操、语法、修辞、音乐、数学、地理、自然史与哲学等课程。——译者注）"计划，并指出，尽管中学教育的职业培训可能为学生找工作提供帮助，但这些工作很可能在瞬息万变的经济发展中消失，而文科教育具有持久的价值，无论是找工作、做一个合格的公民这方面，还是养成终身学习的习惯、批判性思维和创造性思维这方面，年轻人都可以从中获益。阿德勒认为，有了人文学科的学习背景，人们更能应对不断变化的世界带来的挑战。我们在第5章中讨论了克莱门特人文课程，其中也包含同样的想法。查塔努加学校现任校长吉姆·鲍尔斯（Jim Boles）在一封电子邮件中写道："我校招生没有考试分数的要求，我们的学生来自各行各业，我们将尽力按他们的学习基础来教学，为他们的下一阶段做好准备。我经常说，我们是你在学校内与现实世界接轨的桥梁。通过研讨会和公民讨论，我们教会学生阅读、写作、倾听、口头表达和思考！我们相信我们送走一届毕业生，就对世界做出了一次改变。"

着将人带到纽约或其他大都市，也并非意味着完全依赖大都市的丰富资源。我们逐渐认识到，几乎任何地点、任何时间都可以展示出CITYterm的大多数招牌特点，只要有走到教室外的这一步。创新教学能否成功，不取决于私立学校多有钱或者富裕学生群体的资源。并非要等你筹集到足够的资金，并且学生都来自富裕家庭时，这件事情才可以做成。

马斯特斯（Masters）是一所私立学校，参加CITYterm的学生确实付过了高昂的学费，但学校会根据学生的实际经济情况提供奖学金，因此班级学生的经济条件和种族背景大相径庭。该项目每年只招收60名学生，每学期30名，但其规模引发了质疑，人们想知道，如果课程和班级的规模远超过它，还能从相关信息中得到什么收获。

刚开始的感受和信任的建立

通过CITYterm的短短16周，艾丽卡和之后选课的学生似乎学到了海量知识，实现了传统学校中几乎不可能实现的转变。艾丽卡告诉我们，"时间变得不一样了。我们16周完成的高级工作比大多数学生一年完成的还要多。"当我们看到学生所做的事情及他们变化的过程时，才算理解了艾丽卡说的话。我们问艾丽卡，老师是如何激励学生完成这么多事情的，而且还挖掘得如此深入？她提到了几个关键因素，但首先提及的那一个因素通常不会引起太多关注。

她解释说，"到了学期中、后阶段，我们就会布置要求极高的任务，这时，学生已经对我们产生了信任，他们相信我们布置的任务有意义，能改变他们的人生，因此他们几乎会无条件地跟随我们。"信任为随后的一切活动奠定了基础。

如果在你成长的过程中有一个知心的朋友或亲戚，你就能理解艾丽卡的意思。一个安静的星期天下午，查理叔叔或诺亚姨妈到你家里来，主动提出

超级课程
教育与学习的未来

———

带你去城市里进行一趟神秘之旅,你一口答应。因为你知道,这种行程会很有趣,也许还会改变你的人生。哈佛大学和斯坦福大学已故心理学家纳里尼·安巴迪(Nalini Ambady)发现了可以解释这种反应的证据。

安巴迪及其团队在一系列实验中发现,人类其实具有相当强大的能力,可以迅速而准确地作出判断,而这些能力让奇迹般出现的信任成为可能。我们在 2004 年的《如何成为卓越的大学教师》一书中讨论过,学生通常只需要 10~12 秒钟,就可以非常准确地预测出,哪些教授会激励他们的学习,哪些教授不会。这并不是说,吸引学生的时间只有短短一个瞬间,但它确实表明,初始活动可能会决定学生是否会深受吸引。

那么,CITYterm 是如何给人留下深刻印象的呢?有个教学活动叫"寻宝清道夫",包含了大量的游戏,十分有趣。开始上课后的第一个周末,全班分成若干个小组,每组 6~8 名学生,前往纽约市的不同地方寻找提示。每组都有一个独特的线索列表,也配备一位老师,好"确保他们的安全",但老师尽量不插手,将绝大部分决策留给学生。

"我们携手合作,解锁线索,在大街上找可能知道答案的人,或者能提供可靠资源的人,真的全部靠自己,"艾丽卡回忆说。例如,有一个提示要求学生找到纽约市最古老的木制自动扶梯。学生们必须学会找到答案的方法。"我们知道哪些老建筑?哪些需要自动扶梯?我们在哪里可以得到帮助?"他们还必须学习如何与陌生人打交道,让他们跟自己交流,这也是该课程的"小"目标之一,这些小目标构成了丰富的"学习目标"。

寻宝活动帮助学生们掌握了正确的学习探究方式,但它的意义还不限于此。有了这次经历,学生们对学习的看法改变了。艾丽卡汇报说:"直觉告诉我,这是该教学项目提倡的学习方式。"上学不再只是"聆听老师的课堂教诲,并把老师要我说的话原封不动地描述出来"。如果办学思想正确,那么学校应该要帮助学生建立良好的推理能力和其他技能。寻宝活动也改变了艾丽卡对老师的认知。他们的作用是鼓励而非限制学生,更不要说帮学生作判断了。他们不是答案的提供者，连学生做的对不对也不讨论。他们让学生犯错，并让学生从错误中学习。

选过课的学生对这一天的评价是"有点社会化""让人际联系更紧密"，甚至还有人认为这一天"有趣搞笑""饶有趣味"。他们用到的词包括"紧密""不同"和"新颖"。寻宝清道夫游戏"激活了对历史及不同时期的变化的提问"，在没有自动扶梯、升降电梯和高楼大厦之前的日子是什么样的呢？在此次活动及后续活动中，这门课开始揭示纽约市的各个层面，提出有关这座大都市的新问题，让"你不免好奇，想了解更多"。

第一个周末的下午，学生们聚集在中央公园野餐，他们要汇报自己发现的内容，也要倾听其他组的内容，并相互提问。他们开始问彼此："你怎么知道是这样呢？"在交流的过程中，他们的研究技能和调查能力就增强了。

多多走出教室去

神奇周末融入了一系列练习，这些练习继续拓展学生的能力。多年后，艾丽卡回忆起自己的第一个周末，"这些活动的本质非常学术，与历史、文学或环境科学的学习密切相关，但我从第一个周末起就知道，这门课与众不同"。当学生们需要认真完成一项任务时，无论是超纲的严肃研究，还是阅读一本新书，抑或是写作、作报告或参加其他班级活动，学生们都相信，老师安排的任务自有深意，也会富有成效。

在接下来的16周里，学生们将参与各种城市探险活动。有两个例子很好地说明了，什么样的活动让CITYterm给予学生良好的体验，走出教室这种教学理念如何改变了一切。

寻宝清道夫游戏的建筑项目要求该组的每个学生选择曼哈顿的一个著名建筑进行研究。他们要通过对这栋建筑的使用方式、建筑与居民的互动方式及历年来的变化，探索所选建筑的历史和性质。但这绝不是局限于建筑学、社会学或历史学的研究，邓巴在设计这个教学项目时，是将其定位为深入阅读的一个途径，无论具体阅读的文本属于哪一个学科。

身兼足球教练和学者的邓巴观察到，"当学生们意识到深入阅读一本书就是与作者共同写这本书时，一切将焕然一新"。邓巴喜欢引用美国作家兼电影导演保罗·奥斯特（Paul Auster）的话，他记得这句话大概是这样说的："一本书不仅属于作家，还属于读者，你和作者一起使它成为你读到它的样子"。如果学生按照邓巴所希望的方式来阅读，不再是老师怎么教，他们就怎么读，那么阅读将不再是解密每一页的文字符号，而是与作者对话，对内容进行探索。在这样的阅读中，学生可以摆脱精英中学普遍存在的完美主义，接纳失败，可以在不确定中停留，享受这种感觉。

参加该课程的学生在学习"阅读建筑物"时，开始就要以这样的方式来阅读。在一段不算长的时间里，他们一步一步丈量建筑物及其附近地区，浏览历史文献，拍照片和做笔记，观察外立面和大堂，思考建筑物及其内部的迷人之处，并探索它的所处环境。这项艰巨工程最终会产出一份记录翔实的文件，同时也会带来20分钟的徒步旅行，每个学生都参与其中，分享各自的发现（他们经常把"我的建筑"挂在嘴边）。不用背任何材料，也没有对与错的答案，只有被认真记录的研究过程，和被反馈并收集的信息。学生们在建筑项目中所体验的方法成为他们的新学习方式。

临近学期末，学生们再次执行寻宝清道夫任务，这次范围更大，小组规模也稍大一些。第12周的周日晚上，老师们将学生分为15人一组，每组被指派到一个社区进行研究，分析探索时间为一周。等到星期五，他们将自己的发现和故事带到巴纳德学院，给听众讲述。这些听众大多住在附近，也有在校生的父母及"研究纽约及其他地区的孩子"。学生们可以采用任何形式来讲述自己的内容。没有指导原则，没有硬性规定。想讲什么就讲什么，觉得怎样交流合适就怎样交流。学生们在如此短的时间内完成了一项如此艰巨的任务，对他们来说，这是"丰富的经验"。

建立牢固的纽带

强烈的"集体责任感"悄然出现在班级中,艾丽卡和同事们顺势用到了教学中。一旦集体责任感出现,牢固的纽带便已经在学生和师生之间形成。他们相信引领者会提供难得的机会,他们相信学习者可以集合共同拥有的能量、洞察力和创新力,共同完成任务。每个成员的意见都很重要,每个成员都对整个项目负有责任。

艾丽卡总结道:"学期结束时的宣传展示对学生有非常强的激励作用。"每个人都想"呈现一些对朋友、家人和同龄人有益的东西"。最重要的是好奇心,好奇心对学生的鼓舞是全方位的。建筑项目倾向于选择学生不了解的社区,在一周的时间里,学生将了解社区情况,甚至熟悉这里的居民。邓巴指出:"以前上过这门课的学生在毕业之后,很多都会回到社区附近居住。"

秘制配方

CITYterm 体验的核心是"走出"教室,进入城市,但我们会发现,实际情况并不局限于此,众多其他元素可以帮助教育工作者在任何地方营造出类似的环境,我们一起看看其中最重要的三个元素。

– 每个人都有价值

艾丽卡告诉我们:"我们用多种方式随时随地告诉学生,'你的想法有价值'。"从寻宝清道夫活动开始就这样做,因为"我们一直在说,'你必须决定,你必须做出决定,你要对自己的学习负责'"。每项活动都充分采用这种方式,无论是互动,还是阅读书籍,就像保罗·贝克对着 CITYterm 全体成员耳语似的。

"你是独一无二的个体,你有自己独特的优势和不足,你的想法有价值。"艾丽卡和同事们反复强调。

他们取消了一切社会等级制度,以免让人觉得他不如别人有价值,也免得那些无论怎么比都处于最底层的人认为自己完全没有价值。艾丽卡和邓巴解释说:"我们保持了'社会文化的扁平化'。""我们相互之间都用名字称呼彼此。"还有同样重要的一条,这门课邀请学生参与,而不是下达命令或强制安排;老师们提供保障,而不是提出要求;他们不时强调:"学生掌握学习进度,选择学习方向"。

艾丽卡告诉我们:"我们有一个永恒的标语,是奥尔德斯·赫胥黎(Aldous Huxley)说过的一句话,大意是:体验不是什么事发生在你身上,而是你对发生在你身上的事情做了什么。"

- 重新定义反馈

这门课以全新的方式定义了传统评分方式,这一点的重要性不亚于第一点。本书最后一章将全力探讨关于评估和评分的新方式,现在先研究在CITYterm课程中起着决定性作用的一个关键要素。一般来说,该元素与评估密切相关,但它能更好地帮助人们进步,而不是对人们进行评价和判断。

邓巴认为:"很多关于反馈的传统做法都将重点放在纠正上。当老师的人经常说'我有一摞论文要批改'。"这种关注点导致了学生的焦虑和恐惧,经常让有些学生放弃、辍学和逃避。邓巴指出:"中学围着分数转,因此提供的反馈必然是'如何纠正'。"但如果你正在"尝试改变",你就应该"帮助学生改变,让他们明白,自己才是学习的主人"。这就意味着学生们必须学会自我评估。

邓巴思考着如何才能行之有效,于是他转而向其他行业寻求启发。"老师想做某些事情时,他们自己并非是最佳求助人选。"他研究了"处于死亡率和发病率夹缝中的医生"的思路,以此来思考反馈问题。你反复思考之后,对反馈怎么看？"我与编舞利兹·勒曼谈到她如何向舞者提供反馈，㊀"邓巴总结道，"只要反馈和分数有关，学生就不可能学会改进。㊁"

在此过程中，邓巴认为，勒曼在提供反馈时，"关注的重点是做事情的人"。因此没有修改意见，没有分数高低。邓巴的结论是："归根结底，你与学生一起讨论论文的时候，你想要达到这样一种状态，即这篇论文是有生命的，学生写了，老师读了，师生双方共同将它创造出来，就像保罗·奥斯特描述的那样。"有了对学生的尊重，你就可以让人感觉自己正在进行创作，而如果你沿用老套的中学反馈机制，立刻就将一切毁掉了。

– 阅读的新方法

埃伦·兰格是哈佛大学的心理学教授，她对正念的研究深刻影响了邓巴，他开始真正理解什么是阅读，他将这些新观念与学生们一同分享，引领他们交流学习体会，再次让他们感受到 CITYterm 与其他任何课程存在的本质区别。

"正念是一个过程，是对新事物的积极关注，正念让你处于当下……从本质上来说，正念就是身处其中。"邓巴在给学生的一份重要讲义中引用了兰格教授的话。

"我们每个人都在追求稳定，"他引用了兰格的话说，"我们希望保持现状，似乎能做到这一点，就可以一切尽在掌握。但这是不可能的，因为一切都在不断变化。实际上，追求稳定将会导致失去控制。"然而，如果你从正念

㊀ 在《如何成为卓越的大学生》中，我们对创造力的来源和培养进行了研究，勒曼是研究对象之一。

㊁ 邓巴研究了哈佛商学院克里斯·阿吉里斯（Chris Argyris）的成果，后者是专攻反馈的专家，强调要积极待人，尊重他们的能力，反复问自己"为什么要这样做"。邓巴发现，一直以来，各行各业的人都在询问关于反馈的问题。他们经常使用被阿吉里斯称为"双循环学习"的方式。他们不仅问"我该如何做自己正在做的事情才能做得更好"，而且还开始思考为什么这些问题能提供反馈，什么样的思维模式影响了实践？他们如何看待一起工作的人？邓巴指出："只是这种'双循环学习'模式通常不会出现在高中里，甚至不会出现在大学里。"

的角度来理解阅读,那么"不确定性会让你不受约束,在阅读时发现作者的写作意图。但凡存在有意义的选择,就存在不确定性。如果不存在选择,就不存在不确定性,也就不存在掌控权。正念理论坚持认为,不确定性与个体的掌控体验分不开。"

邓巴将兰格的正念理论和自己对身心互动的认知相结合,形成了一种全新的阅读观,阅读将成为一种体验,一种改变人生的体验。学生不再为了记住书里的内容而阅读,他们阅读时要留意,读到什么地方身体会有反应,什么时候"胃部发紧,或喉咙卡住,或胸口轻盈"。邓巴认为,"这就是身体发出的信号,我们与有些内容产生了互动。"CITYterm 的学生在阅读时会"练习关注那些'感觉'"。他们注意到模糊性、不确定性、可能性及他们曾认为正确的东西带来的问题。他们将建筑项目和邻里研究中的阅读方法带入了不同的学习中。

这种学习改变了人们的思想和生活。20 世纪初,奥地利诗人和小说家莱内·玛利亚·里尔克(Rainer Maria Rilke)在《给青年诗人的十封信》(CITYterm 学生的读物)中,精确地捕捉了教育的目标:"心中一切的未解,请你都耐心一些;试着热爱这些问题本身,就像爱那上了锁的房间,和那陌生语言写成的书一般"。诗人曾规劝到:"现在别去寻求答案,现在还不能给你答案,因为你会无力承受它们。重要的是,去经历这一切。经历当下的问题。也许,渐渐地,在不经意间,在某个遥远的未来,你会和答案合为一体。"

艾丽卡和邓巴希望学生珍视"不懂"和"对不确定性的焦虑",认同不确定性是整个 CITYterm 体验的核心。学生在城市实地考察,利用大环境来系统全面地拓展自己,包括研究技能和阅读能力,他们在环境中学习,环境改变了他们。

讨论至此,我们终于可以得出结论,批判性的、自然的学习环境包罗万象,虽然刚开始讨论时,这个观点看起来不太站得住脚。然而,要俯瞰如火如荼的教育革命全景,我们还有一段旅途要走,最后一章将介绍这部分内容。

第 17 章
成　绩

有一天,我们在纽约大学吃午饭,一位同事加入了我们的谈话。她加入了我们的一个工作室,当即便感受到了批判性的、自然的学习环境的魅力和力量。可是,在她使用这一新教学法的第一个学期即将结束时,她产生了怀疑。学生们的反应并不像她预期的那样。这种情况不太寻常,但也并非从未出现过。同一种教学法,那么多人已经大获成功,她和其他几个人却跌跌撞撞,这是什么原因呢?

起初,她把问题归咎于她的学生。然而,当我们谈论这门课时,这位年轻的科学家开始意识到:是老式的评分方法,而不是她的学生或新的教学方式破坏了这门本该精彩、刺激的课程。她坦白道:"我用的就是我上学时的那种评分机制,我并没有去质疑它,因为那样做就像是在打破自然法则、降低标准。"她自嘲了几句,最后问道:"我们该在哪里引入评分教育、为何要引入它?"

这个问题的答案可以解开强大的教学和学习的秘密。如果从历史的角度来看，我们可以对照其他种种可能性来看待自己的思考，这时便会明白：教育工作者并没有干什么，这一点几乎不用去想。教师做些改变并不违反自然法则，也不会削弱教学质量。

现代评分系统是随着工业革命的到来而出现的。我们的社会需要知道，人们究竟学到了多少知识。这在医学、工程和建筑等领域尤为重要。建筑师能否建造一座桥梁或房屋，让它不倒塌？你的医生对你的健康状况是否有足够的了解，能做出准确的估测？可是，令人吃惊的是，最早给人们的思维打分的是人文和社会科学领域。18世纪90年代，剑桥大学的几门英语课上最早这样做了。中国古老的科举制度也采用了一种及格或不及格的评分结构（要么考取进士，要么就落榜），但欧洲中世纪的一些知名大学却没这样做。⊖

从本质上讲，随着工业经济的到来，社会开始给教育工作者施加一系列

⊖ 在大学和其他各级学校教育中，良好的评分机制在历史上很少见。即使回顾一些知名大学的历史，也很难发现关于这个问题的任何启示。我们从形形色色的资料中拼凑出这个故事，其中有回忆录、对教育历史学家的采访、大学手册，还有一些我们从各处搜罗来的书籍、文章和网页。我们的主要观点是——希望所有读者都能重点关注这一点——从我们所知道的情况来看，现代的成绩体系是人类历史上相对较新的发展，把数字或字母加在某人的思想上的观点代表了一种激进的转折。如果这段注释和我们在文中对成绩的讨论引起了对现代成绩体系的确切形成年代的激烈争论，那我们就太失败了。相反，我们希望这些能促使读者认识到，随着对数字和可简化为数字的字母（GPA）的精确规定，教育工作者现在承担了更多的工作，还被赋予了一种新的责任。教师的教学重心不再只是帮助学生学习，他们还得装作知道如何衡量学生的智力发展，但这并非是通过与学生讨论、经过批判性思考得出的，而是通过一个标准，一个分数，一套职业体育联盟会使用的方法。我们希望读者能带着一种探究态度，来思考并生成一些关于学习、思考、推理、发明、理论化、概念化、建立联系等意义的想法。最后，我们希望这次讨论能使每一位教师考虑越来越多的思想家和研究人员的意见，他们认为我们的成绩体系实际上可能会损害深度学习。在我们从历史和哲学的角度对成绩进行全面审视之前，这里给出一些资料，如果读者愿意，可以进行参考，其中包括一些对评分的操作、其意义及对教学和学习的影响的观点。当然，这也是本书的观点。

新的责任。旧的责任清单上只简简单单地写着：教育年轻人；新的岗位描述却补充道：从事教育工作时，请证明你认为学生学到了多少东西。于是，我们发明了成绩，作为我们履行了这一新职责的快速记录。

给一个人的思维加上分数，这真是激进的一步，这个做法太不寻常，因此起初并没有被迅速传播。从前人们可能会对某一种思想或行动的优点进行辩论、讨论，根据一些古代文献的规定对其进行测试，后来又根据逻辑和证据的要求进行测试。可是给它们打分？太怪异了。在19世纪的美国和欧洲的许多学校，如果一个人完成了一门课程或一项研究，学校只是简单地给此人"学分"，如果没完成，就得不到学分。这一做法几乎贯穿整个19世纪。中国、南美、非洲和其他地方兴起的一些大学显然也遵循同样的模式。这种"及格/不及格"的方法让大多数人感到满意，直到19世纪末，情况开始发生改变。

社会变得更加工业化和科学化，因此要求系统更精确化的压力也在增加。从时间到空间，人类对每一件事的测量都更加详细、准确。对智力测量何不采取同样措施？人们就是这样想的。

学校开始使用一个由字母或数字组成的评分系统。美国用的是由 A 到 F 的一套体系（最初甚至还有 E，到了 20 世纪后期才逐渐消失，现在只有少数学校保留了下来）。[一]但是，关于这段历史的精确的细节可能会掩盖正在发生的事情的核心。等级的出现意味着，人类认为可以用测量时间或空间及时空中的物体的科学准确性来衡量一个人思维能力的确切质量。

请注意，这是在同一时期——19 世纪末——优生学的追随者认为他们可以通过测量鼻子、头和其他身体部位的大小或将人们划分为不同的"种族"来给出一些关于人类的重要信息。我们并非在说成绩有种族主义倾向，而是认识到，"科学"种族主义的思想和我们的评分体系来自于同一个社会、政

[一] 我们最近了解到只有少数几个学校的评分中仍然有"E"。

治、经济和知识环境。

正如卡罗尔·德韦克在她的经典著作《心态》（*Mindset*）中提醒我们的那样，在19世纪和20世纪初，每个人都在争论某种我们称之为"智力"的东西的起源。它是某种内在的、不可改变的品质的产物还是经验的结晶？是先天还是后天决定了一个人有多聪明、能有什么能力？法国心理学家阿尔弗雷德·比内特（Alfred Binet）认为训练的作用可能比大脑原本的容量还要大。这个辩论起到了无心插柳的作用。后天决定论的支持者引出了20世纪"优生"和"差生"的概念和决定学生在学校"表现如何"的固定智力的想法。

20世纪开始3年后，法国教育部希望找到一种方法，来帮助那些在公立学校的标准教学中得分不高的学生。他们推断，要做到这一点，需要进行早期干预，而要做到这一点，必须在一定程度上准确预测谁可能在未来的学习上遇到困难。教育部联系了47岁的比内特——此时他已经是一位在索邦大学工作的成功的心理学家，让他设计一种方法来进行预测。比内特随后制作了第一个广泛使用的"智商测试"。尽管这个测试的发明者是一个相信人类可以提高记忆、推理、发明和其他被称为智力的任务的人，但许多使用这个测试的人都开始认为：它测量的是固定的东西，比如一个人眼球的大小。

有了智商测试和用字母或数字表示的评分系统，教育工作者可以更容易地把人归入大类。他们判断有些学生"好"，还有一些则比较"弱"。在20世纪初，有些人用"种族"来决定谁属于哪一类。至少有一位著名的数学家曾得出结论：非裔美国人不可能理解他的学科，据报道，即使在其所在大学结束了强制种族隔离后，他仍试图禁止非裔学生进入他的课堂。不过，你可能会说，成绩、测试和其他评估方法并不意味着这辈子就完了，而智商测试往往能定终身。我们来做个假设：通过不断做作业，从一个学期学到下一个学期，你的分数会提高，而智力却明显保持稳定（尽管詹姆斯·R.弗林和其他人发现，智力并不像我们长期以来认为的那样恒定）。

这个假设不错，但关于教师如何对学生做出反应的研究却表明了另一个事实。教师往往倾向于把学生按能力不同归入大类，其潜意识里认为：有些人有能力在课堂上发光发热，而有些人却没有。这些印象会影响到教师对班上学生的评价。

关于这种现象的大量证据都来自于系统的研究。例如，一组澳大利亚调查员随机让教师和助教观看一名学生做的口头报告，一次报告很"优秀"，另一次很"糟糕"。接着两组人都评估了该学生的同一份书面作业，这份作业与口头报告无关。

你可能认为口头报告对论文成绩没有实质性影响，这就错了。看过精彩演讲的人一般会给书面作业打高分，而那些看了糟糕演讲的人给论文打的分数要低得多。请记住，这两组人都是在为同一个学生的同一篇论文打分。

这种所谓的光环效应只是评分的大问题之一。有几个因素表明，学习成绩的合理性比我们认为的要小。一些观察家在几十年前就争论过：在学校里，当涉及分数的时候，到底是男生还是女生面临的歧视更多。然而，似乎越来越清楚的是：辩论中的双方都是对的，也都是错的。

性别往往很重要，有时对女生有利，而在其他方面和其他时候则对男生有利。随着时间的推移，通用模式已经发生改变。在20世纪初，女性面临艰难时期，接受高等教育的人相对较少，更不用说努力拿到学位或取得优异成绩了。一百年后，整体规模发生了翻转。到了2016年，在美国大学生中男性比例只占不到45%。不过在某些领域（如物理学）男性的人数仍然超过女性。

社会和经济阶层影响着学术地位，而我们对种族的定义也是如此。后者可能没有生物学意义，不过是16世纪出现的一种幻觉，但种族歧视的受害者和他们的家庭是真正的人，他们被踢来踢去。穷人的孩子也是如此，不管抱着"种族"的想法如何将他们分类。正如我们在第2章中指出的（并在《如何成为卓越的大学教师》第四章中进行了更深入的研究），如果某人是社会中某个群体的成员，而且社会对该群体的智力或体能存在着普遍的负面刻板印象，那么这些流行的偏见就会常常对他们的表现产生不利影响，哪怕他们个人拒绝接受这种对"他们这种人"的流行看法。正如我们前面所指出的，这种"刻板印象的威胁"攻击了种族主义的受害者和穷人，使他们感受到"贫穷在某种程度上源于懒惰或愚蠢"这种观念对他们的刺痛。

让评估更精确……更无意义

有些人试图用看似事实的测试来解决评分的反复无常的问题。"我问的问题有一个正确答案，"追求精确的教授高喊，"我的学生要么答对，要么答错。"可是，一个把人们关在一个房间里，看他们能在规定时间内答出多少正确答案的评估系统，并不总能识别出谁能批判性地、创造性地，甚至准确地思考。我们说这个评估系统并不"真实"，因为它并没有真正要求人们去做接受学校教育后本该做的事。

正如霍华德·巴罗斯所指出的，医学生的目标是学会做准确、有用的鉴别诊断，而不是让病人佩服他们能背出多少知识或能在谈话中抛出多少新术语。在历史学领域，我们希望人们能够从历史角度思考问题，而不是仅仅说出一些名字、日期、条约条款等，或者在多项选择题中找到正确答案。学历史的人必须要准确，而不是像讲童话故事那样讲历史，仅仅衡量其短暂回忆事实的能力并不能说明他们是否能分析、综合、评估、区分、理论化，能否建立联系。

就连数学领域也存在这方面的问题。人们可以学会使用"恰当的"公式或步骤来得出正确答案，却从未理解基本概念。这样，他们就无法解决一些表面看起来不同的问题——即使这些问题涉及相同的原理。不管在哪个领域，就连那种老式计时考试也经常会引入一些不真实的因素。

我们并不总是那么准确

简单地说，身为教师行业的从业者，我们从来都不擅长识别最优秀的学生作品，或者预测哪个学生会过上高效、高创造力的生活。成绩应该能告诉我们一些学生未来表现的有用信息，无论是在校还是毕业后。我们用这些信息来决定谁能进入下一阶段的学习。我们常常假定：分数会告诉我们一些关于学生人生轨迹的重要信息。可是在大多数情况下，分数比随机的预测指标准好不到哪儿去，特别是当看到所谓的"最好的学生"和"中间的学生"之间的差异时，这种感觉更为强烈。

某个班级或某个级别的分数可以让我们知道，谁会在另一门课程中取得类似分数，但它们几乎不能说明这些人在校外的表现。他们将拥有什么样的对话？与谁对话？他们能给小组带来什么想法和信息？他们如何衡量自己的思维？他们能变得多么有创造力？

虽然可能像某些人指出的那样，并不是每个人都适合上大学，成为律师、医生、科学家、领导人或其他人，但也可能是我们正在挑选错误的人进入各种领域，并期待他们取得进步。也许，就像法国教育部和阿尔弗雷德·比内特所怀疑的那样，我们帮助学生学习的方法和挑选最优秀的学生的手段有些问题，它们可能会使整个系统偏向于那些只表现出平庸的想象力、创造力、批判性思维或任何所谓的"我们重视的东西"的人，而不是那些人中龙凤。想想我们在第 5 章中讨论的克莱门特课程对我们在传统上如何选择上大学的人的影响。

成绩可能会告诉我们，学生能多快、多准地回忆起他们遇到的信息，但我们仍不清楚，他们能在多大程度上辨别这些信息的影响和应用，或者能多有效地进行信息的远距离迁移。我们往往没有关于创造性思维或勤奋的证据，也不知道教室里的人是否有可能一生都在进行深度学习、拥有高适应性的专业知识。在对重大流行病的隔离反应中，学校能告诉我们谁能通过棉花糖测验吗？学校往往会测试学生的一种能力，却期望他们毕业后能在其他方面也表现优异。

所有在现行评分体系下的佼佼者（包括许多阅读本书的人）可能会觉得很难接受这种想法。但是，如果我们想改进工作，帮助所有人学习并识别那些学习者，就必须考虑这些想法。我们还必须审视这个评分系统的其他主要问题。

学校分数和班级排名的出现，不仅仅改变了我们衡量学生成绩的方式，也改变了我们刺激学习的方法。教师用分数来惩罚、奖励和鞭策学生，而学生们则像巴甫洛夫的狗一样做出反应。随着这种外在刺激的重要性不断上升，内驱吸引力下降了。很多人成了策略性学习者，而我们前面已经注意到了它给深度学习造成的种种威胁。全能的分数成为课堂上的至高天神，而老式的、自然的好奇心则被打击得一塌糊涂。

成绩膨胀与良好教学的问题

几十年来，很多人——从深入基层的教育工作者到编辑、作家和一些政治家——都在为他们所谓的"成绩膨胀"大惊小怪。㊀在这些年里，一群思想进步的人一直在推动和恳求改善学习环境。可是，很少有人注意到或广泛讨论在抵制"轻松得高分"的种种弊端与利用人类学习和动机的研究来改善和传播深度学习的抗争之间可能存在的冲突。

部分问题源于我们对"成绩膨胀"的两种可能的定义方式。对于某些人来说，这个词仅仅意味着有更多学生得了 A。但这是因为教师采用了较低的

㊀ 最近的一次网络搜索发现，"成绩膨胀"这一短语有近 50 万个条目。这还没有计算在英语以外的其他语言中出现的类似短语的条目数量。

标准,还是因为学习环境的改善引发了更深入、更广泛的学习?如果学校开设了旨在促进深度学习的更好的课程,难道他们不应该期望选修这些课的学生会更深度地学习吗?除了对学生的思维、行为和感觉产生持续、实质性的、积极的影响外,还能如何识别好的教学呢?如果能有更多的人上这门课,课程能刺激他们进行批判性、创造性的思考,并深入理解——且不对他们造成任何重大伤害——难道不会期望更多的人得高分吗?否则,整个活动就是一个骗局。

当然,你可以重新定义每个等级的含义,提高标准,并确保我们只挑选最优秀的学生,让他们得最高分。有了这种方法,学校就会重新调整他们的尺度,并发挥他们作为"法官"的作用,帮助雇主或其他人决定谁能在某种择优录取活动中获得奖励——工作、职位、荣誉、进修机会,等等。然而,如果说我们从关于人类动机的研究中学到了什么,那就是:这样一个外在的奖励系统有可能破坏对更深层次学习的追求——而且这样也无法提高精确度。

大学最后会变得比"追着自己的尾巴跑的狗"好不到哪儿去,学历将超过实际的人类发展。然后,我们可能会发现,一些腰缠万贯的父母会冒着被监禁和声名扫地的风险,使出浑身解数让自家儿女进入他们认为会给孩子带来最多镀金证书的学校,却不考虑学习质量。

德里克·贝尔(Derrick Bell)一直在努力解决这个问题,直至逝世那一天。这位杰出的宪法学者和律师、民权领袖和思想家、作家和教育家为他的学生们创造了一次了不起的学习体验。[一]他并不讲课,而是把课堂变成最高法院,在这里,学生们对真实和假想的案件进行辩论。在这些案件中,普通人被卷入重要的宪法问题。这种方法使学生在学术和法律方面表现优异,还使相当一部分学生获得了深刻理解。可院长却强烈反对给上这些课程的学生大

[一] 他在纽约大学法学院教授的课程是贝恩所著《如何成为卓越的大学教师》一书第六章的重点。

量 A，尽管这些学校领导从未检查过贝尔的学生的学习质量。

像纽约大学法学院这种排名靠前的法学院——也就是贝尔在最后 20 年任教的地方⊖——并不愿意破坏他们与顶级律师事务所达成的浮士德式的交易。他们已经同意帮这些企业筛选求职者，尽管他们从未这样说过。如果越来越多的法学生获得了最高分，那么律师事务所怎么能轻易区分那些合同专家或其他有利可图的职位的竞争者？他们做不到，这就是问题所在。同时，贝尔教授也不想给学生的学习打分，为了避免造成激烈的分数竞争。让学生们为了几个有限的 A 而相互竞争，建立合作学习环境的希望就更为渺茫。

最终，他给每个学生写了一封私人信件，用这个方法解决了这个难题。他在信中对学生的优势和弱点做出评估，并进行解释，有时还告诉他们，学校要求成绩呈正态分布，使他无法给学生打最高分。他于 81 岁去世，当我们最后一次见到他时，他仍然在为这一问题苦恼。

挥之不去的分数

尽管分数有其局限性和不良的副作用，然而，分数不太可能很快消失。学校仍然想知道我们学了多少东西——这也是理所当然的。近年来，了解学习情况的要求并未减弱，而在不断加强，特别是当一些批评者开始质疑大学教育的价值时，这一要求就更强烈。在美国，学校要与其他有需求的行业竞争宝贵的公共或私人资金，持怀疑态度的领导人要求"问责制"。这意味着教育工作者必须找到更多的方法来证明：他们正在对学生的思维、行为和感觉方面产生持续的、实质性的、积极的影响。

在 20 世纪后半叶，学校甚至试图使他们的评分系统更加精确，仿佛与过

⊖ 贝尔曾是哈佛大学法学院首位获得终身教职的非裔美国人，后来担任俄勒冈大学法学院院长。

去赤裸裸的 A、B、C 相比，在这些字母后面加一个加号或减号就可以揭示更多关于学习的本质。学生们会为评分系统强加给他们的新一级别的成绩而烦恼，而他们的教授有时则会用一个新创造的短语来贬低这类学生：刨分者（grade grubber）。

有几个院校尝试着朝相反方向发展。他们取消了字母和数字式评分，要求教师对每个学生的优势和劣势进行详细分析。在这些学校里，成绩单演变成了详细的评语，但这个系统很难维持。医学院、法学院、研究生院和其他一些高级院校想要一些简单的东西，一个能快速区分胜利者和失败者的方法。

几年前，我们看到一个系的研究生招生委员会在考虑他们要录取的申请人，最后一个名额落在了两个候选人身上。一个来自传统的院校，成绩单上有精确的平均学分绩点（GPA）；另一个来自文理学院，申请书上洋洋洒洒写满了详细的评语，对过去的学习表现和优势、劣势进行了总结。简而言之，关于后者，招生委员会获得了相当多的信息，但对前者，他们只看到几个数字，而且还是一个未知的尺度。

然而，招生委员会中的大多数人都支持那个不断问："你如何将所有文字转化为 GPA"的同事。无论孤独的反对声多么努力，都无法让他们相信：（转化）反过来才是真正的挑战。平均学分绩点能说明什么？能说明谁有能力进行高级的研究和思考吗？到 20 世纪末，大多数学校已经放弃了为字母或数字成绩赋予更多意义的一切尝试。

那么，我们的超级课程是如何解决这些问题的呢？并没有占上风的方法，我们的一些样本也只是做了细微的尝试，并不能调整什么。我们一开始就承认，目前还没有人找到一个能解决所有评分问题的完美办法。不过，我们的一些创新者已经在这个复杂问题的边缘试探了，还有一些创新者实际上已经深入到这个问题的核心，找到了一些富有创造性的方法，来解决这些复杂的难题。在这个过程中，他们对传统的评估思维发起挑战。让我们探讨一下构成这场评分革命的一些主要做法和思想。

1）或许最根本的是，超级课程为学生创造了尝试、失败、接受反馈、再尝试的方法。虽然一些感兴趣的人可能会担心这么多新增机会会冲淡标准，使学生的学习太过轻松，但我们认为，他们只是在寻求复制每个科学家、学者、艺术家、工匠和深度学习者所期望的学习环境——失败、承担风险、身心得到更好发展的愉悦。至于说学习太轻松，"这是在胡说八道，"一位教师告诉我们。"每个级别的学习都有它的挑战，如果学生能一次又一次地拼搏，在需要的时候得到帮助，并获得成功，他们就会学会坚持不懈地奋斗下去。"如果教师只是为了制造困难而制造困难，就强化了这样一种观念：他们可以随心所欲地进行惩罚和奖励，让学生对自己的教育难以产生掌控感。

但是，正如一位同事所说的那样，谁有时间让学生来回"重做"呢？任何人都可以，如果课程能帮助学生学会通过互相反馈来评估彼此工作的话，而这正是许多超级课程所做的。这意味着每个人都要学会认识自己在哪些地方可以得到成长。这种方法所隐含的理念是：只有当学生对其智力和个人成长的性质进行了大量的思考，并开始对其意义形成深刻的想法时，才会出现深度学习。如果学生在下课时没有获得任何评估自己的经验或能力，那当他们再次上课时就失去了一个终身学习的关键要素。他们的余生该怎么做？不断回到导师身边，反复地问："我做得怎么样，我做得怎么样"，永远无法掌控自己的学习。

部分反馈确实来自于教师，他们提供了这样一种评估方法，我们有时称之为"建设性评估"，而不是"总结性评估"。[一]最后，该评估系统可能会迫使教育工作者用数字或字母给某个学生的思维评分，但这些教师做起来是不情愿的，而且是在学生获得很多机会去尝试后未达到目标，听取了关于如何改进的意见，再去尝试之后才会这样做。

[一] 这些是让人抓狂的词，听起来就像用指甲刮黑板一样。不过，在过去的25年里，我们的交流已经成熟起来。化学家、历史学家和其他人不再把一些未知概念当成纯粹的行话，置之不理，也不再受它们的威胁，不再有不安全感。

的确，当我们为本书进行采访时，我们注意到：越来越多的教师认识到，这种做法并不代表降低标准，而是将教师们一直重视的学习环境延伸到学生身上。"假如我有一个研究思路，把它讲给同事听，"有一位教师告诉我们，"而他们只是看着我的脸说：'到目前为止，你只得了C'，我会感到非常羞耻。可这正是我们一直以来对学生做的。"

我们怀疑，多年前理查德·莱特（Richard Light）引发了对建设性评估的更多真知灼见。时任哈佛大学校长的德里克·博克（Derek Bok）曾要求这位肯尼迪学院的教授找出学生认为最有意义的课程的关键品质。在采访了常春藤盟校的几十名在读和已毕业本科生后，莱特得出结论：这些"备受尊敬的课程"的品质包括"高要求"及"在其学习得到评分前有大量机会进行修改和改进，从而在这个过程中知错能改"。

"在理想世界里，我永远不会得到一个'最终成绩'，"有人这样说。这反映了我们熟知的一种情绪。"我希望我的学生在课程结束后还能有所成长。反馈和讨论有助于学生的学习，给他们打分数却没有帮助。"正如大卫·邓巴对我们说的那样，"这不是在'改论文'，而是在开启一个对话，每个人都能成长。"

2）超级课程最重要、最绝妙的一个方面就是，很多教师都认为，努力从一开始就很重要，但结果却只有在经过反复的成长锻炼之后才重要。这些教育工作者通常鼓励学生进行实验，敢于承担失败的风险，并从中受益。他们的评估方案会奖励这样做的学生。不过，他们不给那些对自己所能做到的事情视而不见却依然能混的人任何余地。

教师期望每个学生都能充分参与整个学期的学习，但他们也有很多失败、得到反馈、在成绩不降低的情况下再次尝试的机会。失败不会让他们的船沉没，但缺乏努力、不去参与则会。对于那些接受反馈并改善其思维和表现的人，奖励很丰富。这样，班上同学对智力和专业的期望便会比平时更高，而不是更低。只有在最后，学生的表现才会转化为成绩单上的东西。

3）超级课程以多种方式告诉学生：没人试图控制他们。学生要对自己的学习负责，而教师则邀请他们参与进来，用戏谑的方式来激发他们的好奇心、热情、承诺、对他人的关切感及展示自己的能力和创造力的愿望。

这可能很艰难。只要成绩还在，教师就依然掌握着巨大的权力。他们既可以成就一名学生，也可以毁掉他。那么，"超级课程"是如何使学习过程带给人的感受像DIY女孩那样，让5岁的孩子活蹦乱跳、欢呼雀跃？

我们逐渐相信，这始于负责人对成绩的思考方式。如果你和很多传统型教师交谈，他们会告诉你，分数是推动学生学习的必要条件，可超级课程的设计师们却不再相信这个。事实上，他们认为，分数可能会对深度学习有害，是以牺牲内在动力为代价培养外在动力。他们强调建设性评估，并告诉他们的学生：总结性评估到后面才会慢慢出现。这些不同的观念影响了学生，影响了他们的态度，帮助他们感受到了最重要的学习自主感。当我们问学生，超级课程的哪些方面最能激励他们时，他们的回答通常是：我是负责人，我的老师正尝试帮助我，但并不想控制我的生活。

学生们还经常谈到他们追求的那些新颖而诱人的目标。"这很不同。课程邀请我开始探险，那些目标让我感到兴奋。"我们所有的超级课程设计者都深入思考了学生在学期结束时能够做什么或变成什么样，他们经常重新定义标准，将其向上、向外延伸。这意味着对简单记忆的强调减少了，重视的是学生能做出什么决定、加入什么对话、能为这些交流带来什么数据——即使必须亲自查找——及能否展示专业知识。

超级课程通常想了解：学生理解了什么概念？能解决什么类型的问题？学生能够思考其影响吗？他们能否将想法和见解从一个领域延伸到另一个领域，即使这些想法看起来没有什么联系？他们能创造什么？他们是否理解哪些事实重要，并知道在需要时从哪里可以找到精确的细节？有时候，超级课程的目标是关于某个人作为一个人是如何发展的，他/她作为一个思想家、创造者、专业人士、学习者和道德个体是如何成熟的，而不仅仅是关于他/她的大脑能记住多少事实。超级课程不允许任何人有在目标前面加上数字的企图。

所有这些的结果是：超级课程不太可能采用标准的限时大型考试；相反，学生要么写文章，要么从几个简短的选项中挑选出正确的答案。即使这些课程会使用一些看似很传统的东西，其实并不传统。埃里克·马祖尔的概念测试可能看起来只是一个普通的选择题测试，但它衡量的是学生该理解并能应用哪些阈值概念，以及如何从错误中学习。这不是在评估，而是在帮助他们学习。最后的成绩也不是来自于那些练习，而是来自学生把握机会、成长和取得成就的能力。珍妮特·诺登进行了一次综合期末考试，但她并没有把这次考试弄得很神秘，让学生们猜测她可能会问什么问题。早在考试日之前，每个学生就都收到了问题。

简而言之，超级课程的诀窍似乎是从学习目标开始的，班上的人都认为这些目标很有价值，欣然接受。学生不会把分数看作是一种控制其行为的方式，而是帮助他们成长的一种手段。当班上的人在追求一个他们认为重要的目标时，最有可能出现这种情况。并非因为这个目标能提高他们的平均学分绩点，而是因为实现目标能让他们过上有创造力、有竞争性、有同情心、有挑战性和有批判性思维的生活。如果这些目标还能帮助学生在社会上、经济上和专业上蓬勃发展，那就更好了。有了这一切，他们便有了强烈的自主意识。

超级课程中的许多评估内容都是极其真实的，也就是说，它们衡量的是所有学生能在多大程度上完成教师要求他们做的事情。评估不仅仅看学生一小时内能回忆起多少知识，而且要看他们在以下这些方面与他人合作的能力如何：进行鉴别诊断、揭开历史之谜、解决社会问题、应用科学理解、为对话做出贡献、设计和建造新东西、分析、总结、理论化和评估等。如果教师将这些全嵌入到一个尝试、失败、接受反馈、再尝试的系统中，就能让5岁的孩子欢呼雀跃，就能培养学生的好奇心、想象力和兴奋感。如果学生相信，他们的导师想帮助每个人获得成功，而不仅仅为使成绩呈正态分布而挑选优秀的学生，这事就成功了。

结　语

如何评价超级课程

我们评价一门课，有时候只不过是想了解学生是否喜欢它，但"有时候"并不等于"任何时候"。教授们在评价课程时，通常会调查学生是否学有所获。真的理解物理学或历史学了吗？能够记住自己所学习的内容吗？能否在不同情况下运用？这些知识很可能会出现在大相径庭的环境中，到时能否加以引申和应用？

从教育的角度而言，课程是否吸引学生？是否有更多的学生对教材产生了浓厚兴趣并紧跟阅读进度？学生能否记住新学的知识？能否帮助他们更好地解决问题？能否帮助他们拥有更强的专业适应能力、批判性思维能力、创造性表达能力以及任何一种学习目标所指向的能力？和传统课程相比，上过超级课程的学生是不是更能适应完全不同的工作环境？这样的学习体验是否会培养出更多的终身学习者？对终身学习者来说，哪怕课程结束很久以后，他们仍会保持思考的习惯，不断寻找新证据和新想法。

众所周知，上述内容都很重要。但了解学生是否喜欢课程并非无足轻重。学习态度影响学习效果。如果学生十分讨厌上课，这种负面体验足以破坏他

结 语

们对整个课程的感受。"我在州立大学读大一时,听了一门无聊的讲座型化学课,从此我就一直讨厌化学。"从长远来看,内心反应足以影响学习动机和效果,并且通常也真的影响了。

两个不同角度(是否喜欢和是否学习)往往确实存在一个共同点,答案因学生而异。因此,教育工作者要了解学生反馈的范围和分布。关于我们这次的研究,老师们兴许想知道,学生对超级课程的反馈分布是否与传统课程相同。也许会有教授指出:"我进行新的教学尝试时,有些学生喜欢,有些学生不喜欢。"宋爱玲教授上课时派发食物,可能有人会胃口大开,而另一些人则会食欲不振。

正如一位老师所说,"除非班级规模非常小,否则老师永远不可能真正让每个学生都受教。即便在小班里,真正做到这一点也很难。"[一]这种观点完全正确。无论采用什么教学方法,最终效果都会受到各种因素的影响,其中当然包括学生生活中发生的一切,比如因为(保住)工作的原因而导致的睡眠不足,比如家庭成员过世或生病,比如与恋人分手、生病以及抑郁困扰,等等。因此,老师只能碰运气,要关注学生反馈的不同情况,要关注不同的学习态度和学习效果。

超级课程究竟如何,有准确信息吗?我们在著述过程中注意到,有多个针对特定课程的系统研究。研究者再三告知,按照我们的标准来衡量,大多数学习者在批判性的、自然的学习环境中能够更加深入地学习,无论他们的种族、性别和学习基础如何,都能从中受益。其中有一个条件尤其值得关注。

新加坡医学院的卡梅博士对此颇有心得,并且他的心得也适用于各种课程:如果学生理解了新教学方式背后的逻辑和结果,他们就更愿意学习。卡梅团队专门安排课时介绍课程定位,让学生了解"学习科学以及'基于团队

[一] 医学治疗领域可能有很多类似的说法。正如医药广告提醒的那样,一些广泛应用的治疗方案和药物有可能在"极少数"情况下使患者出现致命反应。

的学习'过程总是会带来最佳的学习效果",学生的反响十分好。如果砍掉介绍环节,很多学生就会抱怨,怎么有那么多"额外工作"必须要做。

卡梅的观察与两项重要研究结论一致。第一项研究在《如何成为卓越的大学教师》中有记载。鉴于该内容对本书讨论的话题也很重要,我们在此稍加重述。希拉里·泰特(Hilary Tate)和诺埃尔·恩特维斯(Noel Entwistle)两位苏格兰研究人员发现,学生对教授的评价主要取决于教授是否期望学生深度学习并提供了切实的帮助,次要取决于学生是否有深度学习的愿望。如果学生是策略型学习者,认为学习就是记住大量信息、获取高分,那么,他们会高度评价那些帮助自己实现这两个目标的教授,排斥强调批判性思维的教学。而同在一个课堂里,重视高阶能力和适应能力的学生则正好相反。这些学生盛赞深度学习的提倡者,嘲笑不支持深度学习的老师。

第二项研究则由路易斯·德斯劳里耶斯(Louis Deslauriers)和凯利·米勒(Kelly Miller)团队于2019年在哈佛大学完成。简而言之,研究者发现,学生通常无法准确判断哪种教学会促进深度学习。有些学生会意识到超级课程中的智慧,他们相信自己能因此更有收获,最终也证明自己可以独立学习。然而,很多人(甚至是多数人)会说,他们最"喜欢"高度被动型的课程,因为这些课将信息悉数喂给学生,他们甚至报告说,"自己学到更多东西"。随便说说不费劲,但当第三方独立测评出结果后,学生表现出的学习理解程度和应用能力就给了这些人当头一棒:超级课程为更多学生提供了更加深度学习的机会。哪怕是最好的讲座型课程,因为调动不了学生的主动性,教学效果也是不完美的。

这是否意味着,只有学生对学习不知足时,学习需求才能真正被满足呢?当然不是。首先,哈佛大学的这项研究并未显示学生讨厌超级课程的教学模式,他们只不过对超级课程的评价要低一些(但仍是正面评价)。其次,也是非常重要的一点,教授们可以帮助学生体会到超级课程的高质量,卡梅在新加坡的经验也证明了这一点。

结语

而哈佛大学的研究团队正是这样做的。他们在报告中称，第一次上物理课时，教授花了二十分钟来解释什么是主动学习，与学生分享超级教学模式效果更好的证据，并向全班展示学生如何判断最佳教学模式。这样做有用吗？

下课后，研究人员对学生进行调查，接近70%的学生表示，他们对主动学习更有信心了。四分之三的受访者表示：学期初的课程介绍让他们感到新的教学方法对自己"更有利"。德斯劳里耶斯和团队同事提议，老师应尽早介绍课程，向学生说明，也许超级课程会让每个人都付出更多，感觉更痛苦，而且一开始还会觉得似乎学得更少，但一切终有回报。有确凿的证据可以告诉学生：没有痛苦，就没有收获。为了和学生达成一致，请老师们尽早在课程中给学生进行某种程度的评估，以便他们可以看到自己实际学习的效果。（我们也许可以这么说，早期干预可以让策略性学习者转变为深度学习者。但是评估应该是形成性的，而非总结性的。）

我们创建超级课程，必须帮助学生理解领会学习的新定义以及新教学设计对满足学习需求的证据。这一点考夫曼做到了。卡梅、贝尔、纽斯泰特、马祖尔、勒杜、查普曼、邓巴、贝克、沃克、诺登、宋爱玲、范怡红、郝莉、坎农、卡恩斯、米勒、哈里斯-佩里、戈麦斯、斯托克、马特洛以及本研究中的其他所有超级课程的教师都做到了。

最后的一些思考

我们十分清楚，有些读者对书中所写的内容不屑一顾，因为他们认为这些内容对自己的学生完全不起作用。"这不适合我们学校的学生"，人们总是以此为借口，为失败的超级课程开脱，这可糟糕透了。人人都值得更好的教育。大量证据表明，尽管超级课程需要提问到位才能对个体起作用，但批判性的、自然的学习环境将大幅调动学生。对一个群体颇有吸引力的提问或挑战，在另一个群体里可能遭遇排斥。优秀的老师会做出相应的调整，在探索中找到合适之道。

只要我们愿意尝试，挖掘超级课程的无穷潜力——我们一开始就发现它的变革性力量了——就可以促进学生大幅成长。每个人都提供了宝贵的个人观点，争取推动学习更深入、更有意义。我们必须认识到，只有集思广益、观点碰撞，只有乐于探索、实验和反思，才有可能产生好点子，把自己关在幽暗的角落闭门造车是没用的。

教育和生活提供了至少四种了不起的交流对话机会，如果你不在某种程度上全部参与，就无法充分参与其中之一。

首先是与自然界的对话。诺贝尔奖获得者达德利·赫施巴赫（Dudley Herschbach）曾对我们说："自然有多种语言，化学只是其中之一。"物理学、生物学、数学以及其他每门科学都如此。

其次是与自己和他人对人类共性的讨论。我们是谁？我们如何赋予生活意义？如何审视我们的价值观？哪些事情是正确的？

再次是我们可以投身到所有的创作中的充分讨论，包括我们发明的小工具、组织、机构、传统、文化、思想、声音、音乐、艺术作品和法律规章。

最后是关于所有这些的变与不变的元对话。事物如何随着时间变化？它们如何演变？我们如何形成目前的状态？在我们有生之年，世界将如何变化？在人类繁衍生息的未来，世界将如何变化？

人为什么要交流？因为我们渴望交流，封闭孤立的生活让人沮丧抑郁；交流创造美好生活。因为我们渴望了解更多，渴望有创意的生活，永不满足。超级课程的教师认识到这些机会和义务，他们在超级课程中创造了批判性的、自然的学习环境，邀请人们参与其中。

STEM课程近年来大热，有很多关于课程本身和相关内容的讨论，但这样做的代价是牺牲其他可能性，甚至不利于人们真正爱上科学、工程和医学。我们参加人文交流时，有机会加入对自我和他人的讨论，去探索那些无法证明之物，进入模棱两可与不确定的领域，审视我们珍视的东西和我们想要过

结语

的日子，体验美，体验艺术带来的一切挑战。打破由我们自己创建起来的学科之间的障碍，领悟所有知识和想法之间的联系，这是我们最大的希望，而这也是超级课程做得最好的地方。

考夫曼、范怡红、郝莉等人的手中，握着复兴人文学科的秘诀，可以为科学、社会科学（艺术、医学、法学、商科等）的专业学习注入新的活力。

每个人都可以建立自己的超级课程，否则，别人无法为我们的事业整合资源，世人将失去一笔宝贵财富。他人总结了丰富的思想观念和实践经验，对人类学习和动机进行了研究，每一个人都应该乐意从中学习。

几十年来，我们一直教学生把所有重要知识点背下来，以让他们能够解决常规问题，而我们的优秀毕业生是可以执行他人的创意的。有些学生很快就会忘记背诵过的知识，他们对此十分恐惧，灌输式教学最糟之处莫过于此，学生厌倦学习。对于后者，学校成了他们的负担。有些学生退学了，有些学生虽然坚持到毕业，但无甚收获。

放眼全球，时代需要深度学习者和适应力强的专业人才。过去，"好学生"可以将所学一字不落地背下来，再把这些内容全部写到试卷上，但现在这种好学生不顶用了。世界瞬息万变，需要创造力和好奇心，需要能够解决从未出现过的新问题的人，比如能够有效应对全球性流行病、经济崩溃或者环境灾难的人，比如能够提供新发明和新想法的人，或者能够解除新发明和新想法的威胁的人。我们需要适应力强的专业人才，而不仅是常规人才。一个让无数学生失望透顶的教育系统，我们无法继续承受。只能培养一心只图高分的学习者，哪怕他们可能在学校里表现出色，却没有学会如何成为有创造力、有道德感的人，无法让自己的生活充满美好和好奇，这样的教育系统，我们也无法承受。

至此，高度适应性成长对个人有多重要，我们已经完全明白了。人们只要能让自己的思想充满活力，就能过上更丰富、更充实的生活。

附 录

RUTR 3340
监狱里的书：生活、文学和领导力

"艺术家要影响他人，他自己必须是一个探索者，他必须通过艺术作品进行探索。如果他对一切皆洞悉，一切皆了然，则他所做的不过是说教或者逗趣，毫无影响力可言。唯有不断探索，观者、听者和读者才能与他在探索的过程中契合。"

——列夫·托尔斯泰的日记，1900 年 12 月

"建起一所学校，相当于关闭一座监狱。"

——匿名

我是谁？我为什么在这里？我该怎么生活？在本课程中，你将与最高安全等级的青少年教养中心的青少年一起，阅读讨论俄罗斯经典文学作品，以深刻而个性化的方式，探究人类的永恒问题。你将学习如何与同龄人进行有意义的、真实的对话，从而深刻了解文学学习的目的和意义，深入领会文学在营造社群、启发洞见和影响社会变革方面的力量多么强大。本课程还能让

你形成重要的专业和个人领导能力。

当今社会阶层分裂，而本课程中伟大的文学作品会鼓舞你去沟通、协作与创造，为你助力，让你有机会跨越阶层建立人与人之间的联系。我们将要研读的俄罗斯文学作品已经经过了时间的检验，它们无疑可以促进个人洞察力的发展、打破社会的刻板印象，并鼓励不同背景的人群根据生活中"该死的问题"进行真实对话。我们将要接触到的作者包括列夫·托尔斯泰（Leo Tolstoy）、费奥多尔·陀思妥耶夫斯基（Fyodor Dostoevsky）、安东·契诃夫（Anton Chekhov）、卡罗琳娜·帕夫洛娃（Karolina Pavlova）、娜杰日达·曼德尔施塔姆（Nadezhda Mandelstam）、亚历山大·索尔仁尼琴（Aleksandr Solzhenitsyn）等。本课程对所有专业的学生开放，欢迎各年级的学生申请。本课程4学分。

能学到什么？

"监狱里的书"的学习目标中，有些侧重于可感可见的知识和技能，而有些则较为抽象，功效长远。有些与主题——俄罗斯文学——直接相关，而其他的则与职业成功和生活幸福等方面有关联。

基础知识：你可以在本课程中收获哪些知识？

你将学习：

- 认识19世纪和20世纪俄罗斯文学中的主要作者、作品、主题和人物。
- 了解塑造了作者世界观的一些社会、经济和文化力量。
- 充分了解俄罗斯经典作家，从而锁定你想要深入研究的作家。

应用：你可以在本课程中获得哪些技能？

本课程将助你：

- 从读者和讨论小组的带领人两个不同角度，分析文学文本。

- 掌握实用且专业的领导技能，可以在外交、策划、创造性解决问题以及建立人际关系等方面用于不同受众。

整合： 本课程将如何帮助你了解万事万物间的联系？

本课程将助你：

- 发现文学学习和你自己生活中的各种事件的联系，以及与你周遭世界之间的联系。

人类关怀： 这门课程有什么？

在这门课程中，你将学会：

- 更好地自省，更深入地了解自己。
- 对他人的经历抱有更多同理心。

学习如何学习： 本课程如何让你成为更好的学习者？

本课程将助你：

- 对自己当前和将来的教育承担起更多责任。
- 以更个性化的方式阅读文学作品，这种方式更有实际价值，与我们的生活更加密切相关。
- 从不同的角度探索教学和学习，挖掘出你潜在的创造力。

要做什么，什么时候做？

课程的前三个半周用于学习文学知识，以及掌握与少年犯展开讨论所需要的技能，从而为达到课程目标做好充分准备。

第一点，要针对文学作品本身进行讨论。每部作品的主题、特定段落和其他方面是重点，在传统文学课程中怎样学习，在这门课中也会怎样学习。有些讨论由教师带领，其余则分组进行，由学生带领。

第二点，让你可以练习如何引导他人讨论，你会学到如何制定让人感兴趣的问题和活动，你还会学到其他技能，比如如何以及何时提出后续问题、如何在讨论时不脱离主题、如何处理可能出现的其他问题。最初几周的目标不是"掌握"带领讨论的艺术，而是为你提供足够丰富的工具和足够多的机会，这样一来，等到开始与少年犯们会面时，你会感到更自在，也更容易胜任。

准备工作的第三点，也是最后一点，是对将要与之共事的人以及将要进入的环境有所了解。因此，你将要参加少管所的介绍活动，以便增强对这些少管所居民以及你们共事期间可能出现的具体问题的理解，例如如何设定界限、如何处理突发情况。你还必须提交指纹，以便完成志愿者背景调查。对此如有任何疑虑，请立即告知我们。

这些准备工作完成后，你与少年犯们将连续十周举行文学讨论会，每周一次，每周二下午前往少管所。会议持续约一个半小时，单程通勤时间约一小时十分钟。学生无须自己独立主持讨论，每人都有一名合作伙伴，你们两人每周将与同一组居民会面。同时，同学们每周四继续在学校上课，汇报周二的情况，并学习补充材料。

除了定期进行 Collab 写作和小组讨论外，你还要写反思日志。写反思日志是为了记录你上这门课的想法和感受，比如阅读等各方面的体验。你与少年犯的互动如何，你目前在学习什么，我们会要求你就这两方面进行频繁且清晰地记录。你也有机会书写自己的设想、期望和忧虑。你将要去发现，你的讨论如何影响了自己的想法，不光是关于文学的想法，还有关于少年犯、关于你自己、关于作为社群一员阅读和研究文学的意义的想法。

学期结束时，你要提交一份学习作品集和一篇反思论文。作品集代表着你在本课程中的学业和个性发展。反思论文则勾勒出这段经历对你的意义，描画出作品集如何反映你在俄罗斯文学、青少年司法和自我探索上的独特旅程。换句话说，你和你的学习经历就是这篇论文的主题。

我们将邀请演讲嘉宾参与讨论本课程学习的各个方面。弗吉尼亚大学德文系教授、卓越教学中心副主任多萝西·巴赫（Dorothe Bach）将举办一场关于倾听的体验工作坊。下半学期，弗吉尼亚州青少年司法部门的政策与规划部主任德荣·菲普斯（Deron Phipps）将向我们介绍青少年司法领域的重要问题，以及课程"监狱里的书"如何助力这一领域。

学习过程中会有哪些支持？

本课程小班授课，帕特森女士担任课程助教和项目协调员，与我密切合作。老师们经验丰富、关爱学生，不仅指导学习，还会及时反馈。反馈既针对各项书面作业，也包括带领讨论的表现；你和/或你的伙伴若有任何事情要跟老师们讨论，可以随时和我们取得联系。在整个学期中，你还有充分的机会进行自我反思和自我评估。课程关注学习过程本身，而不是期末成果。此外，这门课程不是少年犯们的常规课程，他们每周都要同英语专业的博士生茱莉亚·费雪（Julia Fisher）上一次非正式预备课，然后周二再同大家一起上课。

阅　读

本课程让你得以放慢节奏，仔细深入地阅读。每周的阅读量大约为 10～12 部短篇作品（短篇小说、故事和诗歌）。这些精心挑选的读物是公认的俄罗斯文学经典。在前几轮教学中，少年犯们觉得这些作品非常有趣、易读、发人深省。

入选作品以及作品中的人物有的奇异，有的美妙，有的坚韧，有的虔诚，无论是对弗吉尼亚大学的学生而言，还是对少年犯们而言，都能受到激励、鼓舞和启发。这些作品至少有三个共同点：

（1）寓教于乐、文笔有力、引人入胜、经得起时间的检验，俱为经典。

（2）篇幅短小，你们和少年犯们都有能力深入研究。

（3）有强大的道德、精神气场，有无畏的情感，鼓励读者思考俄罗斯作家们经常提到的人类永恒问题——或者叫作"被诅咒的问题"：

- 成功的要素是什么？
- 幸福是什么？
- 精神财富是否比物质财富更有价值？
- 无私的爱是否可能？
- 成为英雄意味着什么？
- 如何诚实面对自己？
- 我是谁？
- 我应该怎样看待社会对我的评价？
- 我对他人负有什么责任？
- 世界上是否存在邪恶？我的内心是否存在邪恶？
- 既然不免一死，我应该如何生活？

主要文学作品

小说类

以下所有读物都可以在"资源/文学：主要文学作品"下的 Collab 里找到：

- 安东·契诃夫，《六号病房》（*Ward No.6*）（1892 年）
- 费奥多尔·陀思妥耶夫斯基，《诚实的贼》（*An Honest Thief*）（1848 年）
- 卡罗琳娜·帕夫洛娃，《双重生活》（*A Double Life*）节选（1848 年）
- 娜杰日达·曼德尔施塔姆，"最后一封信"，选自《放弃希望》（*Hope Abandoned*）（1974 年）
- 瓦尔拉姆·沙拉莫夫（Varlam Shalamov），《第一颗牙》（*My First Tooth*）和《笔迹》（*Handwriting*），选自《科雷马故事集》（*Kolyma Tales*）（1970—76）
- 列夫·托尔斯泰，《一个人需要多少土地》（*How Much Land Does a Man Need?*）（1885 年）

- 列夫·托尔斯泰,《伊凡·伊里奇之死》(*The Death of Ivan Ilyich*)(1886 年)
- 伊凡·屠格涅夫,《枯萎了的女人》(*A Living Relic*),选自《猎人笔记》(*Notes from a Hunter's Album*)(1852 年)

诗 歌

- 安娜·阿赫玛托娃(Anna Akhmatova),"他所爱的世界中的三件事"(*Three Things in This World He Loved*)(1911 年);"我们不擅长说再见"(*We're not good at saying good-bye*)(1917 年)
- 亚历山大·普希金(Aleksandr Pushkin),"致诗人"(*To a Poet*),(1830 年);"我爱你……"(*I Love You…*)(1829 年)
- 玛琳娜·茨维塔耶娃(Marina Tsvetaeva),"离别"(*On Parting*)
- 米哈伊尔·莱蒙托夫(Mikhail Lermontov),"故土/祖国"(*Native Land/Motherland*)(1841 年);"无聊和悲伤"(*Bored and Sad*)(1840 年)
- 费奥多尔·丘特切夫(Fyodor Tiutchev),"寂静!"(*Silentium!*)(1830 年);"您无法用头脑了解俄罗斯……"(*You cannot understand Russian with your mind…*)
- 卡罗琳娜·帕夫洛娃(Karolina Pavlova),"奇怪的,我们遇见的方式"(*Strange, the Way We Met*)(1854 年)

次要文学作品

阅读任务还包括《俄国文学史》[*A History of Russian Literature*,德·斯·米尔斯基(D. S. Mirsky)著]和《俄罗斯文学手册》[*Handbook of Russian Literature*,维克多·特拉斯(Victor Terras)编著],以及其他一些背景资料。这些材料在"资源/文学:次要文学作品"下的 Collab 中可以找到。

其他读物

除了主要和次要的文学作品之外,还有一些关于教学、教育和青少年司法的简短读物。

反思日志

本课程为你提供写反思日志的机会,但日志与课堂笔记是两回事。反思日志主要用于练习日常写作。

普通书写更有手感,可能比敲击键盘更能刺激不同的感官,因此,我建议你买一个笔记本,动手提笔书写条目。当然,如果你更喜欢电子版日志,也没有问题。

记录日志可以帮助你应对讨论问题,让你反思、分析、整合、探索并检验与课程内容相关的想法和感受。有时候,我们会要求你在日志中回答特定的问题,或进行简短的创意写作练习(例如,以个人名义给作者写一封信,或者为故事另外编写一个结局)。其他时候,你想写什么就写什么。

你每周要写一篇日志(第一周和春假那周除外),每篇250~300字左右。具体长度取决于你在那一周有多少灵感和时间,但请尝试将字数保持在该范围内,差不多就是每周至少一页或再多一点的样子。到了学期末,你的日志总量将达到14篇。

最后,请记得给每篇日志标注日期。到学期末时,标注了日期的日志会有助于你准备学习作品集和反思论文。此外,你最好为每篇日志想一个标题或主题,这不是必须的,但我建议这样做。我以前的学生认为,拟定标题是让人愉悦的创意练习,同时也很有实用价值,因为这个过程可以帮助你统揽全局、把握结构、紧扣要点。

Collab 反馈

我们有时会请你写一些简短的书面作业发布到 Collab 上,这些作业在不晚于周二上课当天的上午 9 点或周四上课当天的上午 9 点提交到 Collab 上。不过请注意，Collab 反馈不算每周日志。

中期论文（3~5页）

相关要求将届时发布。

期末论文：学习作品集和个人反思总结（5~7页）

期末论文可以从创建（书面）作品集开始，用作品集呈现你在学习本课程的过程中的智力、创意和情感发展。另外再撰写一篇反思性文章，说明整个作品集的意义所在，以及它如何反映出你对俄罗斯文学和青少年司法的了解。届时会有更详细的说明。

课程要求概述

学术部分

- 出勤和课堂参与。
- 每周日志（本学期共 14 篇）。
- Collab 反馈。
- 中期论文（3~5 页）。
- 学习作品集和个人反思总结（5~7 页）。

服务部分

- 定期出席在少管所的学习，并提前做好准备。
- 承担起对同学的责任（完成调研和准备材料，期末活动中的演讲）。

评 估

这门课的重点是学习而不是评分。我在设计这门课时，就没把成绩作为推动你学习的主要刺激。此外，你们每个人都是从全校申请者中选出来的，我们知道你有强烈的学习愿望，我们知道你愿意努力学习和工作，我们知道你必然学有所成。

你将为自己的学习负责,你将要积极参与自我评估。自我评估是"监狱里的书"的一条核心原则。

你怎么能知道自己是不是学到了东西呢?

当然能,因为你可以观察自己的成长——你越来越知道怎么引导讨论,你对俄罗斯文学的理解日益深入,也越来越了解自己和青少年司法领域,甚至是生活本身。

关于文学、关于你自己、关于生活,你有没有留意到一些你以前从未留意过的东西?你是否开始质疑之前所持有的某种期望或范式?你在阅读时、在写日志时、在与居民会面时,是否感觉兴奋、激动或触怒?你是否在日志和/或课堂讨论中以某种方式处理了这些经历,并因此受到启发?如果答案是肯定的,那么你就学到了东西。

如果学到了东西,你肯定会知道的,因为你在少管所引导讨论时越来越得心应手,而且你能说清楚背后的原因。如果你做得还不是那么好,那么能否从失败中汲取有助于未来的经验?无论结果好坏,你从这段经历中学到了什么,如何将这些经验教训用到下一次讨论中?深刻反思这些问题是本课程体验式学习的本质。

你肯定能知道自己学有所成,因为你的期末论文里的想法和洞见是你十五周前不曾拥有或者无法表达清楚的。你也许将会发现,你已经以自己无法预见的方式永远地改变了,毕竟很多选过这门课的人都这么说。

评分原则

无论如何,学期结束时老师要给学生评定成绩,因此了解一些期末评分的总体原则会对你有好处:

- 整个学期中的<u>成长和进步</u>比任何单次作业中的表现重要。我更在意你在学期末的状态而非学期初,这样一来,你就可以持续努力学习,努力挖掘自己的潜力，不必担心某次作业"做得不好"会拉低你的成绩。这样做还可以确保你少关注如何提高成绩，而是想办法实现自己的学习目标、帮助少年犯们以及增强团队合作经验。我们老师的作用是为学生提供支持，帮助你们发现和利用自己的优势，发现成长的机会。

- 与许多其他课程相比，本课程更看重努力。体验式学习中的很多事情你都无法控制，但你可以控制的是在工作中付出多少努力以及面对挑战机遇时有多勤奋。诚然，并非每一个挑战都能圆满地解决，也并非每一项任务都能完美完成。我不指望完美地引导讨论的方案，我也不指望每篇 Collab 反馈或每篇日志都经过修改润色（但期中论文和期末反思总结需要修改润色）。然而，我确实希望看到你们整个学期都保持努力和勤奋的姿态。

- 对成功和失败的反思。引导讨论的尝试可能"成功"，可能"失败"，但比"成功"和"失败"更重要的是，你是否坦诚深入地进行了反思，并将这些反思运用到了之后的课堂学习上。你将有多种反思的方式：团队自我评估、日志、与讲师的课后讨论，以及课堂汇报。

- 为每个学生提供独特的学习效果。如上所述，课程目标不一而足，但并非所有目标都同样适用于每个学生。每个来上这门课的学生，都有自己独特的能力、观点和兴趣，这将反映在你独特的学习成果中，体现在你选择的写作内容、努力方向以及成长领域中。"成功"对学生而言并没有一个固定的模式。

- 你在这门课上的付出将被整体评估，并且如上所述，我会不断找机会来奖励你的进步，我看重你的优点而非不足。

摘自弗吉尼亚大学安德鲁·大卫·考夫曼的"监狱里的书"的课程提纲。我们诚邀读者检验权衡此教学法所涉及的概念。但同时也要提醒读者遵守相关版权法律，版权所有者为安德鲁·大卫·考夫曼。

AP50 2019 年春季学期

课程大纲

- 在实践中学习，而不是在听课中学习。
- 与他人交流思想。
- 了解科学如何用于现实世界，并享受这一过程。
- 团队合作，以解决问题和构建事物。

我们是本课程的老师，我们随时愿意为你提供帮助，让你更好地了解科学如何应用于现实，并让你掌握适用于职场的技能。本课程旨在促进基础物理的自主学习，在实际应用中探索物理学，在团队活动中提高协作和沟通技巧，并通过完成相关项目来发展研究能力。

本课程对你的承诺

迄今为止，你参加过的大部分课程都要求你认真听课和参加考试。但在哈佛大学学习的过程中，你可能会逐渐意识到一些重要问题。你所学习的内容与现实世界和未来职业有什么关系？哪些技能会给职业生涯带来成功？当下的学习如何保证你毕业后还能继续成长？

本课程将帮助你找到这些问题的答案。你将有机会通过项目参与物理学学习，从而探索物理学。同时，你将洞悉科学和工程背后的众多思维过程。你还将磨炼出各职业通用的技能。如何进行设计？如何获取并分析数据？如何说服别人接受你的想法？如何自学效果才好？如何与他人合作，并让他们相信你的所思所为是到位的、重要的？

承诺如何兑现

AP50 课程没有教师授课，没有考试。相反，你必须对自己的学习负责，并积极参与学习过程，上述承诺才能兑现——你能从这门课程中得到什么，很大程度上取决于你付出了什么！总体来说，要学有所成，最佳方式是投入其中，并与他人互动。因此，本课程的核心是一组团队合作项目，一共三个，每个为期一个月。在本学期的学习过程中，你要应用静电学知识来建造发电机、设计和建造电磁保险箱，以及设计和建造成像光谱仪。与此同时，你要培养重要技能（例如协作技能），最佳方式是运用这些技能。换句话说，你要在做中学，我保证这既有益又有趣！

课程目标

成功结课后，你将能够……（在物理学的入门范围内）

1. 通过以下方式参与自主学习：

- 世界瞬息万变，但你能明确并满足自己的教育需求，比如认识自我的独特性、毫无困难地使用各种信息、规划和解决问题。

- 独立学习和研究，并解决问题，尤其是定义含糊或没有明确答案的问题。

- 使用各种方法解决问题：以视觉或图形方式呈现问题、对问题的重要性进行估计、使用量纲分析和比例推理、识别对称性、预测问题在什么程度上能得到解决，并/或找到与问题相关的有已知解决方案的案例。

- 解释及证明假设的合理性。

- 从正反两个方面"批判思考"任何情况或问题的某种或多种解决方案。

- 评估解决方案是否正确。

2. 内容的掌握通过以下方式展现：

- 实现项目简介中列出的学习目标。

- 应用物理知识解决问题。
- 获取、分析并解释数据。

3. 通过以下方式高效参与团队工作：
- 在不同团队有效承担各种不同任务。
- 有效地传达信息和想法，用书面、口头、视觉和图形的方式进行沟通交流。

4. 通过以下方式，用行动表达专业精神：
- 尊重团队成员和教学人员。
- 遵守时间，充分参与所有课堂活动。
- 做决定和采取行动时，要公平、诚实，要符合公认的行为准则。

AP50 课程的各项活动旨在培养学生以下通用能力：

- 定性分析能力：以定性的方式，分析、解决科学、工程及其他学科的问题，包括估算、模糊分析、定性预测和视觉思维等方面的能力。
- 定量分析能力：以定量的方式，分析、解决科学、工程及其他学科的问题，包括使用适当的工具、定量建模、解决数值问题和实验的能力。
- 诊断能力：通过识别问题，形成和验证假设，推荐解决方案等途径，识别并解决复杂系统中的问题的能力。
- 设计能力：设计富有创意和实效，通过创建概念、明确问题、运用其他能力、平衡妥协和精工细作，解决实际问题，并整合不同研究领域的知识、信念和探究模式的能力。
- 团队合作能力：尊重每个人的贡献，同时能够承担起团队内的不同角色任务，乃至不同团队里的不同角色任务。你将掌握包括提问、倾听、识别各种方法和观点等在内的协作能力。
- 沟通能力：通过书面、口头、视觉和图形方式进行沟通，有效传达信息和想法的能力。

- 终身学习能力：在瞬息万变的世界中，明确并满足自己对教育的需求，包括了解个体特质、熟练使用各种信息、自我规划以及自主学习。对任何情况或任何问题都能从正反两反面进行"批判思考"的能力。
- 道德能力：做出公平诚实的决定，采取公平诚实的行动，且都符合公认标准的能力。

寻求帮助

我们不站在讲台上上课给你听，因此可以留出时间来帮助你，为你提供个人支持，无论上课还是下课都是如此。请随时与我们联系——电话号码也是联系方式之一，随时可以致电给我们；放心，你不会打扰到我们。我们都设定了办公时间，但仍然很乐意在你我双方都方便的时候见面。除此之外，每个团队在每个项目周期内还配备了一名团队导师，你不论在课程哪方面需要帮助，都可以找他/她。你和团队导师每周上课时联系两次，他/她将在课程各方面为你及队友提供反馈。

团队合作

团队合作形成协同效应。高效团队的整体效果明显大于个人努力的总和，团队可以解决超出个人应对范畴的大问题。在专业领域，有效的团队合作至关重要。因此，AP50 采用团队合作形式，这将帮助你逐渐掌握协作技能、在团队中高效工作并使学习效果最大化。在团队中与在专业领域中一样，三个重要方面会影响学习的效果和成功的概率：你自身的努力、你所依靠的人的努力、你们的合作方式。

在整个学期中，你将与三四个同学密切合作，你们都是项目团队的一部分。不同项目的团队成员会有变化，以便让你有更多机会了解不同的同学，并培养专业领域所需的人际交往能力，因为专业领域有可能遇到形形色色的人。

我们设计 AP50 课程时，特别注意让各项活动的成功建立在合作的基础之上，因此，你在团队中完成的那一部分工作很可能比你在无需团队合作时的表现要差得多。不要因此而气馁，在学会独立操作之后，总是会进入团队合作阶段，你必须要与他人一起工作，合作会让你提高自己与他人共事时的表现（并在此过程中学习新知识）。

因此，要学好 AP50，你首先要保证自己在每项活动中全力以赴，然后你还要从团队角度参与活动和项目。虽然在团队工作中，大家会分工完成任务，但每个人都对整个项目负有责任。

以下是根据团队合作研究推荐的优质合作方式：

- 课前做好准备工作。在团队合作之前，独立完成所有相关材料的阅读，并确定自己已完成手头任务的方案。
- 积极参与。积极参与（课堂内外的）所有团队活动，并做出自己的贡献。若有团队成员离开团队单独工作，或开始查看电子邮件、短信等，而非融入团队之中，那么，团队的整体表现就会受到负面影响。
- 分享。无论在什么团队活动中，随时与队友分享三点：（a）你个人选择了什么方法；（b）为什么选择这种方法；（c）你对自己的方法有多少把握。
- 尊重。尊重并倾听、评估其他人的观点。
- 深思。在时间允许的范围内谨慎周密思考，不管团队构成如何，经过深思熟虑的团队表现更好。

失败——成功必须要付出的代价

你的学习经历可能让你养成将错误和失败视作不利因素的习惯，你认为它们会对你产生负面影响——因此会为错误和失败感到羞耻。如果不承担一定的风险，就无法取得成功，而承担风险又难免意味着时常失败。失败常见，通往创意和创新的道路尤其如此。"如果你还没失败，说明你还不够努力"，这句话人尽皆知。失败不是问题，除非你就此止步不前。在寻求解决方案的道路上，失败也许非常有用，因为它可以让你获益良多，它让你知道什么行不通以及什么行得通，它让你看清自己需要在哪方面更深入细节，从而引导你走向成功。

我们希望打造出 AP50 文化，鼓励创造力，鼓励有准备的冒险。同时，我们为 AP50 课程设计了各种活动，人人（包括工作人员）都有大量犯错的机会，你的各次单项分数可能达不到其他课程中的水平。唯有如此，我们才能保证每个人都在最大范围内学到东西，你也才能学会适应失败。失败与创造力相辅相成，对我们来说非常有用，我们理应将它们视为学习机会，而不是消极因素；我们理应将它们视为成功的踏板，而不是征程的终点。因此，无论是作为个人还是作为团队的一员，我们都要鼓起勇气，大胆冒险——失败，甚至反复失败，都是成功的有机和必然组成部分。另外，请放心，AP50 的评分机制不会因为你在成功之路上可能遇到的失败而惩罚你！

朋辈评估

有两件事情很重要，一是向真正为团队利益而努力工作的人提供积极反馈，二是向那些你认为效率不高的团队成员提出建议。你将对团队成员（包括你自己）在所有课堂活动和项目中的贡献进行三次在线评估。反馈应反映出你对每个团队成员的判断：

准备——他们上课前充分准备了吗？

贡献——他们是否对团队讨论和工作做出了富有成效的贡献？

尊重他人的想法——他们是否鼓励他人贡献自己的力量、想法？

灵活性——他们在出现分歧时是否灵活应对？

队友对你的评估如何，你的自我评估和同伴评估是否准确，将对你的最终成绩中有重要影响。

附 录

课程活动

课前：阅读作业和注释（Perusall）

目　　的：让你有机会第一次接触材料，这样我们就可以利用课堂时间做一些活动，帮助你更好地理解概念。

你需要做的：根据课程进度阅读相关章节，在 Perusall 中提问、评论和/或对他人的问题和评论进行回复。

评　　估：根据注释的质量（思考的深度）、数量、及时性和覆盖面进行评估。

详细信息：由于本课程不设教师授课，你务必在课前阅读教材相关章节，熟悉项目所涉及的物理原理。课程进度包括每周必读的阅读材料——你可以自由安排预习，课程进度是为了确保大家准备好参与课堂活动和完成每项作业。

课前阅读的目的是获得足够的知识，以便能够有效参与课堂活动。在 Perusall 系统中标注文本，以便与同学进行非同步交流，这样哪怕身边没有他人，也能获得帮助。我们研究了过去几年的数据，发现执行以下操作的学生往往在 AP50 课程中取得更好的成绩：

- 为了理解而阅读，不是为了记忆。
- 以有深度的注释与他人在线互动。
- 提出好问题或者提供有价值的答复，从而帮助他人。
- 尽早开始阅读，不要拖到最后一刻。
- 不要一次读完一整个阅读任务，每次少读一些，不断回来阅读。

课前阅读并不是要你掌握每一个细节；课堂活动的目的是为了加深你对重要原理的理解，以便以后应用到具体项目中。而且你绝对无须死记硬背任何内容，因为我们永远不会剥夺你看课文（或包括网络在内的任何其他信息来源）的机会。只要你带着一颗专注和探究的心来阅读，就掌握了学习的主动权。此外，你在阅读过程中的标注能帮助我们量身定制最合适的课堂活动，从而帮助你们更好地理解学习内容。

课堂活动

课堂时间不讲教材，而是在课前初步阅读的基础上拓展，同时，针对你标注出的各种问题和困难，我们设计了六种相互关联的活动来解决：促学练习、辅导、估算、实验设计、（课前）问题集整理和（课堂）问题集反思、保证准备就绪活动。此外，我们还为项目工作专门分配了时间。课程进度表中有各项活动的计划时间。

促学练习（LC） ━━━━━━━━━━━━━━━━━━━━━━━━━━━━■

目　　的：了解并加深你对课程内容的理解程度。

你需要做什么：带上笔记本电脑或其他可兼容设备，以登录 LC。

评　　价：你对促学练习中各个提问的回答会被记录，你可以自己回顾检查。回答问题的正确与否完全与成绩评定无关，但对这项活动的参与会影响你在专业性方面的分数。

详细信息：该活动每次 90 分钟，期间老师会提问。你先在电子设备上独立作答，然后与团队成员讨论（快速相互教导），接下来，再次回答问题。如果有问题一时未能解决，你也可以稍后再研究解决，或请教老师。你在本活动中培养的技能将提升你在问题集反思和保证准备就绪活动中的表现。

辅　导 ━━━━━━━━━━━━━━━━━━━━━━━━━━━━━━━━━■

目　　的：解决对课程内容的常见误解。

你需要做什么：提供本活动所需的全部素材。

评　　价：本活动不对你提供的素材进行评阅或打分，但你的队友和老师都会评估你的参与度有多高，此评估将计入你的专业度分数。

详细信息：本活动每次 60 分钟，在这个时间段内，你将与团队一起完成一张工作表，以便了解你对材料中困难概念的理解程度。老师将参与小组讨论。在结束此活动之前，你们团队要与老师一起，确认每个人都已经消除了所有误解。本活动中学到的技能将提升你在问题集反思和保证准备就绪活动中的表现。

估算 (EA)

目　　的：培养估算能力，这个能力对问题的解决至关重要。

你需要做什么：提供本活动所需的所有材料。

评　　价：该活动以团队间比赛的形式进行，但不计入成绩。你的队友和老师将对你参与本次活动的积极程度进行评分，评分计入专业度得分。

详细信息：你们团队将要以最接近的数量级确定两到三个未知量。你要用教材上的估算程序进行估算，不能靠猜，也不能用搜索引擎！你可以先花 5 分钟独立思考出一个策略，然后团队合作。估算活动仅有 20 分钟，所以思考速度要快！20 分钟结束后，我们将选出一到两个团队向全班展示他们的估算过程。该活动训练的技能将提升你在问题集反思和保证准备就绪活动中的表现。

实验设计（EDA）

目　　的：培养实验和/或分析技能，这对完成当前项目非常重要。

你需要做什么：带上笔记本电脑或其他可兼容设备。

评　　价：你的实验设计不会被评阅或打分，但你的队友和老师将对你参与活动的积极程度做出评价，评分将计入专业度得分。

详细信息：实验设计项目需要你测量、分析数据、进行模拟等。这些活动会帮助你掌握成功完成项目所需的技能。

（课前）问题集整理和（课堂）问题集反思

目　　的：培养解决问题的能力，培养自我评估知识和技能的能力。

你需要做什么：（课前）按问题集评分标准中的说明进行操作，尽最大努力解决所有问题；（课堂上）团队合作，找出自己的解决方案中的错误，解决概念上的困难，明确需要巩固的地方。

评　　价：我们将依据你运用课本上的知识解决问题所付出的努力和你在自我评估方面的准确性来进行评价。你将收到问题解决规范以及第一个问题集。

详细信息：学习寻找问题解决策略是本课程的一个重要目标。解决问题的好办法包括：

- 在深入研究细节之前，阐明你对问题解决方案的预期。
- 将解决周期较长的问题分解为较小的、易于操作的模块。
- 通过下列方式检验解决方案：一，解释其合理性；二，检查其相似性；三，评估其局限性或特殊情况；四，将你的解决方案与已知解决方案作比较；五，检查单位、量纲分析和/或答案的数量级别。

你可以利用五个习题集来磨炼上述技能，每个习题集都分两步完成：

1. 上课之前，你本人尽最大努力独立完成，上课时间为本步骤截止日期。
2. 上课时，与团队成员合作，改正习题中的错误，将其与我们提供的解决方案作比较，并填写好自我评估表。订正后的习题集要提交，同时提交自我评估表。

请将问题集视为课后开卷考试，虽然题目做得对不对并不反映在你的分数上。实际上，分数取决于你在课前解决问题的努力和对自己理解水平的正确评估。

你要将问题集视为学习的机会。譬如说，很可能你确实尽力了，但没做到完全正确，只要你精准识别自己的困难所在，就能得到满分，我们会让你充分进步，最大限度提高你的学习效率。请注意，在课堂上（而不是在上课前）完成某一部分问题是学业上不诚实的表现。

保证准备就绪（RAA）活动

目　　的：对与特定内容相关的目标和解决问题的技能进行评估。

你需要做什么：带上笔记本电脑或其他可兼容设备，以便登录 LC。

评　　价：你的 RAA 成绩取决于你的个人得分（50%）和团队的得分（50%）。

详细信息：确保每个人在学习基本概念时不出偏差，本学期共有五个 RAA 活动。每次活动的前半小时，你要独自解答一组与之前问题集相似的问题（个人阶段）。你可以任意查阅文本或搜索网络，但不能咨询他人。半小时后，你可以与成员团队讨论问题（团队阶段）。对团队而言，活动目标是综合利用所有团队成员的知识，让团队的 RAA 分数最大化。之所以设置团队合作阶段，是为了让大家有一个协作的环境，可以在其中学习、巩固知识、磨炼团队合作技能，以便获取佳绩、及时获得反馈。

我们设计 RAA 的思路如下：个人阶段分数占 50% 左右，没有人能得满分。一般来说，大家在团队合作阶段会找到所有问题的正确答案，因此，在这一阶段，大家都有机会提高自己的分数，但与分数相比，最重要的还是有机会互相学习。

如果你充分参与所有课堂活动，认真对待相关的问题集和笔记标注，那么，你不需要专门为了 RAA 而"学习"，因为你已经做好了准备工作，不必像应对传统考试那样再专门花费精力。但如果你确实操练了所学知识，可以复习课文中的学习要点，可以试着完成课文中的例题。最重要的是，你还可以做练习册。每个单元通常约有 60 个学习要点和 30 道例题。RAA 还借鉴了辅导活动，设置了至少一个估算问题，这些你也许也可以看一看。练习册中包含许多例子。

项　目

目　　　的：将你对概念的学习和理解转换到真实生活中。

你需要做什么：团队合作，制作项目陈述和项目报告。

评　　　价：团队的项目陈述和项目报告的评价是独立的。此外，你的队友将对你的项目贡献做出评价。每个项目都会有一个评价细则。

详细信息：本学期将有三个项目活动，每个为期一个月。每个项目开始时，你都会收到一份项目简介，它会向你描述该项目的学习目标和原则方针。开始项目活动之前，请务必仔细完整地阅读简介。简介包括项目要求以及对项目陈述和报告的评价标准。项目相关材料上课时分发。某些项目会有项目预算，你要在该预算范围内完成任务。每个项目结束时，我们将举办项目展，各团队将在项目展上展示各自的成果。

你的团队必须在项目展结束后一周左右提交项目报告，项目报告要按照简介中详述的指南来制作。报告评价完成后会返还，你可以用几天时间来改进报告和对报告的评价。

道德行为

我们希望所有人都遵守道德行为的最高准则。采取的每一个行动、做出的每一个决定，你都要用"标题测试"来检验一下：如果这些行动或者决定被报纸头条报道，你的朋友、家人、团队成员、同事、教师——你在意的人们——会读，你会感觉如何？如果无法回答"我感觉挺好的"，那你可能就没有遵守最高道德准则，你的道德分数可能就会受到影响。极端的例子包括抄袭他人作品、不标注出处地使用网络或书籍材料、干扰他人或其他团队、剽窃受版权保护或进入公共版权的观点或作品，在 RAA 阶段与他人交流或以电子通信的方式进行，以上极端例子构成了学术欺骗。任何此类不诚实行为将根据大学政策进行通报。任何此类学术不诚实行为都会立即导致你的道德评分归零，而且根据课程活动的标准，你的最终成绩会自动降至 C 档或以下。此外，请记住，对于任何团队任务，只要有一名团队成员发生抄袭行为，整个团队的分数都会受到影响，因为每个团队成员都要对任务的全部内容负责，即使该任务由团队成员分工完成。

RAA 上诉

如果你们团队对 RAA 某个项目的正确性有强烈疑问，可以提交书面上诉。申诉流程必须在 RAA 之后立即进行，并且只有团队有权提交申诉，个人没有申述权利。只有申诉成功的团队才能获得相应分数，另一个团队如果有相同的问题但错过了申述，不能得分。申诉不仅是多拿分数的机会，更是团队为其集体立场进行学术论证的机会。所有论点都必须有文本或其他来源的证据支持。如果申诉针对措辞含糊的问题，那么团队必须给出更明确的措辞建议。批准或拒绝上述内容的决定将在课后由教师通过电子邮件告知。下面举一个成功上诉的例子：

论点："我们认为问题 8 的正确答案应该是 A，而不是 B。"

证据："根据课文表 12-42 所示，摩擦会影响物体的运动。小车 2 的速度会逐渐降低。因为问题 8 中的摩擦无法排除，因此，我们预计小车的速度同样会下降。"

（摘录自马祖尔在哈佛大学应用 AP50 的课程大纲，本部分旨在说明何为批判性的、自然的学习环境。）

MA 255
2017 春季学期

精通三定律

1. 精通是心态。我们对自己和自己能力的信念决定了我们如何解释自己的经历,也为我们能取得什么样的成就设定了界限。
2. 精通是痛苦。要预测成功与否,最佳指标是非物质性的特质,即对长期目标的毅力和热情。
3. 精通是渐近。你可以逐步走向精通;你可以完成精进的全过程;你可以非常接近它,但永远无法触及它。

[摘自丹尼尔·平克(Daniel Pink)所著的《驱动力》(*Drive*)一书。]

本课程对你的承诺

关于学习和动机的文献表明,我们的卓越能力取决于多种因素。我承诺,我会运用智力成长理论,该理论有一个信念基础,即你可以在各种成长机会中促进智力发展,它并非一成不变的。在本课程中,我们将专注于围绕智力成长理论来构建学习目标。正如《驱动力》一书中所说,"法语课拿 A 是一个成绩目标,会说法语是一个学习目标。"

本课程承诺

- 让你通过实际应用学习多变量微积分。
- 提高你辨别何时使用数学、如何使用数学分析问题的能力,提高你识别数学模型局限性的能力,提高你改进模型以超越其当前局限性的能力。
- 培养你精通数学的技能。

附 录

结合 MA 255 课程范围的标准活动，你需要如何实现这些目标？

实验室笔记：掌握一项技能需要反复练习。要学会交叉，你需要在真正交叉之前多次练习交叉。我们将通过 WebAssign 系统布置练习题，你要在电脑上完成这些题目，并将过程记录在自己的笔记本上。如完成过程中碰到任何问题，你可以把笔记本交上来给我看看。在我反馈之后，你可以根据具体情况，或者重新试着做修改后的问题，或者找我一对一辅导。实验室笔记将帮助你提高数学计算能力。实验室笔记将帮助你认识数学错误并从中汲取教训。

课堂作业：我们本学期将分组学习课程内容。能否与教授和同学良好相处对建立学习数学的信心和理解数学学科至关重要。课堂作业将帮助你与团队一起掌握概念、解决问题。

考试：考试的目的是判断教学内容是否恰当。考试都是综合性的。我们会时时考试，以便判断你是否还有需要进一步巩固的学习要点。

如何知道你的学习进展情况
成功数学家的特征

1. 犯错没问题啦！不可能每个计划都完美无缺，很多时候我们是会走错路的。把我们所犯的错误和已经成为过去的事记录下来，可以帮助自己获得与之相关的经验。这些记录日后很可能会派上用场。

2. 求助没问题啦！世界上不存在"最聪明的数学家"。一旦需要与其他数学家和科学家合作时，大家就会这样做。我们热爱数学，也喜欢谈论数学。比起回答问题，我觉得大家甚至更喜欢提出问题。提出一个好问题让人如痴如醉！

3. 慢点没问题啦！人们对你的评价并不取决于你的解题速度有多快，而是取决于你的问题和解题方案有多棒。慢一点就慢一点吧，完全没问题的！

4. 努力工作没问题啦！成功的数学家工作都非常努力。

我在西点军校数学系教授微积分课程，以上为课程大纲的摘录，课程大纲由戴安娜·托马斯（Diana Thomas）教授编写。大纲遵循邀请式（承诺式）教学大纲的三个主要特征：

（1）做出承诺或发出邀请；（2）向学生介绍如何接受邀请（或实现承诺）；（3）教师和学生如何充分了解学生学习的本质和进展。（使用得到了戴安娜教授的许可）

致　谢

本书因玛莎而起，她当时在研究邀请式课程纲要（invitational syllabus）[○]，心中有个想法悄悄萌芽，于是我们走访了四大洲五大洋，收集了一些精彩案例，在此也向每位提供案例的教育工作者致意。但最初的构想得以完善则是2017年8月之后的事情了，我们那天应彼得·多迪（Peter Dougherty）之邀共进午餐，他那时刚从普林斯顿大学出版社负责人的位置上卸任，他跟我们聊到在任时发起的新项目，一个旨在全面推进高等教育类图书出版的项目，并问我们有没有这方面的书稿可以提供。

那年秋天，我们从新泽西州南奥兰治的家中出发，驱车前往普林斯顿。

○ 新型实践教育理论邀请式课程纲要由威廉·沃森·普基博士（Dr. William Watson Purkey）和贝蒂·西格尔博士（Dr. Betty Siegel）联合提出，中国香港地区将其翻译为"启发潜能的教育"。理论发起人之所以选择英文单词"invite"来命名，是因为该理论重视学生的内在潜力，强调学习要与服务社会密切联系，提倡教育者以鼓励和尊重的方式邀请学生参与到教学中去。该术语从20世纪70年代末出现至今，逐渐受到更多关注。该理论指导下的课程纲要被称作邀请式课程纲要，与传统课程纲要相比，它的特点表现在两方面：第一，以教学目标而非教学内容为中心；第二，纲要的语言平等而热忱，不是居高临下的命令。——译者注

超级课程
教育与学习的未来

———

我们约在大学城边缘的焦糖啤酒厂见面,地点就是以前的小火车站那里。我们坐下之后,从满是"法式、素食友好、无麸质"的菜单里选出各自想吃的,然后便开始讨论怎么参与彼得的项目。我和玛莎说也许可以写一本关于课程纲要的书,彼得立马补充:"你们想研究的应该属于超级课程"。天呐,超级课程!多么熠熠生辉的名字,它精准生动地捕捉到我们此前工作的精髓,并带来了全新的视角。彼得编辑对我们的帮助不计其数,这只是最开始的一次。我们深深感激他付出的一切,没有他和他的循循善诱,就没有这本书。

其他各位则帮助我们对本书进行了完善。感谢所有伟大的教育工作者,感谢你们创意满满的教学设计,感谢你们挤出宝贵的时间用于讨论。篇幅所限,本书没能将你们的课程尽数囊括,我们深表歉意。但与你们的沟通交流,你们分享的丰富资源,让一种新的教学模式不断进入我们的视野,它存在于批判性的、自然的学习环境中,也反映在彼得为本书所起的标题上。

不是所有给人启发的课程都有超级课程的特点,那些老师们虽然对本书而言没帮上忙,但他们的课程仍然具有其深远的影响和独特的价值,而且让我们看到教育改革风起云涌的全貌。感谢为变革贡献力量的每一个人,包括您,让我们为你们喝彩。

特别感谢苏·特里特(Sue Triplett)的鼓励,特别感谢布雷娜·沃克(Brena Walker)阅读部分手稿,并提供语言方面的技术支持,特别感谢托尼亚·贝恩(Tonia Bain)、阿尔·马西诺(Al Masino)、马歇尔·贝恩(Marshall Bain)和爱丽丝·袁·贝恩(Alice Yuan Bain)带给我们的灵感和鼓励,特别感谢亚当、内森和俊辉提供的故事,特别感谢安东尼·罗西(Anthony Rossi)和克里斯托弗·巴克(Christopher Barker)医生及其团队帮助肯·贝恩一边与癌症斗争一边写书。感谢普林斯顿大学出版社及其附属机构的人们,你们的付出难以估量。正是有了大家的鼎力相助,这本书才得以完成。